Manfred Holzleitner

Gotteslogik –
Logik Gottes?

Zur Gottesfrage
bei G.W.F. Hegel

Verlag Peter Lang

Frankfurt am Main · Bern · New York · Paris

CIP-Kurztitelaufnahme der Deutschen Bibliothek

Holzleitner, Manfred:

Gotteslogik — Logik Gottes? : Zur Gottesfrage
bei G. W. F. Hegel / Manfred Holzleitner. —
Frankfurt am Main ; Bern ; New York ; Paris :
Lang, 1987.
   (Regensburger Studien zur Theologie ; Bd. 36)
   ISBN 3-8204-0063-X
NE: GT

ISSN 0170-9151
ISBN 3-8204-0063-X

© Verlag Peter Lang GmbH, Frankfurt am Main 1987
Alle Rechte vorbehalten.

Druck und Bindung: Weihert-Druck GmbH, Darmstadt

REGENSBURGER STUDIEN ZUR THEOLOGIE

Herausgegeben von den Professoren
Dr. Karl Josef Benz, Dr. Wolfgang Nastainczyk,
Dr. Norbert Schiffers, Dr. Franz Schnider

Band 36

Verlag Peter Lang

Frankfurt am Main · Bern · New York · Paris

Gotteslogik – Logik Gottes?
Zur Gottesfrage bei G.W.F. Hegel

EINES IST, WAS GOTT GESPROCHEN –
ZWEIERLEI IST, WAS ICH VERNAHM

Psalm 62,12

VORBEMERKUNG

Die nun im Druck vorliegende Arbeit wurde im SS 1984 an der Kath. Theol. Fakultät der Universität Regensburg als Dissertation angenommen und durch Prof. Dr. Norbert Schiffers in die Schriftreihe "Regensburger Studien zur Theologie" aufgenommen. Eine nicht unbeträchtliche Hilfe für das Zustandekommen dieser Arbeit war die Förderung meines Studiums durch die Konrad Adenauer-Stiftung.

Die Dissertation ist die Frucht einer langen Auseinandersetzung mit der Philosophie G.W.F. Hegels und der Versuch, sein Denken für ein neu zu entdeckendes theologisches Paradigma fruchtbar zu machen: die Trinität Gottes. Das daraus entwickelte trinitarische Denken verdankt sich jedoch nicht bloß wissenschaftlicher Curiositas und begrifflicher Arbeit, sondern ebenso dem belebenden Ein-ander-Begegnen von Menschen. Diese tägliche trinitarische Menschwerdung lassen mich meine Kinder und in besonders lieber Weise meine Frau erfahren.

Aber die Spur gelegt zu haben, auf dem Weg in wachsamer Begrifflichkeit Begleiter gewesen zu sein, der Wahrheit des Erstrebten in vielen Gesprächen geistvoll Richtung gegeben zu haben und dabei stets durch seine Lauterkeit aufzurichten, dafür sei meinem Lehrer Herrn Prof. Dr. phil.lic.theol. Kurt Krenn gedankt.

H.M.

INHALTSVERZEICHNIS

Erstens

EINLEITUNG

Der Titel 'Gotteslogik' ist dazu angetan, ein gerüttelt Maß an Neugier und Widerstand hervorzurufen. Doch ist wissenschaftliche Neugier, die curiositas, allemal nichts Schlechtes – und der Widerstand darf wohl als Motor unseres Denkens angesehen werden. Nun gibt es weitere gute Gründe, gerade diesem Programm einer 'Gotteslogik' sich zu öffnen, wenn der Theologe versucht, dem innersten Duktus Hegelschen Denkens zu folgen, soll doch die 'Logik' als System der reinen Vernunft und als Reich des reinen Gedankens die Wahrheit an und für sich erfassen. Deshalb vermag sie der Inhalt (!) als **"Darstellung Gottes"** zu sein, **"wie er in seinem ewigen Wesen vor der Erschaffung der Natur und eines endlichen Geistes ist"**.(1)

Damit ist der Anspruch der Hegelschen Logik festgeschrieben. Ausgesprochen ist folglich eine Darstellung Gottes, die nicht bloß bei einem ' DASS Gott ist' stehenbleibt, sondern sich vornimmt, WAS Gott ist, begrifflich anzugeben. Also ist Gottes-Logik in ihrer Darstellung nicht nur Selbstdarstellung des reinen, vernünftigen Gedankens, sondern ebensosehr die sich selbst offenbarende Weise, wie Gott sich selbst in seinem ewigen Wesen – als Trinität – erkennt. 'Gotteslogik' ist da ausdrücklich Logik Gottes.

Ohne weiter auf Fruchtbarkeit und Problematik dieses Unternehmens einzugehen, ist doch schon unschwer zu ersehen, welch gewaltige Umgestaltung des Begriffs der Logik im herkömmlichen Sinn unternommen wurde, deren Erschütterungen bis heute spürbar sind. Eine zureichende Interpretation der Hegelschen Logik ist immer noch ein Postulat. Neben den wissenschaftlichen Schwierigkeiten eines verstehenden Zugangs zur 'Logik' versperrt ebenso der Anspruch der 'Logik', den Gedanken (von Gott) als Gedanke (des Dreieinen) Gottes darzustellen, gar manchen Leser und Interpreten die Tür zu diesem System des reinen, absoluten Gedankens. Doch führt kein Weg darum herum, da die 'Logik' ausdrücklich der Gottesfrage verpflichtet ist und auch dann bleibt, wenn über

---

1 STW 5,44; GW 11,21

weiteste Denk-Strecken philosophische Begrifflichkeit den Ton der Darstellung bestimmt.

Gerade hier tut sich auch ein weithin ungepflügtes Feld für die Theologie auf. Dies meint nicht die Menge an Schrifttum, das gerade in jüngerer Zeit im theologischen Umfeld zu und über Hegel veröffentlicht wird, sondern eine – nur so zu nennende – Scheu, dem innersten und doch ganz expliziten Anliegen Hegels – gerade in seiner 'Logik' – zu folgen, nämlich den ontologischen Gottesbeweis aufzugreifen. Wie sonst ist zu verstehen, daß – als Symptom – eine Abhandlung sich "Der ontologische Gottesbeweis – Geschichte und Schicksal"(2) nennt, aber über Hegel nichts zu sagen weiß?

Entgegen solcher Sichtweise soll vorerst behauptet werden, daß Hegel mit seiner 'Logik' das Anselmische Argument, den später so genannten 'ontologischen Gottesbeweis', aufgegriffen und durchgeführt hat. Sieht man einmal von den geschichtlichen Verzerrungen ab, denen das ontologische Argument des Anselm von Canterbury ausgesetzt war, wie 'denaturiert' es über Descartes, Leibniz, Wolff, Baumgarten, und schließlich über Kants scheinbar endgültige und unwiderlegbare Destruktion der Gottesbeweise auf Hegel zukam, so kommt Hegel doch auch das Verdienst zu, eine innere Schwäche dieser großartigen Denkbemühung aufgedeckt zu haben. Dem Gedanken des 'id quo maius cogitari nequit',(3) daß also der Gedanke des Größten ebensosehr sein Sein umfaßt, haftet eine unendliche Abstraktheit an. Denn für Hegel ist das Sein die leerste, ärmste und abstrakteste Bestimmung überhaupt und es müßte "sonderbar zugehen, wenn dies Innerste des Geistes, der Begriff, oder auch wenn Ich oder vollends die konkrete Totalität, welche Gott ist, nicht einmal so reich wäre, um eine so arme Bestimmung, wie **Sein** ist, ja welche die allerärmste, die abstrakteste ist, in sich zu enthalten."(4) Wenn auch zu Zeiten der Scholastik der Begriff des Seins anders verstanden wurde, nämlich als höchste und umfassendste Wirklichkeit, so war er in seiner Allgemeinheit dennoch abgehoben, abstrahiert vom Besonderen, Endlichen. Der Mensch, als philosophisch benanntes Subjektum, fand sich von diesem Abstraktum derart alleine gelassen, daß

---

2   J. Fellermeier, in: ThGl 64 (1974), 249–286

3   Anselm von Canterbury, Proslogion c.2

4   STW 8,136; Enzy I §51

er es selbst unternahm, seine Lebendigkeit, seine Wirklichkeit zu sichern.

Eben um diese Sicherung der Wirklichkeit geht es Hegel. Er anerkannte dieses Bemühen bei Anselm, den er einen tiefen, spekulativen Denker nennt,(5) Gott als existierend zu beweisen, um damit Gott als Wirklichkeit der Welt auszuweisen. Aber Anselms Programm hat es an sich, auszuufern aus der weltlichen Gegenwart, in der der Mensch sich nun einmal befindet. Hegel hat ja die geschichtlichen Folgen vor sich, die eine falsche Selbstbescheidung auf ein 'DASS Gott ist' mit sich bringt. Der vornehmste Grund, weshalb selbst Theologen das Thema des Wesens Gottes 'WAS GOTT ist' immer wieder tunlichst vermeiden, ist das Fehlen einer adaequaten Methode, wie Gott, wie die Wirklichkeit Gottes dargestellt, wie Gott vom Menschen erfahren werden kann. So wird heute, ähnlich wie zu Hegels Zeit, 'versucht', auf allen möglichen und unmöglichen Wegen, Gott unmittelbar zu erkennen, oder zu erfahren, seine Evidenz im Gefühl, im Urvertrauen, festzumachen, über Gott als 'Rede von Gott' sich wissenschaftlich auszubreiten, oder Gott tot zu sagen, als einer einzigen Entfremdung des Menschen von sich selbst.

Gerade von Hegel kann die Theologie jedoch lernen, daß ihr großes Problem die Wirklichkeit Gottes ist. Will sie Wissenschaft sein, so muß sie vernünftig Einsicht und Auskunft über das Wesen Gottes erteilen können; in ihr müssen Inhalt und Darstellung der Wirklichkeit Gottes erfahrbar und verstehbar sein. Sie muß also dem Anspruch genügen, vom Unaussprechlichen zu sprechen, das Absolute, Unendliche im Endlichen aufzuweisen, Gott und Mensch derart zu vermitteln, daß beide Seiten nicht einfach austauschbar werden, eines auf das andere reduziert, oder eines um des anderen willen ausradiert wird. Die Schwierigkeit eines solchen Unterfangens aber geht parallel mit dessen Notwendigkeit – darüber ist nicht hinwegzukommen. Das Gelingen ist zugleich Maß der Glaubwürdigkeit und Wissenschaftlichkeit der Theologie. Dem tut auch eine scheinbar weise Beschränkung des Glaubens keinen Abbruch: Der Verzicht auf Rationalität und Vernunft – dies darf füglich, mit Hegels Zustimmung, vorweg gesagt werden – bringt den Menschen um (seine Menschlichkeit, seine Würde, Personalität und seine Gottesebenbildlichkeit). Diese Einsicht zitiert Hegel bewußt mehrmals aus der scholastischen Tradition, etwa bei Anselm von Canterbury: **"negligentiae mihi esse videtur,**

---

5 Vgl. Ph.d.R. I 1,219

si non studemus, quod credimus, intellegere".(6) Denn so alt
und wie oft behandelt das Thema vom Verhältnis von Vernunft
und Glaube auch sein mag, Theologie muß, aus ihrem Selbstverständnis heraus, die Wirklichkeit Gottes mit beidem und durch
beides vermitteln. Insofern ist das scholastische Programm, das
Boethius in einem Brief an Papst Johannes I klassisch formuliert
hat, unaufgebbar: "fidem, si poteris, rationemque conjunge".(7)
Wiesehr diese Aufforderung eine den Menschen unbedingt betreffende – in seinem Selbstverständnis –, ihn gewissermaßen konstituie-
rende, Wirklichkeit anrührt, spricht derselbe Boethius in seinem
"Trost der Philosophie" aus: "Das ist ja die Grundbedingung der
Menschennatur: so hoch sie über alle Dinge emporragt, wenn sie
sich erkennt, so tief sinkt sie noch unter die Tiere, wenn sie
aufhört, sich zu erkennen. Denn den anderen Lebewesen ist, sich
nicht zu erkennen, Natur; den Menschen ist es als Verdorbenheit
anzurechnen...".(8)

So wundert es nicht, daß Hegel um sich so viel verdorbene Theologie erblickt, daß er meint, ihre tiefen, aber von ihr verleugne-
ten, weil unverstandenen Wahrheiten retten zu müssen. Die Philosophie mußte für Hegel folglich zur Hüterin des wahren Gottesbegriffes werden, denn die Theologen hielten nichts mehr von den
Ratschlägen des hl. Thomas von Aquin an seine Ordensbrüder,(9)
wo er schreibt, daß jedes Argument **gegen** den Glauben **keine** Ver-
nunftgründe zu seiner Stützung anzuführen vermag. Hegel unter-
streicht diesen Punkt, aber überhöht ihn zugleich in einer Weise,
die zu vielerlei Kritik Anlaß gegeben hat. Geist ist nämlich nur
für den Geist, seine Weise, sich zu manifestieren ist allein gei-
stig. Die Vernunft ist" der Ort des Geistes..., wo Gott sich dem

---

6 Vorlesungen über die Beweise vom Dasein Gottes 6

7 "Verknüpfe, soviel du vermagst, den Glauben mit der Vernunft". Zitiert bei J. Pieper, Scholastik, München 1978, 34

8 Boethius, Trost der Philosophie; lateinisch und deutsch. Zürich
   und Stuttgart 1969, 2. Aufl., 70 und 71: "Humanae quippe
   naturae ista condicio est, ut tum tantum ceteris rebus, cum
   se cognoscit, excellat, eadem tamen infra bestias redigatur,
   si nosse desierit. Nam ceteris animantibus sese ignorare
   naturae est, hominibus vitio venit."

9 Vgl. S.th. qu 1

Menschen offenbart".(10) Aber das ist ja der springende Punkt der Theologie: Wenn es Gotteserfahrung, Gotteserkenntnis, eine Beziehung (religio) zwischen Gott und Mensch geben soll, dann muß es auch ein Entsprechungsverhältnis geben, etwas, worin eine Art Austausch, eine Vermittlung des Absoluten, Unendlichen, des Substantiellen, Ewigen, Unveränderlichen mit dem Kontingenten, Endlichen, Subjektiven, raum-zeitlich Bedingten, Bewegten stattfinden kann, **ohne** in einen Prozeß oder Regreß von immer höheren Vermittlungen zu steuern. Es ist **die** Frage der Metaphysik, wie das Begrenzte, Endliche des Unendlichen inne werden kann: quo modo finitum capax infiniti? Wenn demnach Religion den Aufstieg, die Beziehung des Menschen zu Gott bedeutet, und Theologie der vernünftige Ausweis der Wirklichkeit Gottes als der Wirklichkeit des Menschen schlechthin ist, so daß der beste Gedanke über Gott auch der beste Gedanke über den Menschen ist, dann trifft für diese Relation die tiefsinnige Bemerkung L. Wittgensteins zu: "...dort, wo ich wirklich hin muß, ...dort muß ich eigentlich schon sein."(11)

Das Selbstverständnis der Theologie darf sich um ein vernünftiges Verstehen dieser Wahrheit nicht herumschwindeln, indem sie in einem bloßen Behaupten geoffenbarter Wahrheiten verharrt, sich auf ein religiöses Ur-Gefühl beruft, oder Gott zu ehren meint, indem sie ihn in unzugängliche Höhen der Abstraktion verbannt, die losgelöst von der bestimmten Vielfalt und Buntheit des Lebens – seiner Schöpfung – Gott zur Hohlheit stilisiert und seine Hoheit beliebig bestimmbar erscheinen läßt. Diesen abstrakten Gott, der durch Gehaltlosigkeit unschädlich gemacht worden ist, diesen Uhrmacher, der in seiner göttlich-absenten Ruhe nicht gestört werden darf, hat sich ja zu allen Zeiten eine vermeintlich kritische Theologie vom aufgeklärten Denken vorschreiben und verschreiben lassen. Dabei übersieht sie allzuoft, wie leicht aus der Kritik der Religion eine Religion der Kritik wird. So klagt Hegel, daß dieses "Räsonnement ... irgendeine Voraussetzung" macht und dann fortgeht "nach den Verstandesverhältnissen der Reflexion, ... ohne Kritik auf diese Verhältnisse".(12) Eben dies ist Aufgabe vernünftiger Theologie als Wissenschaft: Das Wort Gottes, die Worte der Bibel, die geoffenbarten Wahrheiten unseres Glaubens als

---

10   Ph.d.R. I 1,49

11   Ders., Vermischte Bemerkungen, Frankfurt/M 1978, 22

12   Ph.d.R. I 1,39

15

ein inhaltliches Wissen von Gott, als Erkenntnis Gottes (13) auf geistige Weise darzustellen.

So nimmt es nicht wunder, daß Hegel das scheinbar abstrakteste Geheimnis des christlichen Glaubens, die Trinität Gottes als Vater, Sohn und Hl. Geist, in die Mitte vernünftiger Gotteserkenntnis stellt. Darüber hinaus unternimmt es die vorliegende Arbeit, die Trinität als den Schlüsselbegriff für Hegels Verständnis von Wirklichkeit und Erfahrung aufzuweisen. Denn nach wie vor tut sich die Theologie schwer, den Begriff des **dreieinen** Gottes verständlich zu vermitteln. Wenn er nicht zur Leerformel im Credo erstarrte ('müssen wir das auch noch glauben?'), so begnügte man sich, wenigstens an den **einen** Gott (14) denkerisch heranzukommen. Dabei zeigt sich eben wieder der Nachteil des Anselmischen Argumentes, seine Betonung auf das bloße, abstrakte '**daß** Gott existiert' gelegt zu haben und damit implizit dem Glauben an den ausschließlich einen Gott den Vorzug gegeben zu haben.

Dieser **unitarische** Glaube ist nun weit davon entfernt, falsch zu sein. Doch insistiert Hegel geradezu darauf, allein den **dreieinigen Gott** als Garant zu begreifen, daß Gott kein leeres, totes **Wort** ist, sondern **Logos, Geist.** Allein dieser Geist ist Gewähr, daß die Wirklichkeit des Menschen getragen, vermittelt ist **durch, in und mit** Gottes Wirklichkeit. Die Trinität ist das Paradigma des Ganzen, welches in sich so ausgemittelt ist, jede Veränderung in Unveränderlichkeit, jeden Bruch in Unverbrüchlichkeit, jede Bewegung in Unbewegtheit, jede Verendlichung, bis hin zum Tod, in Unendlichkeit zu ertragen.

Der Neigung, solche fürs erste widersprüchlich erscheinenden Formulierungen als unvernünftig, verstandeswidrig, als bloße Worthülsen abzuweisen, ist allenorts und allerzeit entgegenzutreten. Denn darin läßt sich leicht erkennen, worin der Kern aller ernsthaften Religionskritik liegt, welche sich eben nicht einfach auf soziologische, psychologische, ideologische oder rein historische Gründe beruft; woraus jedoch, vice versa, folgt, daß jede rein auf die genannten Wissenschaften sich stützende Theologie ihrem

---

13   Vgl. Ph.d.R. I 1,37

14   Vgl. K. Rahner, Der dreifaltige Gott als transzendenter Urgrund der Heilsgeschichte, in: Mysterium Salutis. Grundriß heilsgeschichtlicher Dogmatik Bd.II, hrsg. von J. Feiner und M. Löhrer, Einsiedeln Zürich Köln 1975, 319

Anspruch nicht genügen kann, Wissenschaft von Gott, Rede von
der Wirklichkeit Gottes zu sein.

Wenn demnach jene Lehre von der Dreieinigkeit "die Grundbestimmung der christlichen Religion"(15) ist, dann darf nicht ge-
fragt werden,(16) wozu wir den Glauben an einen trinitarischen
Gott brauchen, wenngleich seine Relevanz für unser Leben hier
und jetzt, für unseren täglichen Hunger, das alltägliche Foltern
der Menschen durch Menschen ... gleich null zu sein scheint;
vielmehr ist diese Frage als rettende Frage mit allen Mitteln der
Vernunft zu stellen als Ermöglichung von Sinn, wenn je Sinn nur
darin bestehen kann, daß Gottes und des Menschen Wirklichkeit
voneinander unabdingbar sind.

Vorweg kann als Angel, um die sich die Kritik dreht, der Begriff
der Identität, als die Einheit und Unzertrenntheit der Wirklichkeit
Gottes und des menschlichen Selbstbewußtseins bezeichnet werden:
"... die gefürchtete Identität ist eben darin enthalten".(17)

Diesen Schwierigkeiten zufolge mag begreiflich werden, wie es dazu gekommen ist und immer wieder kommt, sich darauf zu be-
schränken, daß an Gott bloß geglaubt werden soll ohne Wissen,
was er ist. Verständlich auch, daß der Protestant Hegel beklagt,
wie sehr "die Lehren der protestantischen Kirche auf ein Minimum
zurückgeführt worden sind".(18) Für Hegel ist jede Form eines
unmittelbaren Wissens eine geistlose, also unmenschliche, unwür-
dige Form und jede Dogmatik, die dem aufgeklärten Säkularismus
nur ein Rückzugsgefecht liefert und Inhalt um Inhalt des geoffenbarten Glaubens als, für das Leben heutiger Menschen, unbedeut-

---

15 Ph.d.R. I 1,47

16 Dabei meint das 'Nicht-Dürfen' kein doktrinäres Verbot, son-
    dern das Selbstverständnis, die Identität des Menschen
    selbst. Denn es geht um nichts weniger als die Wirklichkeit
    des Menschen, um seine Wahrheit, die ewige Frage: Was ist
    der Mensch?

17 Ph.d.R. I 1,52. Dieses Zitat stammt aus einer Vorlesung vom
    Jahre 1824. Zu dieser Zeit also hatte Hegel schon genugsam
    Erfahrung sammeln können, die ihn hier von einer 'gefürch-
    teten' Identität reden ließ.

18 Ph.d.R. I 1,36

sam aufgibt, um sich so vor Kritik zu immunisieren, wird nicht
mehr Wort Gottes verkünden, sondern höchstens kunstvolle Wortwolken, die allenfalls als moderner, zeitgemäßer und ansprechen-
der Dunst aufzutreten vermögen. Letztlich ist es auch zu nichts
führend, historisch-kritische Exegesen anzustellen, wie die Dreifaltigkeit, die Zweinaturenlehre, die Unfehlbarkeit des Papstes
oder die Jungfrauengeburt ins Credo kamen, bzw. zu Dogmen des
christlichen Glaubens geworden sind: "... die Frage ist allein
die, ob sie an und für sich wahr sind"?.(19) Eine bloß historische, soziologische, hermeneutisch-kritische, psychologische Betrachtung der Glaubensinhalte setzt die "Theologen mit den Kon-
torbedienten eines Handelshauses" gleich, "die nur über fremden
Reichtum, der ihnen durch die Hände geht, Buch und Rechnung
führen, nur für andere handeln, ohne eigenes Vermögen zu bekommen".(20)

Solch polemisch klingende Bemerkungen sind kein Selbstzweck. Ein
Irrtum wäre es auch, so zu tun, als hätte man selbst den Stein
der Weisen, den archimedischen Punkt, den Aussichtsturm (specula), der von außen Aussicht und Einsicht gewährt, wie denn die
Wahrheit der Dinge, der Welt und des Menschen wirklich ist.
Allein die Notwendigkeit, unser, mein Leben hier und da, in all
seinem Glück und Jammer, auf seine Wahrheit und Wirklichkeit
hin zu ergründen, kann und darf Maß der zu leistenden Denkauf-
gabe sein.

Deshalb soll einleitend, über Hegels Kritik an der damaligen Reli-
gionspraxis und Theologie hinaus, der Boden heutiger Religionskritik zuerst exemplarisch an H. Albert dargestellt werden. Diesem Autor ist zu danken für eine klare, kritische Zusammenstel-
lung bedeutender katholischer und protestantischer theologischer
Wege. Zugleich ist anzumerken, daß ihn dabei ein gewisser Ek-
lektizismus in der Zitatauswahl leitet, sodaß, bei aller von ihm
oft berechtigt vorgetragenen Kritik, sein theologiekritisches Unternehmen immer dem ihn prägenden 'kritischen Rationalismus' verhaftet bleibt, der darum anschließend kurz darzustellen ist.
Durch die gebotene Kritik sollen einmal mögliche Gefahren und
Irrtümer theologischer Versuche aufgezeigt werden, zum anderen
Umsicht, Sorgfaltspflicht und Mühe im vernünftigen Umgang mit
der Wirklichkeit Gottes deutlich werden, um endlich durch eine
Kritik der kritisch-rationalen Kritik Grundlage für ein Bewußtsein

---

19   Ph.d.R. I 1,47

20   Ph.d.R. I 1,47

zu schaffen, welches es unternimmt, wie Hegel Gott den Dreieinigen als die vernünftigste, notwendige, freie Wirklichkeit zu begreifen.

H. Alberts Kritik folgt offensichtlich **einem** Schema, sodaß es genügt, der Kritik in seinem Werk 'Traktat über kritische Vernunft' zu folgen. Seine späteren Bücher gegen G. Ebeling (Theologische Holzwege), H. Küng (Das Elend der Theologie), oder auch gegen Karl-Otto Apels hermeneutischen Gott (Transzendentale Träumereien) bringen so der Sache nach nichts wesentlich Neues.(21)

Der Autor sieht die Theologie einen Schutzmechanismus um sich aufbauen durch eine sogenannte "Zwei-Sphären-Metaphysik",(22) welche die Idee einer doppelten Wahrheit impliziert. Im Bereich des Wissens läßt man unbeschränkt eine kritische Vernunft walten (besser: eine bloße Rationalität), während man den Glaubensbereich einer deutenden, verstehenden, oder vernehmenden Vernunft vorbehält. In dieser ist man jedoch bereit, die Logik außer Kraft zu setzen, Widersprüche und Absurditäten hinzunehmen. Genannt wird diese logische Katastrophe ein 'dialektisches' Denken, wobei die Außerkraftsetzung des Prinzips der Widerspruchsfreiheit reinster Dogmatismus ist, vollkommene Willkür. Die Angst vor kritischer Prüfung treibt zum Aufgeben der elementaren Moral des Denkens, der Logik. Offensichtlich werden dadurch die (Un-)Tugenden des Fanatikers und Inquisitors in autoritären Systemen anerkannt und gefördert.

So kommt es zur seltsamen Idee, "man sei einem speziellen Glaubensbestand verpflichtet"(23) und nicht der unvoreingenommenen Wahrheitssuche. Der perfekten Immunisierungsstrategie folgt so – sie verstärkend – die These des Erkenntnisprivilegs des Gläubigen; denn nur dieser könne eigentlich verstehen. Das Verstehen

---

21 H. Albert, Das Elend der Theologie, Hamburg 1979
    Ders., Traktat über rationale Praxis, Tübingen 1978
    Ders., Transzendentale Träumereien, Hamburg 1975
    Ders., Theologische Holzwege, Tübingen 1973
    Ders., Traktat über kritische Vernunft, Tübingen 1975, 3. Aufl.

22 H. Albert, Traktat über kritische Vernunft 105. Die folgenden Zitate ohne Werkangabe entstammen diesem Traktat.

23 Ebd. 107; vgl. Fn.8: So etwa bei K. Rahner!

des Glaubensinhaltes setzt dessen gläubige Annahme voraus, woraus folgt, daß "der den Glauben Ablehnende ihn nicht verstanden haben kann".(24)

Näher untersucht dann H. Albert den Versuch liberal-kritischer protestantischer Theologen (welche ihren Ausgang vor allem in der 'Leben-Jesu' Forschung genommen haben), dem Neuen Testament mittels Entmythologisierung (im Gefolge R. Bultmanns) zu Leibe zu rücken.

Dieses Unternehmen empfindet der Autor als gleichwohl sublimen Dogmatismus – im Vergleich zur katholischen Theologie –, welcher mitnichten erträglicher wird, weil er seine Dogmen nicht ertrotzt, "sondern auf hermeneutischem Weg erschleichen"(25) möchte. Denn radikale Entmythologisierung müßte ihre Väter ganz schön erschrecken, führt sie doch konsequent über die Entkerygmatisierung zur Eliminierung des Kerygmas und zum offenen Atheismus. Also ließ sich Bultmann den Rückzieher von der Elimination des Mythos zu dessen Interpretation einfallen. Der Mythos sei eben nicht kosmologisch (das alte Weltbild ist ja total erledigt!), sondern anthropologisch, existential zu interpretieren. Dieses hermeneutische Unterfangen, dem M. Heidegger als philosophischer Gewährsmann zur Seite steht, übersieht jedoch, "daß das damalige **Existenzverständnis** in einen **kosmologischen Kontext** gehört, von dem es sich nicht einfach durch existentiale Interpretation lösen läßt, und daß wir heute, die wir in einem **anderen** kosmologischen Rahmen denken, auch ein anderes Existenzverständnis haben müssen".(26) Demnach führt das Bultmannsche Unterfangen "zu völlig willkürlichen Entscheidungen darüber, was zu eliminieren ist und was nicht".(27) Engel und Wunder scheidet er aus, Gott und das Heilsgeschehen interpretiert er ins moderne Weltbild um. Entmythologisierung erweist sich ebenso als hermeneutisches Immunisierungsverfahren für jenen einen Teil des christlichen Glaubens, den der jeweilige Theologe retten möchte. So stimmt H. Albert mit Fritz Buri überein, wenn dieser Bultmann folgende Inkonsequenzen vorhält:(28)

---

24   H. Albert, Traktat über kritische Vernunft 118

25   Ebd. 113

26   Ebd. 111 f

27   Ebd. 112

28   Vgl. eb. 114, Fn.26

20

a) Rückfall in die Mythologie.

b) Durch die existentiale Interpretation des Christusgeschehens droht Gottes Heilstat sich in ein bloß menschliches Selbstverständnis aufzulösen.

c) Die Berufung auf den 'Ärgernischarakter' des Evangeliums und seiner 'Nichtausweisbarkeit', um daraus sogar das eschatologische Heilsereignis zu machen.

Wohl bleibt auch hier die Frage offen, wie F. Buris kritisches Unternehmen Gott in die Theologie hereinzuholen gedenkt?

Für Albert steht fest, daß der kritischen Befragung des Kerygmas einzig durch eine 'ad-hoc' Erklärung göttlicher Eingriffe begegnet werden kann, was aber unstatthaft ist. Wir lassen das ja auch nicht zu, wenn es sich um weniger vertraute Religionen handelt.

Wie werden dann die modernen Theologen mit dem Problem der **Existenz Gottes** fertig? Diese wollen von einer natürlichen Theologie nichts mehr wissen, welche eben Bestandteil einer widerlegten und überholten Kosmologie ist. Sie halten sich darob für aufgeklärt und modernen Realwissenschaften angepaßt. Allzuleicht übersehen sie die Konsequenzen daraus: Ohne natürliche Theologie reduziert sich die **Gottesvorstellung** auf ein menschliches **Bedürfnis**, welches in seiner Irrationalität nur mehr als 'Ärgernis', 'Paradox', oder als 'Aporie' aufrecht erhalten werden kann.

Also benützt man die allseits beliebte "Immunisierungsstrategie, durch die die betreffende Vorstellung so vollständig entleert wird, daß sie mit keiner möglichen Tatsache mehr kollidieren kann".(29) Für die Existenz Gottes im normalen Denken ist kein Platz übrig. So sind sich die Theologen über die eigene Weltauffassung im unklaren, daß sie nämlich "de facto **zum Atheismus übergegangen**" sind und nur mehr "mittels einer theistischen Sprache die alte Fassade aufrechterhalten"(30) möchten! Gott hat bloß mehr eine moralische und rhetorische Funktion. So versucht F. Buri (31) Gott als den "mythologische(n) Ausdruck für die Unbedingtheit personalen Verantwortlichseins" zu retten!

---

29   H. Albert, Traktat über kritische Vernunft 116

30   Ebd. 119

31   Vgl. ebd. 119, Fn.37

Ebenso muß der Versuch scheitern, Gott als Geheimnis dem begrifflichen Denken zu entziehen. Die daraus folgende Entzugserscheinung der Inhaltslosigkeit des Gottesbegriffes macht ihn mit anderen mythologischen Wesenheiten **beliebig austauschbar.** Hier liegt ganz einfach ein semantischer Trick vor.

Auch J. Moltmanns Versuch einer 'Theologie der Hoffnung' scheitert für H. Albert an der Unvermittelbarkeit von christlichem Auferstehungsglauben (32) mit dem modernen Weltbild: Moltmann verzichtet in geradezu fahrlässiger Weise, die dem griechischen, kosmologischen Weltbild widersprechende Auferstehung aus seiner Sicht genauer zu erklären. Dazu setzt sich der Theologe über Ergebnisse der modernen theoretischen Realwissenschaften einfach hinweg, indem er dieses Weltverständnis in Frage stellt.

Auf diese Weise geht die Theologie über alle Widersprüche im Neuen Testament und. über die Irrtümer Jesu hinweg (33) und immunisiert sich in dem alten-neuen 'credo quia absurdum'. Doch solcher Glaube aus der Frühzeit des Christentums "ist angesichts dessen, was wir heute über die Psychologie des Glaubens wissen, nichts als eine kaum noch ernst zu nehmende Zumutung ...".(34)

Folgt man dieser Kritik der doppelten Wahrheit, der autoritären Dogmatik, der unkritisch-ungeprüften Systembildung, dem Aufweis der Folgen konsequenter, aufgeklärt-entmythologisierender Hermeneutik, da die Wirklichkeit Gottes nur mehr als irrationales menschliches Bedürfnis aufrecht erhalten wird, aber vor allem der Immunisierungsstrategie durch Entleerung des Gottesgedankens, so daß Gott ein inhaltsloses 'X' wird, dessen Beliebigkeit Theismus und Atheismus zusammenfallen läßt, indem sich beide einem bloßen Humanismus verschrieben haben: Dann wird es wohl unumgänglich sein, den 'kritischen Rationalismus' des Autors weiter auszuführen und tiefer zu durchleuchten.

---

32 Nach J. Moltmann (vgl. ebd. 121, Fn.44) "steht und fällt" das Christentum "mit der Wirklichkeit der Auferweckung Jesu von den Toten...".

33 So z.B. irrte Jesus in der Erwartung eines unmittelbar bevorstehenden Weltendes und in seiner daraus abgeleiteten Interimsethik; vgl. ebd. 108, Fn.12

34 Ebd. 128

Als die Wurzel allen Übels sieht der Autor die Suche nach einem archimedischen Punkt der Erkenntnis an. Diese Idee der absoluten Begründung ist untrennbar verbunden mit der Voraussetzung einmal von der Erkennbarkeit der Wirklichkeit und zweitens mit der Feststellbarkeit und Entscheidbarkeit der Wahrheit. Einer der grundlegenden Sätze dieser klassischen Logik ist demnach der Satz vom zureichenden Grunde (principium rationis sufficientis).

Besieht man diese Begründungsweise genauer, so stößt man unweigerlich auf das sogenannte "Münchhausen-Trilemma".(35) Wird nämlich für alles eine Begründung verlangt, so gilt dies ebenso für 'letzte' Erkenntnisse, auf welche die jeweils zu begründende Auffassung zurückgeführt wird. Die Folge sind drei unakzeptable Alternativen:

a) Ein **infiniter Regreß**, indem man gezwungen ist, bei der Suche nach Gründen induktiv immer weiter zurückzugehen, ohne je eine sichere Grundlage zu finden.

b) Ein **logischer Zirkel**, wenn im deduktiven Begründungsverfahren auf Aussagen zurückgegriffen wird, die sich ihrerseits schon vorher als begründungsbedürftig erwiesen haben.

c) Der **Abbruch des Verfahrens**, wenn das prinzipiell fortführbare Verfahren der Begründung abgebrochen wird zugunsten einer **Entscheidung**, die sich meist als Selbstevidenz, Selbstbegründung, unmittelbare Erkenntnis, Intuition, Erlebnis oder Erfahrung ausgibt.

Ein solches Vorgehen findet sich analog in der Suspendierung des Kausalprinzips durch die Einführung einer **causa sui**. Eine solche Behauptung, deren Wahrheit gewiß und keiner Begründung bedürftig sei, wird als **Dogma** gehandelt.

Dabei ist es einerlei, ob man induktiv oder deduktiv vorgeht. Auch der Rückgriff auf eine transzendentale Deduktion kann hier keine Abhilfe schaffen.

An die Stelle der hier genannten, allesamt dem archimedischen Erkenntnispunkt verhafteten Begründungsverfahren setzt H. Albert die **Idee einer kritischen Prüfung**. Denn im klassischen Erkenntnisstreben sind alle Sicherheiten selbstfabriziert und damit als

---

35 Ebd. 13

Wissen der Wirklichkeitserfassung wertlos. Sie sind nichts weiter
als Immunisierungsverfahren durch Dogmatisierung subjektiver Gewißheit.(36) So gebietet es die wissenschaftliche Ehrlichkeit, Erkenntnis durch Entscheidung zu ersetzen. Die Ethik wird zur vor-
rangigen Wissenschaft. Einzig die "Idee der kritischen Prüfung"(37) vermag hier Abhilfe zu schaffen. Diese verlangt allerdings das Opfer, durch ständige "Korrektur unserer Irrtümer der
Wahrheit näher zu kommen".(38) Das Axiom: de principiis non
disputandum, hinter dem sich blanker Dogmatismus und konserva-
tiv-ängstliche Immunisierungsstrategie verbergen, ist durch per-
manente Ungewißheit zu ersetzen.

Was vermag dieses von K. Popper hergeleitete Postulat der kritischen Prüfung zu leisten, und worin besteht es?

a) **Alle** (?) Aussagen werden durch rationale Argumente geprüft.
b) Verzicht auf alle selbstproduzierte Gewißheit.
c) Konstruktion prüfbarer Theorien. Zurückversetzen aller Dogmen
   in prüfbare Hypothesen.
d) Seine Leistung besteht in der Aussicht, durch Versuch und
   Irrtum über diese prüfbaren Theorien und Hypothesen der
   Wahrheit näher zu kommen, ohne je Gewißheit zu erreichen.

Kurz ausgedrückt heißt dies: Die Ersetzung jedes Unfehlbarkeits-
anspruches zugunsten eines **konsequenten Fallibilismus**. Diese
Maxime der kritischen Methode faßt H. Albert als Version des
Satzes vom ausgeschlossenen Widerspruch: "Suche stets nach rele-
vanten Widersprüchen, um bisherige Überzeugungen dem Risiko
des Scheiterns auszusetzen, so daß sie Gelegenheit haben, sich
zu bewähren".(39) Es kommt dem Autor also allein auf **Widerlegbarkeit** und **vorläufige Bewährung** an.

Besieht man nun dieses kurz umrissene Programm kritischer Prüfung, so schält sich daraus als harter Kern die grundsätzliche,
alle Aussagen, Ideen und Wirklichkeiten betreffende konsequente
Falsifizierbarkeit. Es ist also nicht nur jede subjektive Gewißheit
falsifizierbar, sondern ebenso **muß** jede Wahrheit beanspruchende

36   Ebd. 30

37   Ebd. 35

38   Ebd. 33

39   Ebd. 43

Aussage einer Wirklichkeit falsifizierbar sein. Falsifizierbarkeit ist zum Bestätigungskriterium geworden von Wahrheit, Gewißheit und Wirklichkeit. Es wird also im Namen der Widerspruchsfreiheit – als logische Minimalforderung braucht sie nämlich der kritische Rationalismus, wie H. Albert eher verschämt zugeben muß, denn erzwungen (begründen läßt sie sich ja nicht!) wird sie durch "die äußerst unangenehme Konsequenz, daß dann beliebige Behauptungen möglich werden" (40) – der Widerspruch notwendigerweise aufgespürt. Wozu das? "Um eine Weiterentwicklung des Denkens zu erzwingen".(41) Die Frage aber drängt sich auf: Wer ist der Denker? Wozu denkt er? Woraufhin denkt er? Weshalb soll der Denker gezwungen sein, sein Denken weiter zu entwickeln? Weshalb der Zwang gerade bei einem derart vehementen Gegner von Doktrin, Dogmatismus, Unfehlbarkeit, absoluter Wahrheit? Wer oder was zwingt, wenn doch der kritische Rationalismus seinen Impetus eben aus einer Befreiung von autoritär-entmündigender Knechtschaft bezieht und in gut aufklärerischer Manier ein wenig Klarheit und Licht auf diese Holzwege werfen, in diesem Elend entzünden will? Ist nicht zu vermuten, daß solcher Zwang zur Weiterentwicklung des Denkens bedenklich einem infiniten Progressus ähnelt, dessen Treibkraft einzig die Flucht vor der Beliebigkeit des Behauptens ist? Daß es ein tragisches Denken ist, welches seinen Heroismus aus dem Mut zum Risiko des Scheiterns nimmt? Daß sein Programm der notwendigen Widerlegbarkeit aller Ansprüche und Aussagen die radikale und konsequente Kontingenz zum unfragbaren, unbegründbaren Prinzip gemacht hat? Damit nämlich müssen alle Fragen, die im Umfeld des Ganzen, Allgemeinen, Absoluten, Unendlichen, Ewigen, Gottes, der Seele, der Freiheit, des Sinns – weil nicht falsifizierbar – als 'irrational' abgelehnt werden. Und genau deshalb wird dieses Programm, welches sich selbst als Lebenseinstellung anbieten möchte, auch gefährlich: Es übersieht, daß es den Menschen nur mehr unter der Funktion der Widerspruchssuche (besser: Sucht!) zu sehen vermag, um ihm wenigstens als tragische Figur im stets weiter zu entwickelnden Kontingenzbereich gegen die Beliebigkeit eine Unbeliebigkeit, ein Recht auf Ineffabilität (42) zu sichern. So ist es die bekannte Angst vor der Beliebigkeit, Zufälligkeit des Men-

---

40 Ebd. 43

41 Ebd. 43

42 Vgl. O. Marquard, Schwierigkeiten mit der Geschichtsphilosophie, Frankfurt/M 1973, 20

schen, die tragischerweise seine widersprüchliche Unmenschlichkeit erzwingt.

Wenn dagegen eine 'Gotteslogik' auch 'menschliche' Logik bedeuten soll, ein Miteinander von Gott und Mensch ermöglichen muß, dann verbieten sich – dies soll trotz aller Kritik an H. Albert zugestanden werden – nun mehrere Holzwege als für eine Gotteslogik unbegehbar:

– **Kausales Denken**, das sich dem Begründungsverfahren von Ursache – Wirkung, aber auch dem von Grund und Folge verschreibt.

– Ein **Abstraktionsverfahren**, welches zum Allgemeinen, Höchsten nur um den Preis einer zunehmenden Entleerung des Inhalts kommt, so daß das Absolute eine Leerformel wird.

– Bloßes **Behaupten von Gewißheit**, Evidenz einer Wahrheit, da es kein vernünftig einsichtiges Kriterium gibt, sich gegen eine anderslautende Gewißheit abzugrenzen.

– Die **Idee einer doppelten Wahrheit**, die Lehre zweier getrennter, unvermittelter Wirklichkeiten.

– Alle Verfahren des Denkens, die entweder die **Unendlichkeit** zugunsten der Kontingenz, oder anders die **Endlichkeit** um der Reinheit des Absoluten willen **aufgeben**.

So kehrt sich die Frage an uns zurück. Ist nämlich das Absolute notwendig schon wahr, wozu plagen wir uns mit nichtigen philosophischen Gedankenspielereien? Ist das Absolute aber nicht, so wird es auch nicht durch noch so lange induktive, additive, deduktive Schlußverfahren oder Summierungen – denn das Ganze ist nie die Gesamtheit des Vorfindlichen, Verfügbaren. Hegel bemerkt dazu schon in seiner 'Differenzschrift'(43) ganz konsequent, doch auch ironisch: "... durch ein problematisches und hypothetisches Schütteln fallen von dem Baum der Erkenntnis, der auf dem Sand des Begründens steht, die Früchte durch sich selbst gekaut und verdaut herab", weil das Absolute durchaus schon vorausgesetzt wird als urwahr und gewußt. Und nochmals mit L. Wittgenstein gedacht (44) als Bestätigung, daß das Absolute auch additiv,

---

43   STW 2,128

44   Ders., Vermischte Bemerkungen 22

induktiv, summarisch-aufhäufend, oder zukünftig-werdend nicht konstituiert oder konstruiert werden kann: "Ich könnte sagen: Wenn der Ort, zu dem ich gelangen will, nur auf einer Leiter zu ersteigen wäre, gäbe ich es auf, dahin zu gelangen. Denn dort, wo ich wirklich hin muß, dort muß ich eigentlich schon sein. Was auf einer Leiter erreichbar ist, interessiert mich nicht."

Anima quodammodo omnia: daran führt keine mögliche 'Gotteslogik' vorbei. Ihr Weg zeichnet sich notwendig durch folgende Fragen aus: Weshalb hat das Endliche, Kontingente kein Genügen an sich? Warum kann ich keinen Halt im Festhalten des ganz Einfachen, des 'Diese da' finden? Warum vermag das Angreifbare dem Begriff nicht zu genügen? Wie findet endliches Denken aus seiner Befangenheit in Immanenz zur Unendlichkeit und Transzendenz ohne Selbstentfremdung? Wie kann dieser Gang zum Unendlichen vor dem Verdacht geschützt werden, nur ein projiziertes Unendliches des Bewußtseins selbst zu sein? Inwiefern kann Gott die Wirklichkeit des Menschen 'begründen', ohne ihm die Freiheit, die Identität zu rauben? Und umgekehrt, wie kann der so des Unendlichen mächtige Mensch als Gottes Ebenbild gedacht werden, ohne daß seine Wirklichkeit zu einer Nötigung Gottes, ihn zu schaffen, wird?

Wir beginnen den Weg einer Gotteslogik mit der Frage, was wirklich ist, um dann weiter zu fragen, ob diese Wirklichkeit erfahrbar ist?

Zweitens

WOMIT EIN ANFANG ZU MACHEN IST

Der Beginn aller Philosophie ist der Anfang. Hat der Anfang be-
gonnen, ist das Weitere klar. So ist, pointiert, Philosophie die
Wissenschaft vom Problem des Anfangs. Gerade für Hegels Philosophie (1) trifft dies den Kern, wenngleich damit keineswegs das
Mühen um den Begriff und seine Ausfaltung erspart bleibt.

Auf diese Erkenntnis stützt sich nun ein durchgängiger Typus
einer Kritik vor allem an Hegel. Denn besonders seine Philosophie
hat es an sich, den Leser – wie und wer auch immer – zu faszi-
nieren, was die lange Rezeptionsgeschichte ausführlich zu belegen
vermag. Zugleich jedoch nährt sich der Verdacht, wer sich einmal auf Hegels dialektisches Denken eingelassen hat, diesem auch
zu verfallen droht. Gemeint ist damit ein Dilemma, eine immanente Hegelkritik sei unmöglich wie andererseits eine von außen an
Hegel herangetragene Interpretation an der Sache abgleiten müsse.
Der kritische Tenor lautet deshalb, daß Hegel zu verstehen zur
Voraussetzung und Grundbedingung habe, sich seinem Denken
völlig zu verschreiben. Hegels System sei eine Weltanschauung,
eine Ideologie, die darum nur zuließe, sich ihr zu unterwerfen,
oder sie als Ganzes zu verwerfen.

So bleibt am Problem jeder Philosophie, womit ein Anfang zu
machen sei, bei Hegel gleich die nähere Frage haften, wie bei
ihm zu beginnen sei. Dieser Beginn wird hier mit Hegels 'Phänomenologie des Geistes' gemacht. Die Gründe dafür seien im folgenden zusammengefaßt:

Wenn sich eine 'Gotteslogik' theologischer Thematik verpflichtet
weiß, so sind Hegels Hinweise besonders in seiner 'Philosophie
der Religion' und seinen 'Vorlesungen über die Beweise vom Dasein Gottes' heranzuziehen. Unübersehbar sind hier die zahlrei-
chen Belege, daß das Verständnis der Religionsphilosophie, der
Gottesfrage, aber auch der inneren Wahrheit der sich geschicht-

---

1   So etwa STW 3,28; GW 9,22: Die Philosophie kann besonders
     als ein Aufzeigen genommen werden, "daß der **Grund** oder
     das Prinzip des Systems in der Tat nur der Anfang ist."

29

lich entfaltenden Religionen, auf dem Denkfundament der 'Wissenschaft der Logik' ruht. "Es ist das Logische, in dem klar wird, daß aller bestimmte Begriff dies ist, sich selbst aufzuheben, als der Widerspruch seiner zu sein... Das ist der Begriff, der sich objektiviert. Dies ist das Logische, das vorausgesetzt wird."(2) In seiner ersten Vorlesung über die Beweise vom Dasein Gottes erläutert Hegel, daß gerade sie eine Ergänzung zur Logik seien, die ihre Grundbestimmung ist.(3)
Einen ganz bedeutsamen Hinweis, weshalb der Beginn am besten ein phänomenologischer sein soll, liefert die 'Logik' selbst. Wiewohl nämlich der logische Anfang für sich frei und so besehen voraussetzungslos im Element des reinen Denkens beginnt, so ist er wiederum vermittelt "dadurch, daß das reine Wissen die letzte, absolute Wahrheit des **Bewußtseins** ist. Es ist in der Einleitung bemerkt, daß die **Phänomenologie des Geistes** die Wissenschaft des Bewußtseins, die Darstellung davon ist, daß das Bewußtsein den **Begriff** der Wissenschaft, d.i. das reine Wissen zum Resultate hat. Die Logik hat insofern die Wissenschaft des erscheinenden Geistes zu ihrer Voraussetzung,..."(4)

Weiters zeigt Hegel etwa in der Vorrede zur 'Phänomenologie des Geistes',(5) daß der Schluß derselben die Bereitung des Elements des Wissens ist. In der 'Logik', oder spekulativen Philosophie, weiß der Geist sodann seinen 'Gegenstand' eben nicht mehr auf gegenständliche Weise, wie dies das phänomenologische Bewußtsein tut, sondern in der Form der Einfachheit des reinen Wissens, indem **der** Gegensatz immer schon **sein** Gegensatz, das Andere seiner selbst ist.

---

2   Ph.d.R. II 2,48

3   Gottesbeweise 1. Hierzu ist im voraus anzumerken, daß die gebrauchten Begriffe der Voraussetzung und des Grundes nicht unbesehen übernommen werden dürfen. Es soll sich später erweisen, daß gerade vom rechten Verständnis dieser Begriffe ein gewichtiges Stück Hegelinterpretation abhängt.

4   STW 5,67. Auf das Problem des Verhältnisses von 'Logik' und 'Phänomenologie des Geistes' wird später nochmals eingegangen. Im übrigen findet sich dieses Zitat nicht in der ersten Auflage der 'Logik' (1812/13); vgl. GW 11, 34.

5   Vgl. STW 3,39; GW 9,30

Ein nicht zu unterschatzendes Argument für eine vorgehende Einsicht in die 'Phänomenologie des Geistes' ist eine schon in dieser selbst implizierte Logik in dem Sinn, daß jeder phänomenologischen Bewußtseinsgestalt bis hin zum absoluten Wissen eine Bestimmung der sich explizierenden 'Logik' entspricht. Von da her
läßt sich sogleich feststellen, daß die 'Teile' des Hegelschen Ge-
samtsystems einem inneren Begründungszusammenhang unterliegen.

Abschließend sei noch ein allgemeiner Grund erwähnt, wie unser
Erkennen, Bewußtsein, im tatsächlich begegnenden, sich ereignen-
den Leben stets zuerst im gegenständlichen Bereich sich vorfindet
und darin sich zurecht finden muß. Wenn nämlich Philosophie
nicht von vorneherein sich dem menschlichen Arbeits- und Lebens-
feld zu entziehen gedenkt, dann rechtfertigt sich damit das Einsetzen des Denkens am fraglichen Gegenstand: Was ist das mir
gegenüber Liegende? Wie erfahre ich das mir Entgegengesetzte?
Was geschieht, wenn ich es angreife, mir aneigne? Oder genügt
nicht vielmehr der gesunde Menschenverstand im Umgang mit den
Dingen? Wissen wir nicht unbestreitbar, daß zwei mal zwei vier
ist und daß Caesar ermordet wurde? Können wir uns denn nicht
hundertprozentig auf unsere Sinne verlassen? Wenn sie schon einmal täuschen, so läßt sich eine derartige Fata Morgana auch
sinnlich wieder korrigieren, wenn auch nur durch einen entbeh-
rungsreichen Fußmarsch?

Demnach setzt alle sich sicher gebende Bildung von Bewußtsein
Gewiß-sein, Wissen mit dem unmittelbar vorliegenden sinnlichen
Gegenstand gleich. Der Beginn unseres natürlichen Vorstellens,
unseres Erkennens, ist unmittelbar die bloß aufnehmende sinnliche
Gewißheit.

Solcher Einsatz philosophischen Denkens mit dem natürlichen Bewußtsein und seinem 'natürlichen' Gegenstand ist bewußt und gezielt im Hinblick auf Kants Lösung des Erkenntnisproblems geschehen: **kein Selbstbewußtsein ohne Gegenstandsbewußtsein.** Denn jede Selbstbestimmungskompetenz des Selbst(-bewußtseins) führt –
der transzendentalen Erkenntnistheorie zufolge – in einen infiniten Regreß der Selbstbestimmung des Selbstbewußtseins, welchem
diese Theorie ihrerseits gerade erst um den Preis einer petitio
principii zu entkommen sucht. Der Preis der Erkenntnistheorie
Kants ist bekanntlich die Trennung von Gegenstandswelt und Reflexion des Subjekts. Diese mit den Mitteln des Erkennens unüberwindbare Differenz drückt sich im 'Als ob' ihrer Übereinkunft
in der Erfahrung des transzendentalen Subjekts deutlich aus.
Eben dies ist ihre fraglos-unbefragbare Voraussetzung, welche
näher besehen zweierlei bedeutet: Die Trennung der Welt der

Dinge an sich und der Welt des subjektiven Bewußtseins; aber
ebenso – dieser Punkt wird Hegels Hauptinteresse und vornehmlich
Kritik an Kant sein – die nicht hintergehbare Voraussetzung einer
doch notwendigen Korrelation von Gegenstand und Erkennen.

Hegel nimmt eben diesen Stand der Erkenntnismöglichkeit nach
Kant auf. Er untersucht indessen, ob die Verfassung der Philosophie mit ihrer scheinbar unaufgebbaren Subjekt-Objekt Differenz
nicht über diese hinauszulangen vermöchte, oder gar darüber hin-
ausführen müsse? Denn dieses bliebe in der Tat nicht ohne gewaltige Folgen, könnte einer in biederer Selbstbescheidung ver-
harrenden Philosophie gezeigt werden, daß ihr eigener Standpunkt
eines natürlichen Bewußtseins, näher bedacht, sich selbst in einem Bildungsgang zu einem Resultate aufschließt, welches nicht
mehr nur eine **mögliche** Stellung des Bewußtseins zur Gegenstandswelt offen läßt, sondern eben von seinem Ende her sich schon
anfänglich als **die** eine Stellung des Gedankens zur Objektivität
rechtfertigt.

Das hätte weiters die Anerkennung spekulativen Denkens unumgänglich zur Folge. Denn dieses dürfte sich demnach selbst als
notwendig und gerechtfertigt betrachten durch das Akzeptieren
des transzendentalen Problemansatzes: des natürlichen Bewußtseins
einer Zweiheit von erkennendem Subjekt und erkanntem Gegenstand.

Die spekulative Philosophie beansprucht also, auf Kant aufbau-
end, das Kantische Resultat, "daß die Vernunft keinen wahren
Gehalt erkennen könne und in Ansehung der absoluten Wahrheit
auf das Glauben zu verweisen sei,"(6) über die bloß subjektive
Gewißheit auf das absolute Wissen, die Wahrheit hinzuführen.
Diese Leistung mutet Hegel seiner 'Wissenschaft der Erfahrung
des Bewußtseins' – wie der Titel der 'Phänomenologie des Geistes'
zuerst lautete – zu. Gelingt die Durchführung des Programmes,
so wird dieses in bestimmter Hinsicht Grundlage der Wissenschaft
schlechthin: der 'Logik'. Darum 'hängt' die 'Logik' nicht in einem spekulativ-erfahrungsleeren, vom Leben völlig abstrahieren-
den Denkraum für weltflüchtige Besserwisser. Deshalb ist die
'Logik' eben kein ausbruchs- und einbruchssicherer Elfenbeinturm
für unverstehbare Denker im Traumgewande, sondern eine die
Wirklichkeit (mit-)konstituierende Wirklichkeit.

Das bedeutet andersherum: die phänomenologische (desgleichen
die realgeschichtliche) Wirklichkeitsebene(n) bedarf (bedürfen)

---

6   STW 5,59

ebensosehr ihrer logischen 'Begründung'. Daraus ergibt sich vorweg die Einsicht,(7) die in ihren eigentümlichen Wirklichkeitsebe-
nen sich selbst immer auf Wahrheit hin verwirklicht, um im selben Tun dieses wahre Selbstverwirklichungswissen den anderen
Wirklichkeiten mitzuteilen und selber damit wieder grundlegend
an den anderen Verwirklichungsebenen der Wirklichkeit teilzuneh-
men.

Nach dieser Klärung der Voraussetzungen des Anfangs der Hegelschen 'Phänomenologie' und der Verdeutlichung ihres Anspruches
und Zieles können wir uns dem natürlichen Bewußtsein zuwenden.

2.1 Die gewisse Ungewißheit

Nichts erscheint dem menschlichen Hausverstand gemeinhin unver-
zichtbarer, unverrückbarer, sicherer und in sich gefestigter als
das Tatsächliche, das sinnlich wahrnehmbar vor ihm Liegende.
Was 'ich' weiß ist allererst und unmittelbar der Gegenstand. Mein
Tun beschränkt sich dabei auf ein rein passives Aufnehmen; ja
es muß sich darauf besinnen, alles bloß aufzunehmen, nichts
wegzulassen, um das gegenüber Seiende in seinem ganzen Reichtum
und seiner Vielfalt rein zur Erscheinung zu bringen. Nun zeigt
sich, daß dieses derart vorgeschriebene reine Aufnehmen des Gegenstandes diesen, um seiner Vollständigkeit willen, so unbe-
grenzt und unbegrenzbar – denn jede Begrenzung wäre ein unzu-
lässiger, bestimmender Eingriff – macht, daß sich die Gewißheit
des Gegenstandes so sehr verflüchtigen muß, daß nur mehr die
leere, abstrakte Aussage enthalten ist: "... es ist; und ihre
Wahrheit enthält allein das Sein der Sache; ..."(8)

Dasselbe gilt folglich auch für das Bewußtsein. Es ist reines Ich,
reiner Dieser und kann, der Reinheit des aufzunehmenden Gegenstandes wegen, auch nicht mehr sein. Denn das Aufnehmen des
Objektes darf auf keine Weise des Erkennens geschehen, welches
ja nicht in der Art reiner, gegenständlicher Gewißheit vor sich
geht, sondern angeregt wird durch Verschiedenheit: sei es durch
die unterschiedliche Beschaffenheit der Sache selbst oder durch
ein Verhältnis zu anderen Dingen, was jedoch allemal eine Vielheit voraussetzt. Auf jeden Fall überschritte solches die Eigen-

---

7   Hegel nennt sie den absoluten Geist, dessen Verwirkli-
     chungsbereich ein absolutes Ganzes ist, das sich selbst als
     vollkommen identische Selbstverwirklichung begreift.

8   STW 3,82; GW 9,63

tümlichkeit der sinnlichen Gewißheit, da jede Vielheit vermittelt, und über das reine 'IST' der Sache hinaus ist. Dies reine, abstrakte, leere Wissen des gegenständlichen 'Dieses' ist hier radikal ernst genommen: es ist das **Einzelne.**

Jetzt läßt sich feststellen, selbst wenn wir uns bloß zusehend verhalten, daß an dem reinen Sein der Sache, dem 'Dieses', "noch vieles andere beiher" spielt, wie Hegel sich ausdrückt.(9) Denn wenigstens **ein** Unterschied läßt sich, auf einer hier wohl noch unzulässigen Reflexionsstufe, vorwegnehmend aufzeigen. Es gibt nämlich wenigstens zwei 'Diese': **Dieser-Ich** und **Dieses als Gegenstand.** Sobald aber ein Wissen von zweien Unterschiedenen vorhanden ist, so sind sie nicht mehr nur unmittelbar, sondern vermittelt.

Da eingewendet werden mag, hier hätten **wir** uns als Beobachter eingeschaltet, um dem Einzelnen seine unvermittelte Einzigartigkeit zu nehmen, so ist danach zu trachten – wenn anders Hegels Programm einer durchgehenden vermittelten Vermittlung jeder Erkenntnis und Erfahrung sich bewahrheiten soll – am Gegenstand selbst die von ihm ausgehende Eigenheit, reines, einzelnes Dieses zu sein, zu betrachten. Dazu bietet sich geradewegs das reine Aufnehmen an, wie es der sinnlichen Gewißheit zukommt. Die Frage heißt demnach: Was ist es, das sich als reines Dieses aussagt, ganz unabhängig davon, ob 'Ich', oder ein Wissen von ihm überhaupt ist? Ist der Gegenstand tatsächlich dieser, als welches Wesen ihn die sinnliche Gewißheit ausgibt?

Hier entdeckt Hegel eine ganz wesentliche **Verkehrung** an der sinnlichen Gewißheit selbst. Das als so sicher und gewiß sich gebende 'Dieses' vermag nämlich an sich selbst seinen Anspruch, ein einzelnes, einfaches, unbedürftiges Unmittelbares zu sein, nicht einzulösen. Es verkehrt sich an sich selbst. Es ist ein **Allgemeines.** Seine Wahrheit ergibt sich genauer dann, wenn wir nicht über es reflektieren, nachdenken oder unser Vorstellen an es heranbringen, sondern uns nur zusehend verhalten. Wann und wo immer wir nämlich ein 'Dieses' als reines Sein nehmen, vermag es sich nur als Nicht-Dieses und Nicht-Jenes erhalten, um seiner ernstgenommenen unmittelbaren Unabhängigkeit vom bewußten Ich willen – denn dies ist ja Kants petitio principii: die Gegenstandswelt, die Welt der Dinge als vom erkennenden Bewußtsein unabhängige zu setzen. Die auftretenden Widersprüche und Antinomien schreibt Kant folglich, aus einer Art Fürsorge um die Dinge, dem Verstand zu. Der Grund für eine solche Trennung ist

---

9   STW 3,83; GW 9,64

die Unzulänglichkeit und Unerkennbarkeit der Dinge an sich. Über das 'Eigenleben' der Dinge, was sie 'hinter unserem Rücken' machen dann, wenn wir sie nicht betrachten, wenn wir ihnen **nicht** Bewußtsein, Form und Inhalt geben durch **unser Zutun**, können wir keine wahren Aussagen machen. Nach Kant vermögen wir nur eine Art transzendentalen Schleier über die Welt der Dinge legen. Dieser Schleier unserer Erkenntnis ist aus einem, mit den Mitteln des Verstandes und der Vernunft erfahrungsmäßig nicht mehr zu durchdringenden 'Als ob' gewoben. Die Dinge sprechen damit aber auch nie ihre Wahrheit aus, ihr ureigenes Sein. Sie dürfen es nach Kant auch nicht, der schon erwähnten Voraussetzung seiner kritischen Transzendentalphilosophie wegen, vielmehr sind sie nur Weisen der Affektion des menschlichen Erkenntnisapparates.

Was Hegel demnach hier (10) auf wenigen Seiten in sehr prägnanten und schlichten Sätzen aufzeigt, ist einer der ganz gewichtigen Schritte **von Kant ausgehend über Kant hinaus**, gerade indem Hegel Kant konsequent zu Ende denkt oder vielmehr die voraussetzungslose – weil dem Ding-Diesen nichts unterschreibende – Unmittelbarkeit sinnlicher Gewißheit rein aufzunehmen sich vornimmt. Hegel streift sozusagen alle möglichen Modi des Erkennens von sich ab und läßt sich unmittelbar vom Gegenstand affizieren. Dagegen hat auch Kant nichts einzuwenden. Eine solche Affektion ist ja Grundlage seines Prinzips: kein Selbstbewußtsein ohne Gegenstandsbewußtsein. Kant will das Ding in seiner Wahrheit ernstnehmen und es schützen als eine selbständige Wirklichkeit, etwa vor der möglichen Auflösung im Subjekt, wie dies im subjektiven Idealismus Fichtes unabwendbar erscheint. Dafür nimmt er, von Hegel oftmals kritisiert, einen gewissen Dualismus in Kauf.(11) Verhält sich nämlich das Ich als reiner Betrachter, so entgleitet ihm das 'Dieses'. Aber nicht deshalb, weil es uns versagt ist, die Dinge an sich zu erkennen, sondern, weil das Dieses an sich versagt. Was es von sich sagen will: 'Dieses ist', kann es gar nicht aussagen. Das 'Dieses' sagt sich nicht als 'Dieses' aus, als unmittelbares Einzelnes, vielmehr **meinen** wir es nur als 'Dieses'.

Dieses Meinen meint mehr als es sagt. Es meint Dieses und Dieses und Dieses..., also eine Bestimmtheit des einzelnen Diesen, ohne diese Bestimmtheit leisten zu können. Wir **meinen** bloß, der Welt

---

10   STW 3,82-92; GW 9,63-70

11   So beispielsweise schon in der Jenaer Schrift 'Glauben und Wissen'; STW 2,314

der Gegenstände Gerechtigkeit widerfahren zu lassen, wenn wir sie als reines 'Dieses ist' aufnehmen. In Wahrheit meinen wir 'Dieses da', 'Dieses jetzt' und müssen es damit bestimmen gegen ein 'Nicht-Dieses da' und ein 'Nicht-Dieses jetzt'. Das unmittelbare Einzelne ist so behaftet mit seinem Nicht-Sein als einem Nicht-Dieses. Es ist kein Unmittelbares, sondern vielmehr ein Vermitteltes.

Dies ist Hegels erster Schritt hinter Kants Ding-Schranke. Der zweite Schritt ist, daß wir nur genau, rein auf die **Sprache** hinzuhören brauchen. Wir sagen: Dieses ist. Wir meinen: Dieses da und Jenes da, Dieses da, hier und jetzt. Was wir jedoch aussagen ist die Umkehrung der einzelnen Diesen in das Allgemeine als der Wahrheit der sinnlichen Gewißheit. Damit hat sich das scheinbar Erste der Affektion, das sinnliche Dieses, als unwahres gezeigt. Die erste sinnliche Gewißheit hat das Allgemeine als seine Wahrheit ausgewiesen, weil allein das Allgemeine ein solches Einfaches zu sein vermag, das einerseits jede unzulässige Bestimmung durch uns unterbindet – denn solange wir das Ding nur meinen, treffen wir es in seinem reinen Sein nicht, vielmehr bestimmen wir es durch ein Hier und Jetzt. Zum anderen nimmt das Allgemeine die Bestimmtheit auf, aber in der Weise des 'Nicht-Dieses'.

Was ist damit gesagt? Das Allgemeine ist nicht Dieses und Jenes, wodurch es unzulässige Bestimmungsanleihen aus Raum und Zeit nötig hätte und ein bloß vermeintliches Einfaches wäre. Um dagegen ein wahrhaft Einfaches sein zu können, muß es in sich vermittelt sein, so daß es noch als ein Dieses angebbar bleibt, alsdann bestimmt ist, aber ebenso ein Nicht-Dieses ist. Die anfängliche Wahrheit des rein zusehenden Bewußtseins hat sich so "als **vermittelte Einfachheit** oder als **Allgemeinheit**"(12) gezeigt.

Das philosophische Denken ist mithin davor bewahrt, das Meinen der sinnlichen Gewißheit als ihr Fundament auszugeben. Dabei ist auf der Seite des Dinges, des Objektes, eine wichtige Entscheidung gefallen in der Erkenntnisproblematik, welche die ganze Philosophie prägt, nämlich die Gespaltenheit in Subjekt und Objekt. Die Welt der Objekte, die Gegen-stände, haben sich an ihnen selbst als das Gegenteil dessen erwiesen, was sie in der herrschenden Subjekt-Objekt Trennung zu sein scheinen: unmittelbar gewisse Diese. Ihr Wesenskern ist vielmehr dies reine Sein, als das Allgemeine, welches sein 'Programm' als Negation und Vermittlung ausschreibt. Es hat sich demjenigen Bewußtsein,

---

12   STW 3,85; GW 9,85

welches genau, unvoreingenommen, rein aufnehmend, beobachtend dem Gegenstand zugewandt sich solchermaßen 'meinungslos' affizieren läßt, das Dieses in der **Sprache** wahrhaft ausgesagt. Unser Wissen vom Ding wurde nicht in es hineinprojiziert, sondern das Ding hat es an sich, sich zu äußern, aber entgegen empirischer, auch Kantischer Gewißheitsvermutung, als ein Allgemeines. Das **Allgemeine** hat sich somit als **Zuwendungsmodus des Gegenstandes** gezeigt.

Das Verhältnis von Wissen und Gegenstand hat sich umgekehrt. Denn nun hat sich der sinnlich gewisse Gegenstand als das Unwesentliche erwiesen. Er hat jetzt seine Wesentlichkeit in meinem Wissen, das ihn zuerst in seiner Wahrheit, seinem Allgemein-sein weiß. Soweit ist also unser Wissen vom Gegenstand gelangt, daß die "Wahrheit ist in dem Gegenstande als **meinem** Gegenstande oder im **Meinen**; er ist, weil **Ich** von ihm weiß."(13)

Dieselbe Dialektik jedoch, die wir am sinnlichen Gegenstand beobachten konnten, erfaßt nun gleichermaßen das Ich. Denn jenes 'Dieses-Ich', welches die Wahrheit des nun **meinen** Gegenstandes garantieren soll, steht vor der Erfahrung, das ein anderes Ich einen anderen, **seinen** Gegenstand als wahr behauptet. Die scheinbare Sicherung des Gegenstandes als meinem Gegenstande verflüchtigt sich zur bloßen Versicherung. Was dabei aber nicht entflieht, ist das Ich als Allgemeines. Wie jedes einzelne Hier, Jetzt und Dieses verschwunden ist, genauso verliert sich jedes einzelne Ich. Denn von jedem einzelnem Ich läßt sich sagen: **"Ich, dieser einzelne Ich"**.(14) Was bleibt, wenn ich sage: 'Ich' – sind **alle Ich**.

So zieht Hegel das Resümee, daß jede Philosophie, die einen apriorischen Unterschied von Subjekt und Objekt, Wissen und Gegenstand konstituieren oder ein 'Dieses-Ich' oder ein 'Dieses-Ding' konstruieren will, zum Scheitern verurteilt ist. Die einzige Möglichkeit, Ich und Gegenstand zu ihrem eigentümlichen Recht kommen zu lassen ist, das **Ganze** der sinnlichen Gewißheit, die **subjektive wie die objektive** Seite, als ihr Wesen zu erkennen. Dies ist die einzige Weise der Unmittelbarkeit, mit der anzufangen

---

13 STW 3,85; GW 9,65. Hier darf 'Meinen' nicht mehr als das obige vermeintliche 'Meinen' begriffen werden, vielmehr hat es die Stufe des reinen Behauptens der sinnlich vorliegenden Realität schon verlassen.

14 STW 3,87; GW 9,66

ist, die auch Wahrheit für sich beanspruchen darf. Die Wahrheit dieser **Unmittelbarkeit** – dies sollte nun nicht mehr überraschen – ist eine Weise der **Beziehung** zwischen dem Ich und dem Gegenstand.

Gegen diese Einsicht macht sich Hegel einen letzten möglichen Einwand: Was ist, wenn ich einfach an einer unmittelbaren Beziehung festhalte, etwa, daß jetzt Tag sei? Wie oben der Modus, dem sinnlichen Ding sich zu nähern, das reine Aufnehmen war, um so dem Vorwurf zu entgehen, von vorneherein die eigene subjektive Sicht in das Ding hineinzutragen, so ist es nun ein **Zeigenlassen.** Wir müssen versuchen, uns in eine Art Gleichzeitigkeit und Gleichräumlichkeit zu versetzen, um uns unvoreingenommen, rein aufnehmend die Beschaffenheit der behaupteten Unmittelbarkeit zeigen zu lassen. Auch in diesem Verfahren erweist sich wieder, daß jedes Gleichzeitig-, Gleichräumlich–Werden eines behaupteten 'Jetzt' immer schon ein 'Nicht–Jetzt', sein Wesen ein Ge–Wesen, seine Wahrheit nicht das Sein ist.(15)

Diese Einsicht führt uns zum Wesentlichen des Hegelschen Denkens überhaupt, zur Dialektik. Sie ist die Erkenntnis, daß das Unmittelbare, Erste nur **ist als Beziehung,** die sich näherhin als dreistufige Bewegung darstellt:(16)
1. Ein unmittelbares Jetzt wird als das wahre behauptet.
2. Indem ich es aufzeige, zeige ich es als ein Gewesenes, als

---

15   Man könnte Hegel hier nun unterstellen, sein Beispiel mit dem 'Jetzt' sei so sophistisch geschickt ausgewählt, daß sich daran wirklich diese Bewegung, diese Dialektik zeigt, die das Allgemeine als die Wahrheit des Einzelnen erweist, die Subjekt–Objekt Trennung nur als Ganzes der sinnlichen Gewißheit verstehbar macht. Doch zum einen ist die 'Phänomenologie des Geistes' keine Wissenschaft des abstrakten, reinen Denkens, wie die 'Logik', sondern sie will, wie aus ihrem ursprünglichen Titel deutlich wird, **Erfahrungswissenschaft sein.** Zum anderen wird man keine einfacheren Beispiele finden als solche, die die Grundlage jedes möglichen anfänglichen Erkennens sind, nämlich Raum und Zeit.

Ein weiterer möglicher Einwand, daß Hegels Umgang mit dem 'Jetzt' einen ganz bestimmten Begriff der Zeit voraussetzt, ist vorderhand nicht abzuweisen. Doch das Hegelsche Zeitverständnis wird später noch ausführlicher zur Sprache kommen (vgl. unten S. 220)

16   Vgl. STW 3,89; GW 9,68

Aufgehobenes auf. Das erste behauptete Dieses-Jetzt wird als
ein Anderssein gezeigt.

3. Weil das Gewesen-Sein ein Nicht-Sein ist, die zweite Wahrheit
eine 'Unwahrheit' enthält, so wird die zweite Wahrheit als
Negation der ersten ebenso negiert und ich kehre zur ersten
Wahrheit, daß Jetzt ist, zurück.(17)

Dieses neue Jetzt ist nun nicht mehr das unmittelbare erste Jetzt,
sondern ein Jetzt, das sich über alle anderen Jetzt gleichsam be-
wahrt hat. Es ist, sozusagen, ein Jetzt geblieben, weil es ebenso
alle anderen Jetzt ist. Seine Wahrheit, Jetzt zu sein, ist dieselbe
geblieben – aber doch nicht ganz die gleiche, die es als Unmittelbares gehabt hat. Es hat sich in und durch das Anderssein
erhalten, bewahrt. Hegel nennt dies bewußt **Reflexion.**

Wiewohl hier noch nicht der Ort sein kann, sich mit der ganzen
Problematik von Reflexion und Reflexionsphilosophie auseinander-
zusetzen, so ist der Reflexionsbegriff nun doch in entscheidender
Hinsicht charakterisiert:

Einmal ist Reflexion ganz wörtlich das Sich-zurück-Biegen des
bewährten, über und durch das Andere sich erhaltenden Jetzt zum
ersten unmittelbaren Jetzt. Das reflektierte Erste **ist** das unmittelbare Erste, ohne diesem jedoch Gewalt angetan zu haben. Denn
gemeinhin wird der Begriff der Reflexion mit einer gewissen Ab-

---

17   Daß die Negation der Negation als Rückkehr zur ersten Aus-
      sage ein neues Resultat, eine erneute Position beansprucht,
      ist eines der umstrittenen und teilweise heftig kritisierten
      Punkte der Hegelschen Philosophie. Vornehmlich Th.W.
      Adorno erblickt darin das Kennzeichen und die Unannehm-
      barkeit der Hegelschen Dialektik, daß die Negation, der
      Widerspruch, das Nichtidentische durch Positivität und Iden-
      tität geglättet wird: "Die Gleichsetzung der Negation der
      Negation mit Positivität ist die Quintessenz des Identifizie-
      rens..." (Negative Dialektik, Frankfurt/M 1982, 3. Aufl.,
      161; vgl. auch: Drei Studien zu Hegel, Frankfurt/M 1974, 82).

Grundsätzlich sei dazu gesagt, daß beide Denkweisen versuchen, die gegebenen Tatsachen der Welt und des Menschen
in ihrer Wahrheit aufzugreifen. Für Hegel können wir bisher
festhalten, daß die einfachen sinnlichen Gewißheiten sich
eben in sich selbst als allgemeine aussagen und jedes Ver-
harren im Unmittelbaren ein bloß behauptetes Meinen ist.
Andererseits will Hegel ebenso zeigen, daß nur von dieser
Erfahrung her das Einzelne, Besondere seine Geltung erhalten kann.

straktion vom ursprünglichen Gegenstand in Verbindung gebracht.

Zum anderen ist Reflexion die Selbstbewegung zum allgemeinen, Hier und Jetzt; genauer noch: die Bewegung des Allgemeinen selbst.

Die Wandlung oder Bewegung, die das Diese, Jetzt, Hier, Ich vollzieht, indem es rein aufgenommen, gezeigt wird, nennt Hegel "Erfahren".(18)

So müßte das natürliche Bewußtsein um seine Wahrheit wissen und alles Philosophieren, welches in dem Behaupten verharrt, das sinnliche, äußerliche Dieses-Sein der Dinge sei eine feststehende Realität, ein für allemal aufhören. Hier weiß sich Hegel keine andere Erklärung, als daß die gemachte Erfahrung immer wieder vergessen wird und die Bewegung immer wieder endlos von vorne anfängt.

Wenn also das Diese 'ausgesagt' werden soll, dann ist solches der Sprache, dem Allgemeinen, welches "die göttliche Natur hat, die Meinung unmittelbar zu verkehren",(19) unmöglich.

Was bleibt dann noch, um ein Stück Papier, ein einzelnes Ding aufzuzeigen, wenn ich es ja nur als Allgemeines und nie als dieses Einzelne aussagen kann? Ich zeige es auf als ein Hier in seiner Wahrheit: als Allgemeines. Indem ich es so in seiner Wahrheit nehme, "nehme ich wahr".(20)

---

18   STW 3,89; GW 9,68. Diesen Begriff der 'Erfahrung' zu erhellen und mit ihm die Frage, was wirklich ist, ob der Mensch wirklichkeitsfähig ist, das heißt aber auch, ob dem Mensch Kompetenz in der Frage zukommt, wie wirklich die Wirklichkeit Gottes ist und er sich deshalb nicht nur im banalen Fragen zu tummeln braucht, wie **wahrscheinlich** Erfahrung, Wahrheit, Wirklichkeit, Gott sind, um sich aus falscher Bescheidenheit mit dem Bescheid eines Scheines zu begnügen – diesen Fragen weiß sich die vorliegende Arbeit grundlegend verpflichtet. Darin liegt auch der Grund, weshalb den Anfangskapiteln der 'Phänomenologie des Geistes' größte Aufmerksamkeit gewidmet ist.

19   STW 3,92; GW 9,70

20   STW 3,92; GW 9,70

Die Erfahrung hat uns den Weg gewiesen, das Ding in seiner Wahrheit aufzunehmen. Die Wahrnehmung erwies sich eben nicht als eine Weise der Einzelnheit. Sie beginnt nicht, wie sonst vermutet oder vorausgesetzt, mit dem einzelnen Diesen, sondern mit dem Wahr-Nehmen des Allgemeinen.

Diese Bewegung, die wir feststellen können, geht nicht vom Einzelnen zum Allgemeinen als ein Weg der zunehmenden Abstraktion. Sie führt auch nicht axiomatisch-deduktiv von einem angenommenen Höchsten herab in die Niederungen der einzelnen, vorhandenen Dinge. Diese Eigenheit Hegelscher Vorgangsweise hinterläßt gerade hier seine deutlichen Spuren: Das erste Wissen ist kein einzelnes Gegenstandswissen, das empirisch aufzunehmen und aufzubewahren wäre. Es ist aber ebensowenig ein absolutes Wissen, in dem alles schon vorausgesetzt und vorhersehbar wäre. Unser Bewußtsein fängt mit dem Allgemeinen als dem ersten Wahr-genommenen, Wahr-nehmbaren an, jedoch in der voraussetzungslosen Weise des reinen Aufnehmens, Aufzeigens. Wir brauchen fürs erste nur genau zuzusehen, dann nehmen wir die Wahrheit auf, daß nur das Allgemeine ist in der Weise unmittelbarer Beziehung, durch nichts sonst bestimmt als in sich Bewegung, Beziehung zu sein.

Dies ist die erste, entscheidende und die eine wahre Erfahrung, die das Bewußtsein macht.

2.2 Das Gegenständliche der Wahrnehmung

Das Allgemeine als die ersterkannte Wahrheit sollte für die Möglichkeit bürgen, Anfang und Ende des Denkens miteinander zu verknüpfen. Wenn nämlich Philosophie eigentlich immer nur das Denken des Einen sein kann, dann dürfen Anfang und Ende nie auseinanderfallen, es sei denn, das Denken wird progressiv, emanzipatorisch und folglich haltlos.

Deshalb besteht eine bemerkenswerte Eigenheit Hegelschen Denkens im Erweis des Allgemeinen als dem Erstgedachten. Darin unterscheidet es sich von anderen philosophischen Unternehmungen, die dem Allgemeinen denkend auf der Spur bleiben, indem dieses auch anfänglich eben das leerste, abstrakteste ist und nicht sogleich als vollkommenes am Ende steht. Durch diesen Weg sind jedenfalls Bewußtsein, Denken, Erkennen als Weisen des Allgemeinen bestimmt, sowie die Wirklichkeitsmächtigkeit des erkennenden Ich als ein Modus der Erfahrung des Allgemeinen festgeschrieben.

Vermöchte nämlich der Mensch nur vom Einzelnen, den Tatsachen auszugehen und müßte unverzichtbar an ihrer Einzelwahrheit festhalten, dann stünde er vor wenigstens zwei Fragen: Wie erkenne ich überhaupt ein mir äußerliches Ding? Woran prüfe ich dieses Erkennen? Oder anders gesagt: Wenn es solche Erkenntnis des Objektes gibt, wie können solche Aussagen mehr als Wahrscheinlichkeit beanspruchen? Wieso treffen sie die Wirklichkeit und Wahrheit der Dinge? Die beinahe übermächtige Belastung, welche ein derartiger Erkenntnisanspruch zu ertragen hat, ist der Verdacht, daß alles Denken nur ein Nachdenken im subjektiven Rasterbild der Erkenntnisstrukturen des Menschen selbst ist. Kein Weg 'erlöst' hier die Dingwelt von der bloßen Benennung als Abbilder.

Hierher gehört in einer gewissen Weise I. Kant und als ein Extrem L. Wittgenstein, wie dies scharf und unvergleichlich seine 'Philosophische Untersuchungen'(21) belegen mögen: "Man glaubt, wieder und wieder der Natur nachzufahren, und fährt nur der Form entlang, durch die wir sie betrachten." Diese Denkungsart gestattet dem rational-vernünftigen Erkennen keinen Schritt vom Bild zur Wirklichkeit.(22) Die Vernünftigkeit des Menschen findet daselbst ihre Schranke. Der Weg vernünftigen Begründens, der Sicherung der Wirklichkeit des Ganzen von Bewußtsein und Gegenstand scheint damit schon aus Gründen der Subjekt-Objekt Differenz verbaut.

Hegel hat dagegen durch seinen (phänomenologischen) Ansatz im Allgemeinen, als der erstgedachten Wirklichkeit und Wahrheit, viel eher das Problem, wie er aus dem Allgemeinen das Einzelne, ein 'Dies-da', das Ding, wie wir es sehen und täglich in seiner schillernden Vielfältigkeit aufnehmen, erreicht. Denn nun gilt ja: Das wirkliche Wahr-nehmen nimmt das Seiende als ein Allgemeines auf.

Wie ist dann der Gegenstand, das Ding der Wahrnehmung beschaffen? Diese Frage gebietet uns zu verweilen. Wohl bedacht läßt sie jedoch das zweite Moment der Wahrnehmung, was nämlich da-

---

21   Ders., Schriften 1, Frankfurt/M 1969, 343 Abs. 114

22   Inwiefern Kant in seinen Ideen der reinen Vernunft und in den Postulaten der praktischen Vernunft – wie übrigens auch L. Wittgenstein in den letzten Absätzen seines logisch-philosophischen Traktates (eb. 82 f,6.52 f) und bis zu seinen letzten Tagebucheintragungen hin versuchten, hier eine Einheit zu ermöglichen, darüber soll hier nicht abgehandelt werden.

bei das Bewußtsein erfährt an sich, nicht unberührt. Vorweg läßt sich sagen, daß die Erkenntnis der wesentlichen Momente des Dinges ebenso die Struktur der Erfahrung des Bewußtseins präformiert, wenn es richtig war, das Bewußtsein als ein nur hinnehmendes, als rein auffassendes zu bestimmen.

Wir haben also den Gegenstand zu untersuchen, wohl eingedenk, daß die Wahrnehmung unmittelbar in ihr sich in die Momente des Ich als allgemeines und des Gegenstandes als allgemeiner scheidet.(23) Dabei lassen sich wieder drei Momente (24) aufweisen, die die Seite des Dinges in der Wahrnehmung durchläuft.(25)

Im ersten Moment erweist sich das Ding als Dingheit, als das positive Allgemeine. Was heißt das? Das Diese der Wahrnehmung ist ein Nicht-Dieses, das aufgehobene Dieses der sinnlichen Gewißheit. Nun ist es jedoch nicht bestimmt als ein Nichts, sondern als "ein **Nichts von einem Inhalte**, nämlich **dem Diesen**".(26) Das so aufgehobene Sinnliche erhält sich, wird aufbewahrt in der vermittelnden Negation und wird zur Eigenschaft. In der Einfachheit des Allgemeinen sind also viele Eigenschaften aufgehoben und aufbewahrt, aber nur als solche Bestimmungen, die **gleichgültig** gegeneinander sind. Es ist dies die Leistung der Allgemeinheit, gerade

---

23   Ganz deutlich wird in dem Kapitel, das Hegel mit "Die Wahrnehmung oder das Ding und die Täuschung" (STW 3,93-107; GW 9,71-81) überschreibt, die Darstellung schwieriger, weil die sich in sich differenzierenden und wieder in Konnex zueinander stehenden Momente des Subjekts und Objekts sich immer komplexer und intensiver gestalten. Sie bewegen sich einerseits voneinander fort um ebenso aufeinander zuzustreben. Indem es Hegel hier unternimmt, jeden kleinen Schritt des Dings in sich sowie des Bewußtseins in sich und ihre Beziehung aufeinander genau darzustellen, oder besser ausgedrückt, an ihnen selbst ausdrücklich werden zu lassen, stellt das Verständnis der 'Phänomenologie des Geistes' so hohe Ansprüche. Dessen ungeachtet sind genau diese Anfangskapitel, zusammen mit der Vorrede und der Einleitung paradigmatisch geeignet, das Wesen des Begriffs, der spekulativen Wissenschaft, von Wirklichkeit und Erfahrung zu zeigen.

24   Vgl. oben S. 38 f

25   Vgl. STW 3,96; GW 9,73

26   STW 3,94; GW 9,72

durch diese Gleichgültigkeit dieser Bestimmtheiten, ein einfaches Zueinander von Vielen zu garantieren. Anders ausgedrückt ist die Gleichgültigkeit die Weise und Fähigkeit des reinen Sich-auf-sich-Beziehens, welches unberührt davon ist, ob hier und jetzt **auch** eine andere Eigenschaft, Bestimmung ist. Durch diesen Charakter des Allgemeinen wird das Ding mit seinen vielen Eigenschaften – Hegel nennt dazu das Salz, welches weiß, auch scharf, auch kubisch ist (27) – als Dingheit zusammengefaßt.

An diesem Zusammen ist bis jetzt aber nur eine Seite der Beziehung beachtet worden. Denn als bloße gleichgültige Eigenschaften bleiben sie unbestimmt. Allein durch das Unterscheiden und Entgegensetzen gegen andere bestimmen sie sich.(28)

So tritt an den Dingen selbst, neben der gleichgültigen Einheit, ebenso wesentlich eine ausschließende, das Andere negierende ausschließende Einheit auf. Ihr Wesen ist das **Eins**: sich auf sich

---

27   Vgl. STW 3,95; GW 9,72

28   Der hier zugrundeliegende Satz des B. Spinoza: omnis determinatio est negatio (vgl. STW 5,121; GW 9,76) ist, wie Hegel dort schreibt, "von unendlicher Wichtigkeit". Wesentlich ist daran festzuhalten, daß in der 'Phänomenologie des Geistes' jedes Bestimmen durch ein Unterscheiden von Entgegengesetzten geschieht, daß hier also Vieles, oder Mehrere, vorausgesetzt sind. Der Gang der Bewußtseinsbildung wird aber zu seinem Ende den begriffenen Unterschied haben. Die Gewißheit des (vorerst) sinnlichen Dinges, wie die Gewißheit des Ich und ihr anscheinend auf vernünftige Weise unvereinbarer Widerspruch sollen an ihnen selbst zu ihrer Wahrheit im absoluten Wissen gebracht werden. Dort wird das Bewußtsein den Gegenstand durch die Totalität der Bestimmungen als sich selbst wissen, zu einem geistigen Wesen gemacht haben (vgl. STW 3,576; GW 9, 422). Damit entfällt der externe Bezugspunkt, dem sich das Programm der 'Phänomenologie des Geistes' als ihrem Ausgangspunkt verpflichtet weiß: kein Selbstbewußtsein ohne Gegenstandsbewußtsein. Dennoch ist in dem absoluten Wissen noch die Struktur geblieben, daß das Bewußtsein etwas von sich unterscheidet, worauf es sich zugleich bezieht. Eben darauf ist hier die Aufmerksamkeit zu richten, wie diese Struktur sich zeigt und entwickelt. Eine mögliche Gotteslogik entscheidet sich präzise an der Möglichkeit oder Denkbarkeit dieser dialektischen Struktur.

selbst zu beziehen und Anderes auszuschließen. Damit wird das
Eins sozusagen die erste Definition, indem es das Ding als Ding
von der Dingheit ausgrenzt und so bestimmt.(29)

Da jedoch das Ding als Ding von Eigenschaften sich nur erhalten kann, ohne in die Unwahrheit der sinnlichen Gewißheit zu-
rückzufallen, wenn es auch an der reinen Allgemeinheit des
gleichgültigen Sich-auf-sich-Beziehens teilnimmt,(30) so heißt die
Wahrheit des Dings als Eigenschaft nunmehr, in einem dritten Moment, Beziehung zu sein von unterschiedenem, abgrenzendem Eins-
Sein und einfacher, zusammenfassender Allgemeinheit.

Bis jetzt wurde also die Seite des Dinges als wesentlich gesetzt.
Das wahrnehmende Bewußtsein hat ja nur aufzunehmen, was sich
für es am Ding selbst ergibt. So ist das Bewußtsein als unwesentliches genommen, denn jedes Hinzusetzen oder Weglassen an dem
sich so entwickelnden Ding würde dessen Wahrheit verdrehen.

Verhält sich das Bewußtsein danach als rein aufnehmendes, so
macht es eine Erfahrung, welche eigentlich schon in der Entwicklung des Gegenstandes und der darin vorhandenen Widersprüche
liegt. Wie sich nämlich das erste Sein des Gegenstandes als allgemeines gezeigt hat, als einfache Allgemeinheit der Eigenschaften, so muß ich es ebenso als ausschließendes Eins nehmen, weil
das gegenständliche Wesen sich an sich selbst bestimmt.

Wie aber soll ich dann den Gegenstand auffassen? Er ist kein
einfaches Allgemeines, keine reine Eigenschaft, noch ein bestehen-
des Sein. Das Bewußtsein vermag das Ding so in seiner Wahrheit
nicht wahrzunehmen, sondern nur die Eigenschaft als reines Sich-
auf-sich-Beziehen, als sinnliches Sein. Das Ding ist ihm zur sinnlichen Gewißheit geronnen und es selbst ist wiederum auf die Stufe des Meinens gestellt. Derart erneuert und wiederholt sich der
Kreislauf der Selbstaufhebung des sinnlichen Seins und des Meinens. Der Kreis scheint sich tautologisch zu bewegen und uns zu
keiner höheren Einsicht zu führen. Wir wären damit ohne jede
Aussicht, je die Stufe sinnlicher Gewißheit verlassen zu können,
um die Wahrheit der Dinge erkennen zu können.(31) Durch den

---

29   Zum Wesen des Einen vgl. unten S. 162 f

30   Vgl. STW 3,94; GW 9,72

31   Für Hegel kann dazu vorgreifend angemerkt werden, daß
      mit der Unmöglichkeit, die Wirklichkeit der Dinge zu er-
      kennen, auch die Weichen zur wahren Selbsterkenntnis des

Rücklauf des reinen Wahrnehmens ins sinnliche Sein des Meinens scheint alle Hoffnung auf Wahrheit vertan und verspielt.

Doch gerade hier (32) setzt Hegel mit einer wahrhaft genialen, jedes philosophische Denken umwälzenden Überlegung ein: Das Bewußtsein durchläuft diesen Kreislauf nämlich nicht tautologisch im Leerlauf, sondern es macht vielmehr die **Erfahrung** schlechthin, **daß es aus dem Resultate der Wahrnehmung auf sich selbst zurückgeworfen ist.** Das scheinbar vergebliche Wahrnehmen hat derart eine Wahrheit mit sich gebracht, die immer übersehen wird oder unbeachtet bleibt. Die Beschaffenheit der Wahrnehmung ist es nämlich nicht, wie sich gezeigt hat, das Bewußtsein quasi bei der Hand zu nehmen und über den geebneten Weg der bestimmten Negation in die wahre Heimat des Dinges an sich zu führen – gerade dann hätte ja das Bewußtsein kein Kriterium, über Führung oder Verführung entscheiden zu können –, sondern sie hat es an sich, durch seine Selbstauflösung **Reflexion in sich** zu sein. Das Bewußtsein hat somit die gar nicht hoch genug zu würdigende Erfahrung gemacht, nicht bloß reines Auffassen, "sondern **in seinem Auffassen** zugleich aus dem Wahren **heraus in sich reflektiert** zu sein".(33) Dieses **Zugleich** ist folglich keine Behauptung, keine Voraussetzung, sondern es hat sich als eine Erfahrung des Bewußtseins im Wahrnehmen des Gegenstandes ergeben.(34)

Damit ist nun Hegel ein Mittel in die Hand gegeben, von allem Anfang das Bewußtsein als wahrheitsmächtig auszuweisen. Durch die Reflexion in sich ist der Hiatus aufgehoben von konkreter 'Erfahrung' eines einzelnen Gegenstandes und einer allgemeinen Gesetzeshypothese, also die nur assoziative, konventionalistische Einheit des Erkenntnisprozesses, welche den empirischen Erfahrungsbegriff prägt und die durch Kant im letzten nicht überwunden wurde. Erst in der Erfahrung des 'Zugleich' von Wahrnehmen und Reflexion in sich vermag das Bewußtsein sein Zutun zu erkennen und es als unzulässiges Einmischen wieder abzuziehen und

---

Bewußtseins irreparabel verstellt wären, da die Bewegung des Denkens auf Selbstbewußtsein hin genauso diesem Schema der Subjekt-Objekt Spaltung verhaftet bliebe.

32   Vgl. STW 3,98 f; GW 9,75 f

33   STW 3,98; GW 9,75

34   Vgl. zur Bedeutung der Gleichzeitigkeit weiter unten S. 220 f

so den wahren Gegenstand zu erhalten. Die Wahrheit der Wahrnehmung ist somit keine direkte, sondern, fürs erste, die Erkenntnis seiner Unwahrheit. Gerade deshalb ist es ihm jedoch möglich, sich zu korrigieren und seine Unwahrheit aufzuheben.

Ein arges Mißverständnis aber wäre es, diese 'Reflexion in sich' als eine Art intuitive Selbsterkenntnis zu deuten. Sie ist andererseits ebensowenig eine intellektuelle Anschauung des Dings an sich oder der Ort eines unergründbar geoffenbarten Wissens. Die Anstrengung des Begriffs, von der Hegel öfter spricht,(35) kann darüber und darf nicht erspart bleiben.

Allein diese Korrekturmöglichkeit der Reflexion in sich gibt dem Bewußtsein das Grundwissen, durch alle Bewußtseinsstufen und den ihnen entsprechenden Sphären der Gegenstandswelt hindurch sich selbst auf Wahrheit und Wirklichkeit hin zu bilden: Das ist die Erfahrung, die das Bewußtsein macht, weil es selbst diese Erfahrung ist. Erfahrung hat sich und wird sich noch deutlicher zeigen nicht als eine **Weise an dem** Bewußtsein, sondern als **Wesen des** Bewußtseins und des Gegenstandes. **Solches Erfahren allein ist Wissenschaft.**

Nach dieser grundlegenden Erfahrung des Bewußtseins an sich selbst ist nun wieder die Frage aufzunehmen, was ich denn am Ding wahrnehme? Ich werde zuerst des Dinges als **Eines** gewahr. Alles dem Widersprechende ist mein Hinzufügen, welches ich durch die Reflexion auszumerzen habe. So erweisen sich alle Eigenschaften am Ding: scharf, weiß, kubisch... zu sein, als **aus uns** kommend. Nur in uns sind sie im allgemeinen Medium zusammengebracht, denn die Wahrheit des Dinges, eins zu sein, ist stets zu bewahren.

Untersucht man dieses Eins-Sein des Dinges aber genauer, so erweist sich an ihm,(36) daß es Eins zuerst nur ist als allgemeines Auf-sich-selbst-Beziehen. Durch dieses ist das Eins allen gleich; diese Gleichgültigkeit garantiert das allgemeine Zusammen der Eins.

Der zweite Aspekt des Eins, der ebenso darin liegt, ist, daß durch das gleichgültige Zusammen der Eins eine Beziehung der Eins vorliegt, in der sich die Dinge als Eins nur durch Abgren-

---

35   STW 3,56; GW 9,41

36   Zum Aufweis der beiden Seiten des Eins vgl. STW 3,95 f; GW 9,73

zung, Entgegensetzung zu erhalten vermögen.(37) Solches Ausschließen von den anderen gelingt eben nur durch Bestimmtheit:
"Die Dinge selbst also sind **an und für sich bestimmte**".(38) Was
also zuerst als Eigenschaften der Dinge allein unsere Tat zu sein
schien, hat sich nun als die eigene Eigenschaft, Bestimmung des
Dinges erwiesen.

Weiter gilt es den Einwand zu entkräften, daß die Einfachheit
und Einheit der Dinge doch dahingehend denkbar ist, daß jedes
Ding nur **eine** Eigenschaft ist: Eines ist scharf, eines schwer,
eines kubisch... Denn es ist nicht ausgemacht, daß an einem
Ding die mehreren Eigenschaften auftreten. Darauf ist zu antworten, daß jede Bestimmung nur in Abgrenzung von einer anderen
bestehen kann. Alles Unterscheiden setzt ein Unterschiedenes, ein
Nicht-Dieses, ein Negatives voraus. Jedes Ding muß demnach, um
der einen Bestimmung willen, an sich mindestens zwei oder mehrere Eigenschaften führen.

Die Wahrheit des Dinges, wie es das Bewußtsein wahrhaft aufzunehmen hat, zeigt danach mehrere Eigenschaften an sich selbst.
Diese Bestimmungen sind aber in der Weise des allgemeinen 'Auch'
aufgehoben in der Gleichgültigkeit.

Nachdem sich diese unterschiedenen Momente nicht nur als Weisen
des wahrnehmenden Bewußtseins, sondern gleicherweise als die
Wahrheit des Dinges selbst erwiesen haben, ist hiermit eine nächste Erfahrung gemacht: Das Ding zeigt sich auf eine **gedoppelte**
Weise. Es stellt sich **für das Bewußtsein** auf diese bestimmte und
allgemeine Weise dar. **Zugleich** ist es jedoch aus dieser Darstellung heraus **in sich reflektiert** und erweist an sich selbst diese entgegengesetzte Wahrheit. Damit hat sich der Gegenstand als
"diese ganze Bewegung"(39) erwiesen. Er zeigt von sich aus dieses **gedoppelte Sein: für sich zu sein** und **für Anderes zu sein.**

Indem das Ding auch Eins ist und dieses Einssein der Verschiedenheit, **seiner** Verschiedenheit sosehr widerspricht – und dieser
Widerspruch nicht wieder als ein 'Insofern' der Betrachtungsweise des Bewußtseins zugeschrieben werden kann, denn dies war

---

37   Vgl. dazu unten S. 162 f die Untersuchung zum Charakter
      des transzendentalen Unum.

38   STW 3,100; GW 9,76

39   STW 3,101; GW 9,77

48

ja die zweite Erfahrung, die sich am Ding selbst erwiesen hat, selbst Bewegung zu sein – fallen das Einssein und das gleichgültige Zusammensein "in **verschiedene** Dinge",(40) so daß wir nun **zwei Gegenstände** haben.

Der Widerspruch hat, derart radikalisiert, zwei Gegenstände hervorgebracht und uns damit die entscheidende Seite der Dialektik gezeigt, das radikale und unüberbietbare Zuende-Denken des Widerspruches zu sein. Der solchermaßen als wahr genommene Widerspruch hat eine derartige Zuspitzung des Unterschiedes erfahren, daß die Einheit des Dinges zerbrochen erscheint.

Hierzu gilt es anzumerken, daß dieser konsequente, aber nichtsdestoweniger ungewöhnliche Schritt Hegels mehrere Folgen hat:

Einmal könnte es nun ein Denken damit sein Bewenden lassen, daß eben dadurch Einheit und Vielheit erklärt wären, indem aus dem Einen so die vielen Gegenstände sich verabschieden, die Welt der Gegenstände als die widersprüchliche Weise des Einen existiert.

Zum anderen ergibt sich die Versuchung des Denkens,(41) diesen Widerspruch – mit der Konsequenz der zwei Gegenstände – vor sich selbst zu retten und die Wahrnehmung wieder in ihr Recht einzusetzen, indem es eine Ordnung herein bringt durch die Unterscheidung des Unwesentlichen von seinem Wesen. Doch gerade damit wird dieser sogenannte gesunde Menschenverstand zum Spielball seiner eigenen Abstraktionen.(42) Genau das heißt jedoch, nicht zu denken, und angstvoll am Widerspruch vorbei zu abstrahieren. Bewußtsein will Wissen von Anfang an. Hier, auf der Stufe der Wahrnehmung, heißt die Aufgabe des **konkreten** Denkens, den Widerspruch konsequent weiterzuführen.

Sieht man weiter zu, so wird offenbar, daß mit der Verzweiflung des Widerspruchs an zwei verschiedenen Dingen kein Halt zu machen ist. Denn diese sind, als bloß für sich gesetzt, wiederum verschieden. Sie sind zwar nicht von sich selbst geschieden, wohl

---

40 STW 3,102; GW 9,77

41 Hegel greift sie etwas später auf und nennt sie "Sophisterei" (STW 3,105 f; GW 9,79 f).

42 Vgl. dazu das ergötzliche Manuskript Hegels: "Wer denkt abstrakt" (STW 2,575 f), welches wahrscheinlich aus der Zeit der Fertigstellung der 'Phänomenologie des Geistes' stammt (1807).

aber vom anderen. Das Ding selbst bleibt wesentlich einfache Bestimmtheit, jedoch nur hinsichtlich der Verschiedenheit vom anderen. Damit ist der Unterschied ein **ab-soluter** geworden, als er an ein **außerhalb** seiendes Ding fällt und so das Wesen des Dinges nur **unwesentlich** bestimmt.

Vor dem nächsten sich daraus ergebenden Schritt soll kurz zusammengefaßt werden, was sich bisher erfahren ließ:

Durch die Entdeckung am Bewußtsein, Reflexion in sich zu sein, ist ein Maßstab, eine Korrektureinrichtung auf Wahrheit hin gegeben. Dadurch wurde es möglich, dieselben Seiten, die das bewußte Wahrnehmen an sich gefunden hat, auch am Ding selbst zu zeigen. Denn dieses zeigt sich – das macht andererseits die Wahrheit der Wahrnehmung aus – in der gedoppelten Weise des Für-sich-Seins und Für-anderes-Seins. Es ist ebenso in sich reflektiert wie das Bewußtsein und zeigt dieselbe Bewegung an sich, die vorher das Bewußtsein an sich wahrgenommen hat. Doch nun scheint diese Bewegung gestoppt zu sein, als das Ding um seiner für sich seienden Einheit willen in zwei Gegenstände zerfällt. Die Bewegung scheint nur der eine Widerspruch zu sein, der sich in der absoluten Unterscheidung der Dinge erschöpft, während das Wesen des Dinges in seinem rein sich erhaltenden Für-sich-Sein auftritt.

Genau dieser scheinbare Rettungsring des absoluten Unterschieds erweist sich als Sterbekranz des sich für sich erhalten wollenden Dinges. Denn im Absolutwerden des Unterschiedes wird dieser zum Wesen, zur einzigen Bestimmung des Dinges. Indem es auf den absoluten Unterschied fixiert ist, wird dieser die Negation seiner eigenen Selbständigkeit. Das Ding geht an seinem und in seinem Für-sich-Sein zugrunde. Es ist die Negation des Selbstbezuges, das "Aufheben **seiner selbst** oder (dies), sein Wesen in einem Anderen zu haben."(43)

So hat sich offenbart, daß die Bewegung in der Gedoppeltheit der Dinge, in den zwei Gegenständen, nicht absolut erschöpft ist und keine Trennung in Wesentliches und Unwesentliches den Gegenstand davor zu bewahren vermag, das Gegenteil seiner selbst zu sein. Für-sich-Sein und Für-anderes-Sein sind nicht die verschiedenen Ansichten zweier Gegenstände, sondern ein Verhältnis an ein und demselben Gegenstande. Sein Wesen, das für sich Eins-Sein hat sich als unwesentlich gezeigt: **Es ist zugrunde gegangen.**

---

43   STW 3,103; GW 9,78

Bis hierher hat das Bewußtsein entscheidende Einsichten gewonnen an sich und dem Gegenstand. Ihm eignet ein Maßstab der Wahrheit, der sich in ihm wie im Ding selbst findet. Es hat aber auch erfahren, daß mit der Wahrheitsfähigkeit der mühsame Weg des Wirklichwerdens dieser Wahrheit verbunden ist durch alle kleinen entscheidenden Schritte, deren Takt der Widerspruch ist.(44)

Wir sind die ersten Schritte mitgegangen vom sinnlichen Diesen zum Allgemeinen, welches sich aber als bedingt durch das Sinnliche erweist. Es vermag (noch) nicht zu sein, was es sein will: wahre Selbstgleichheit. Dieses Allgemeine ist durch seinen Gegensatz, die Sinnlichkeit, noch in der Weise von Extremen bedingt. Diese Weise des Bewußtseins, seinen an sich wahren Gegenstand, das Allgemeine, noch als **Gegenstand** zu haben, macht seine Unwahrheit aus. Das Bewußtsein hat wohl die Reflexion, das In-sich-Zurückgehen des Gegenstandes erkannt, der damit an sich Begriff geworden ist, sich selbst hat es jedoch noch nicht als Begriff erfaßt. Solange eben das Bewußtsein also in der Bewegung der Erfahrung nur den Gegenstand zu seinem Inhalt hat, und **sich in diesem nicht selbst erkennt**, hat es sich selbst nicht als seinen Begriff begriffen – genau darum aber geht es!

Das Gelingen dieser Darstellung müßte dann wahrlich als sein Resultat zeigen können, wie der philosophische Gedanke eben keine willkürliche Beschäftigung von Muße habenden Denkern ist, warum dieser phänomenologische Weg der Erfahrung des Bewußtseins der einzige zur Wahrheit von Subjekt und Objekt führende ist, um schließlich zur Einsicht zu leiten, daß hiermit ein wissenschaftlicher Anspruch angemeldet wird, über die Wahrheit der Wirklichkeit zu sprechen, welcher derart von den Wissenschaften, die sich nur mit Teilbereichen der Wirklichkeit befassen, nie zu erbringen ist.

Noch sind wir in der Dialektik des Bewußtseins erst beim Verstande angelangt. Doch sollten ganz entscheidende Einsichten gewonnen worden sein, welche uns nunmehr befähigen, in der so präzisen, aber dennoch äußerst knappen Zusammenfassung der 'Phänomenologie des Geistes', nämlich ihrer Einleitung, welche Hegel bekanntlich als Resümee des vollendeten Werkes geschrieben hat, das Grundverhältnis von Bewußtsein und Gegenstand aufzuhellen.

---

44   Hegel gebraucht in der Vorrede zur 'Phänomenologie des Geistes' (STW 3,59; GW 9,43) tatsächlich ein Beispiel aus der Musik, indem er das Wesen der Identität mit dem Rhythmus vergleicht.

Denn darin läßt sich allemal eine Spur einer Gotteslogik verfolgen.

2.3 Bewußtsein und Gegenstand

Wenn es bei Hegel, besonders in seiner 'Phänomenologie des Geistes', einen unumgehbaren Text gibt, dann muß die Einleitung in dieselbe genannt werden. Kaum ein anderer Abschnitt kann mit derart vielen unterschiedlichsten Interpretationen zusammengebracht werden. Deshalb soll auch hier vermieden werden, ein Kompendium solcher Untersuchungen zu liefern. Vielmehr ist in der 'Einleitung' so sehr die (phänomenologische) Spur einer möglichen Gotteslogik gelegt, daß nun tatsächlich, unter Einschluß der Vorarbeit über die Abschnitte der sinnlichen Gewißheit und der Wahrnehmung, das Programm derselben angebbar wird: **das Ganze als Maß zu sein.**

Der im Wortsinn 'bewegende' Gedanke ist in der 'Einleitung' ganz besonders komprimiert dargestellt in der Frage: Was erkennen wir? Ein alter und ebenso tiefer Graben geht durch alles Denken: Ich habe Bewußtsein, ich denke – und daneben gibt es die Welt der Gegenstände. Zwischen beiden gibt es eine mehr oder minder starke, d.h. wirkliche Beziehung, sei diese ein auf bloße Assoziationen beruhendes subjektives Verhalten oder nur ein Abbilden in Strukturen unseres Gehirns, dem auf der Gegenseite so nichts entspricht, da wir über den Raster, unseren Abbildungsschematismus nicht hinauszukommen vermögen. Auf der anderen Seite wieder gibt es alle möglichen 'wahren' Verhältnisse zur Gegenstandswelt, die sich auf eingeborene Ideen, auf göttliche Erleuchtungen oder auf intellektuelle Anschauung gründen. Nicht unerwähnt darf das Leugnen einer wirklichen Dingwelt bleiben, weil sie als eine nicht geistige Welt bloße Versuchung, reine Verblendung, trügerischer Schein ist.

In diesem Gewirr der Meinungen schickt Hegel sich an, Klarheit zu schaffen über das Erkennen. Er nimmt dazu seinen Ausgang beim Vorstellen des natürlichen Bewußtseins. Hier muß, um den weiteren Fortgang nicht unnötig zu verwirren, ein 'zweifacher' Gebrauch des Begriffs des natürlichen Bewußtseins und seines Vorstellens deutlich gemacht werden:

Einerseits ist für Hegel das natürliche Bewußtsein ein solches, das sich zum Erscheinen des Wissens verhält und so auch die Grundlage der Darstellung seiner Bildung, seiner Läuterung zum Geist, wird.

52

Dagegen ist das andere natürliche Bewußtsein jenes, dem wir schon in dem Kapitel über die sinnliche Gewißheit begegnet sind. Hegel bezeichnet es (45) als das seine Wahrheit stets vergessende und deshalb immer von vorne die Bewegung durchlaufende Bewußtsein, ohne eigentlich über die sinnliche Gewißheit hinaus zu suchen.

Sehr deutlich wird diese Unterscheidung dann in der Einleitung: "Das natürliche Bewußtsein (das sich der Bildung nicht verschließende) wird sich erweisen, nur der Begriff des Wissens (denn seine Wahrheit ist der Begriff) oder nicht reales Wissen (gemeint ist hier etwa die sinnliche Gewißheit) zu sein. Indem es aber unmittelbar sich vielmehr für das reale Wissen hält, so hat dieser Weg für es negative Bedeutung (denn diese Erfahrung, das nicht zu sein, was man zu sein meint, machen grundsätzlich alle beiden natürlichen Bewußtseinsarten, nur fällt das beharrende Bewußtsein immer wieder auf die sinnlich-reale Stufe zurück), und ihm gilt das vielmehr für Verlust seiner selbst, was die Realisierung (nun aber die wahre Verwirklichung) des Begriffs ist; denn es (das beharrende Bewußtsein) verliert auf diesem Wege seine (sinnlich-reale) Wahrheit."(46) Mit Hegel lassen sich beide noch unterscheiden als ein bloß **zweifelndes Bewußtsein**, welches über den Zweifel nicht hinauskommt und durch sein stetes Vergessen in eine Art infiniten Regreß verfällt (47).

Das andere ist das **verzweifelnde Bewußtsein**, welches jede Erfahrung in der dialektischen Bewegung als 'lebensbedrohenden' Selbstverlust erlebt, den Weg des Zweifels also konsequent zu Ende geht. Aber gerade durch dieses Tun wird es geschickt, "den ganzen Umfang des erscheinenden Bewußtseins ... zu prüfen".(48) Dieses Bewußtsein ist zu benennen als "sich selbst vollbringende(r) Skeptizismus.(49) Sich vom Eifer des Zweifels unterscheidend hat dieser Skeptizismus **einer** Gefahr zu widerstehen: dem skep-

---

45   STW 3,90; GW 9,69

46   STW 3,72; GW 9,56; alle Einschübe stammen von mir.

47   Zu solch einem zweifelnden Bewußtsein sei erläuternd bemerkt, daß "ein Zweifel ohne Ende ... nicht einmal ein Zweifel" ist (L. Wittgenstein, Über Gewißheit, Frankfurt/M 1979,161 Abs. 625).

48   STW 3,73; GW 9,56

49   STW 3,72; GW 9,56

tischen Überschwange zu folgen, keinerlei Autorität sich zu ergeben, alles selbst zu prüfen und nur das von ihm Produzierte,
"nur die eigene Tat für das Wahre zu halten".(50)

Unbestreitbar hat Hegel selbst überaus eindringlich diesen Fehler
gesehen und herausgestrichen. Dessen ungeachtet bleibt die Frage, wie Hegel diese (seine) Darstellung des erscheinenden Wissens
vor dem immer wieder einmal zu vernehmenden Anwurf, eine radikale Philosophie der Subjektivität zu entwickeln, bewahren kann?
Denn der Verdacht liegt einfach nahe, Hegel könne es gar nicht
gelingen, über das Absolutwerden der Subjektivität sich der
Wahrheit zu versichern, worin aber gewissermaßen das Programm
der 'Phänomenologie des Geistes' besteht.

Wie bestimmend gerade dieser Punkt für die theologische Perspektive einer möglichen Gotteslogik ist, kann gar nicht genug hervorgekehrt werden. Denn wenn die (vernünftige) Gottesfrage damit steht und fällt, ob es gelingt, die Wirklichkeit Gottes als
die 'Sicherung' der menschlich-weltlichen Wirklichkeit auszuweisen
– dies und nichts anderes ist der immanente Sinn der Gottesbeweise – dann ist hier ein, vielleicht überhaupt der springende
Punkt: Ist Wirklichkeit konstituiert durch das Absolutwerden des
Subjekts, oder ist sie geschaffen um des Menschen willen? Ist der
Selbstvollzug des Subjekts ein sich selbst Wirklichkeit wirkendes
Werden im Gang einer Entwicklungsgeschichte? Ist Theologie nur
eine zu Ende gedachte extrapolierte Anthropologie? Läßt sich der
Glaube an Gott durch ein Wissen vom Menschen ersetzen?

Dieser auf die Spitze getriebene Anthropologismus, der sich auf
eine radikale Subjektivität stützt, findet seinen stärksten Propo-
nenten in L. Feuerbach, der selbst ja sicherlich entscheidende
Impulse als Hegels Schüler empfing. Zudem bedarf es wohl keines
langen Hinweises, daß es viele Texte im Umkreis der Hegelschen
Religionsphilosophie gibt, die beinahe dazu verlocken, sie eindeutig, das heißt dann aber auch einseitig zu interpretieren.(51)

---

50   STW 3,73; GW 9,56

51   So ist in den 'Vorlesungen über die Beweise vom Dasein
      Gottes' (14. Vorlesung, 117) zu lesen: "Daß der Mensch von
      Gott weiß, ist nach der wesentlichen Gemeinschaft ein ge-
      meinschaftliches Wissen, – d.i. der Mensch weiß nur von
      Gott, insofern Gott im Menschen von sich selbst weiß; dies
      Wissen ist Selbstbewußtsein Gottes, aber ebenso ein Wissen
      desselben vom Menschen, und dies Wissen Gottes vom Men-
      schen ist Wissen des Menschen von Gott."

L. Feuerbach folgt der, vielleicht wirklich einzigen, darum auch
steten Versuchung des Menschen, alle Aussagen über Gott als solche über den Menschen zu nehmen: "... **was der Mensch von Gott
aussagt**, das sagt er **in Wahrheit über sich selbst** aus."(52) Er
deutet den geschichtlichen Fortgang der Religionen als eine Entwicklung von der Objektivität Gottes hin zur Subjektivität des
Menschen. Hat man dies einmal erkannt, dann wird alle frühere
Religion Götzendienst: "Der Mensch hat sein **eigenes Wesen** ange-
betet."(53) Weshalb kommt Feuerbach zu diesem Schluß? Weil das
Wesen des Bewußtseins seine Unendlichkeitsmacht ist. Im Bewußtsein ist der zentrale Punkt gegeben, in den alles Wissen fällt
und von dem ebenso alles Wissen stammt. Damit scheint der
Schritt tunlich von dem Bewußtsein des (objektiven) Unendlichen
zum (subjektiven) Unendlichen des Bewußtseins: "Im Bewußtsein
des Unendlichen ist dem Bewußtsein nur die **Unendlichkeit des eigenen Wesens Gegenstand**."(54) Für Feuerbach ist das Heimisch-
werden des Menschen in sich abgeschlossen: "**Das Bewußtsein
Gottes ist das Selbstbewußtsein des Menschen, die Erkenntnis
Gottes die Selbsterkenntnis des Menschen**."(55) Daran knüpft
Feuerbach selbst den Hinweis, in einer Fußnote, zu Hegels Religionsphilosophie, deren oberster Grundsatz sei: "'**Das Wissen des
Menschen von Gott ist das Wissen Gottes von sich selbst**', so gilt
dagegen hier, auf dem Standpunkt der natürlichen Vernunft, der
entgegengesetzte Grundsatz: **Das Wissen des Menschen von Gott
ist das Wissen des Menschen von sich selbst**."(56)

Unter dieser kritischen Perspektive ist nun Hegels Darstellung
zu betrachten. Sein eigenes, ausgesprochenes Ziel des Bewußtseins, welches sich selbst der Maßstab ist, beschreibt Hegel als
ein solches, das über die notwendige Reihe seines Fortganges dahin gelangt, "wo es nicht mehr über sich selbst hinauszugehen
nötig hat, wo es sich selbst findet und der Begriff dem Gegenstande, der Gegenstand dem Begriff entspricht."(57)

---

52   L. Feuerbach, Das Wesen des Christentums, STW Bd. 5,
     Frankfurt/M 1976,43

53   Ebd. 31

54   Ebd. 19

55   Ebd. 30

56   Ebd. 31 Fn.

57   STW 3,74; GW 9,57. Hier hat es sein Maß in unüberbiet-
     barer Weise vollendet, seinen Bildungsgang aufgehoben, ohne
     jedoch dessen Notwendigkeit zu negieren.

Zu diesem Gang der Untersuchung gehört wesentlich, daß sich das Bewußtsein selbst prüft, sich selbst Maß, Maßstab und Messendes zugleich ist. Dieses tut es ohne irgend eine Voraussetzung eines von außen herangetragenen Maßstabes. Vorerst leuchtet dies insofern ein, als sein Gegenstand das Bewußtsein selbst ist. Die Prüfung bezieht sich ja auf das Erkennen. Dabei meint die Voraussetzungslosigkeit gerade kein Beteuern, daß gewisse Begriffe eben selbstverständlich, allgemein bekannt in ihrer Bedeutung seien. Solche 'Prüfungen' durchschauen nämlich ihre eigenen Voraussetzungen nicht, das Erkennen als ein Werkzeug oder Medium anzunehmen. Besonders erliegen sie der Setzung eines Unterschiedes zwischen uns selbst und dem Erkennen.

Dagegen ist das Voraussetzen im Sinne des wissenschaftlichen Begreifens hier einmal das Durchschauen dieser vorstellungsmäßigen Voraussetzungen, zum anderen gibt nun die Prüfung ihren Gegenstand, das Bewußtsein selbst, als sein Vorausgesetztes an. Dies hat zur Folge, daß das Prüfen weiß, **was** es zu prüfen hat. Fraglich ist nurmehr das 'Wie'? Da es außerhalb des Bewußtseins kein Wissen gibt, muß eben auch die Prüfung in das Bewußtsein fallen. Damit ist aber die Voraussetzung in ihrem 'Was?' und 'Wie?' gewußt – und eine gewußte Voraussetzung darf in diesem Sinne (entgegen dem einfachen Behaupten und Vorstellen) als **voraussetzungslose Voraussetzung** gelten. Allenfalls mag hier noch der Einwand angedeutet werden, daß der Geltungsbereich des Bewußtseins überhaupt vorausgesetzt wird, d.h., daß das Bewußtsein als das Maß des Ganzen, des Seins auftritt.(58)

2.3.1 Der Maßstab der Erfahrung

Der Riß im neuzeitlichen Denken zwischen dem Subjekt und den Objekten ist uns schon genugsam bekannt geworden. Die absolute Selbstvergewisserung des Subjekts im unendlich gewordenen Zweifel von Descartes mußte den Preis einer Spaltung in die res cogitans und res extensa bezahlen. Diese Lücke zu schließen wurde eine der Aufgaben des ontologischen Argumentes, bis Kant die Gottesbeweise endgültig widerlegt, zertrümmert zu haben meinte. Dies hatte insofern seine Berechtigung, als die damalige Metaphysik das Gottesproblem zumeist im rationalen, vorstellungsmäßigen

---

58 G. Krüger (Religiöse und profane Welterfahrung, Frankfurt/ M 1973, 50) meint dazu, daß es "dem deutschen Idealismus nicht gelungen" sei, "das Reich der Objekte wirklich im Subjekt 'aufzuheben'", also den Objektbereich als total in das Bewußtsein fallend aufzuweisen.

Bereich verdinglichte – eine der steten Versuchungen des natürlichen Bewußtseins –, oder die Gottesfrage nicht als Frage des
Ganzen erkannte, sondern auf der Ebene der Funktionen, Eigenschaften Gottes abhandelte.

Damit soll nur angedeutet werden, wie sehr das Begreifen des
Verhältnisses von Subjekt und Gegenstand grundlegend für den
Begriff der Wirklichkeit ist, welcher selbst wiederum die Voraus-
setzung ist, die Gottesfrage angemessen zu stellen.

Die wohl entscheidende Frage des menschlichen Denkens ist, ob
es wahrheitsfähig ist, ob wir aus dem Bereich des bloß subjektiven Gewißseins hinausgelangen können?(59) Der Verdacht, eine
Philosophie radikaler Subjektivität zu sein, haben wir in aller
Deutlichkeit als eine Krisis Hegelscher Philosophie benannt. Nahe-
gelegt – und deshalb auch in diese subjektivistische Richtung
interpretiert – wird dies durch die programmatische Formulierung
in der Vorrede zur 'Phänomenologie des Geistes':(60) "Es kommt
nach meiner Einsicht, welche sich nur durch die Darstellung des
Systems selbst rechtfertigen muß, alles darauf an, das Wahre
nicht als **Substanz,** sondern ebensosehr als **Subjekt** aufzufassen
und auszudrücken ... Die lebendige Substanz ist ferner das Sein,
welches in Wahrheit **Subjekt** oder, was dasselbe heißt, welches in
Wahrheit wirklich ist...". Zum voraus sollte jedoch klar hervorgehoben werden, daß damit ein Wesentliches an Hegels Absichten
verloren gehen muß, unterläßt man es, gerade auf das 'Ebensosehr' zu achten! Denn nur in der Beziehung von Substanz und
Subjekt kann die Wirklichkeit als Geist erfaßt werden. Allein so
ist das "Geistige... das **Wirkliche**".(61)

Wie soll nun eine Prüfung möglich sein, die Bewußtsein und Gegenstand gerecht wird, d.h. in ihrer Wahrheit erfaßt? Die Grundlage dafür bietet das verzweifelnde Bewußtsein, der sich vollbringende Skeptizismus, welcher "den ganzen Umfang des erscheinenden Bewußtseins"(62) betrifft. Dies geschieht aber nicht in der
Weise einer Vorstellung, daß diese Skepsis **einmal** das ganze erscheinende Wissen kritisch prüft, um dann sein 'ergo' in einem

---

59   Ein Lehrstück zu diesem Problem ist L. Wittgensteins Buch
      'Über Gewißheit'.

60   STW 3,22 f; GW 9,18

61   STW 3,28; GW 9,22

62   STW 3,73; GW 9,56

archimedischen Wissenspunkt festzuhalten. Vielmehr wird sich ein Fortgang, eine notwendige Bewegung einstellen, in der in einem immer intensiver werdenden Einheitsgeschehen von Gegenstand und Bewußtsein sich letztlich eine Entsprechung, eine Identität von subjektivem Bewußtsein und zuerst an sich – substantiell – seiendem Gegenstand ergeben wird. Das 'Ziel' heißt, daß Gegenstand und Bewußtsein sich entsprechen, das Bewußtsein sich selbst in seinem Gegenstand erkennt. Denn das sollte aus den Kapiteln über die sinnliche Gewißheit und die Wahrnehmung klar geworden sein, wie die Gedoppeltheit des Dinges, der Widerspruch des gegenständlichen Wesens, sich an zwei Gegenstände verteilt (63) und dadurch der Gegensatz des gegenständlichen Dinges auf die Spitze getrieben wurde.

Andererseits wird dadurch schon eine Art Maßstab des Fortganges der wissenschaftlichen Darstellung des Verhältnisses von Bewußtsein und Gegenstand angebbar: Solange sich Bewußtsein und Gegenstand **gegen**ständlich ihr Wesen zuteilen, sind sie auf der Stufe einer noch nicht begriffenen Wahrheit; das Ausmaß ihrer Gegenständlichkeit, oder anders betrachtet, das Maß ihrer gegenseitigen Durchdringung, die Intensität ihrer gegenseitigen Erfahrung ist das Aufmaß ihrer Entwicklungsstufe in der Darstellung der Wissenschaft des erscheinenden Wissens.

Mit dieser Erkenntnis sind wir erst ein wenig vorangekommen in der Darstellung des Fortganges durch die vollständige Reihe der Gestalten des Bewußtseins. Deshalb gilt es jetzt, die Möglichkeit einer wirklichen Erfahrung, die Bewußtsein und Gegenstand gemeinsam umfassen soll, näher zu erwägen.

Den Ausgangspunkt bildet die Unterscheidung von Wissen (unser Begriff) und Wahrheit (das Ansich, der Gegenstand). Hierbei zeigt sich sogleich die Schwierigkeit, welche über Gelingen und Scheitern des phänomenologischen Unternehmens entscheidet. Werden nämlich auf diesem angenommenen Standpunkt (nämlich Kants: kein Selbstbewußtsein ohne Gegenstandsbewußtsein) die beiden Bestimmungen untersucht, so ergibt sich unverzüglich die Unterscheidung eines Etwas, worauf sich das Wissen zugleich bezieht, d.h. das Etwas ist einmal ein Für-das-Bewußtsein-Sein, andererseits jedoch ebenso ein Ansich-Sein. Das auf das Wissen bezogene Etwas-für-ein-Anderes ist "ebenso von ihm unterschieden und gesetzt als **seiend** auch außer dieser Beziehung".(64) Diese Seite

---

63   Vgl. STW 3,102; GW 9,77

64   STW 3,76; GW 9,58

des Ansich wird Wahrheit genannt und weiter ist darüber nichts
zu sagen, weil sonst unzulässige Voraussetzungen gemacht werden
müßten, so daß der angelegte Maßstab schon vorausgesetzt und
selbst der Prüfung wieder entzogen wäre. Folglich erwiese sich
die angestellte Untersuchung von vorneherein als hinfällig und
auf eine Stufe der Vorstellung zurückgefallen, die das Erkennen
als Werkzeug und Medium betrachtet.

Demnach kann das Kriterium, der Maßstab der Wahrheit allein
die Seite des Ansich des Gegenstandes sein. Das an sich Wahre,
das Wesen ist es, woran das Wissen seine Entsprechung, sein Maß
zu nehmen hat. Der Widerspruch, die Widersinnigkeit des Unternehmens ist offensichtlich, scheint doch das Bewußtsein "gleichsam
nicht dahinterkommen zu können, wie er (der Gegenstand) nicht
für dasselbe, sondern wie er an sich ist, und also auch sein
Wissen nicht an ihm prüfen zu können."(65)

Wie soll dann noch das Bewußtsein maßgeblich sein für die Prüfung, ohne von außen einen Maßstab mitzubringen?(66) Hegel umschreibt die Möglichkeit der wahrhaften Selbstprüfung des Bewußtseins, das sich seinen Maßstab an sich selbst gibt so:
"Allein gerade darin, daß es überhaupt von einem Gegenstande
weiß, ist schon der Unterschied vorhanden, daß ihm etwas das
Ansich, ein anderes Moment aber das Wissen oder das Sein des
Gegenstandes für das Bewußtsein ist. Auf dieser Unterscheidung,

---

65   STW 3,78; GW 9,59; der Einschub stammt von mir.

66   Hier ist eine Kritik an der sonst hervorragenden Untersu-
      chung L.B. Puntels (Darstellung, Methode und Struktur, in:
      Hegel- Studien Beiheft 11, Bonn 1981, 2. Aufl., bes. 288
      f) angebracht. Der mit Akribie untersuchte Sinn des Dativs
      in der Unterscheidung, daß dem Bewußtsein – ihm – etwas
      Ansich ist und ein anderes das Sein des Ansich für das
      Bewußtsein, kann nicht zur gewünschten Lösung führen, wenn
      sie rein auf dem Standpunkt der Beobachtung des Bewußtseins
      bleibt. Denn ohne Rückgriff auf die ersten Kapitel der 'Phä-
      nomenologie des Geistes' läßt sich m.E. die Prüfungsproble-
      matik, d.h. die Wahrheitsmächtigkeit des Bewußtseins nur
      schwer einsichtig machen. Denn es scheint nur eine 'halbe'
      Wahrheit zu sein, es damit ein Genügen bleiben zu lassen,
      wie Hegel die beiden Momente des Ansich und des Für-das-
      Bewußtsein-Sein des Ansich als ins Bewußtsein fallend be-
      schreibt und damit die Unterscheidung zu gewinnen trachtet,
      auf der dann die Prüfung beruht.

welche vorhanden ist, beruht die Prüfung."(67) Den entscheidenden Hinweis, dem zu folgen ist, gibt das **Vorhandensein** dieser Unterscheidung. Als ein Hauptfehler einer Untersuchung der Prüfungsfrage entpuppt sich nämlich die Behauptung, daß schlußendlich doch beide Seiten des Ansich ins Bewußtsein fallen. Hegel denkt die Sache aber genauer. Er stellt sich auf die Seite eines bis zur Verzweiflung sich vollbringenden Skeptizismus, welcher nicht beim Zweifel am Diesen und Jenen stehen bleibt, wodurch gerade er dem Schein des 'Dieses da' erliegen würde, sondern "sich auf den ganzen Umfang des erscheinenden Bewußtseins"(68) richtet.

Damit ist, paradox formuliert, allererst die Voraussetzungslosigkeit als Voraussetzung gewonnen. Es darf das Bewußtsein, weil es tatsächlich Maßstab der Prüfung und selbst Prüfung sein muß, eben "nur das reine Zusehen"(69) sein. Allein dieses rein zusehende Verhalten des Bewußtseins ist der mögliche Garant, die entscheidende Erfahrung an ihm zu machen, daß nämlich die Seite des Ansich des Gegenstandes sich von sich her dem Bewußtsein zuspricht. Dies darf niemals übersehen werden.

So können in einem wiederholenden Rückgriff die entscheidenden Einsichten aus den beiden Anfangskapiteln der 'Phänomenologie' herausgestellt werden:

Das Wissen hat sich unmittelbar, rein aufnehmend zu verhalten, um am 'Diesen', dem Gegenstand, nichts zu verändern oder unzulässigerweise etwas in ihn hineinzutragen. Der Begriff des Wissens auf den Gegenstand darf höchstens in einem reinen Zusehen bestehen. Dabei **zeigt sich** dem Bewußtsein, daß der (sinnliche) Gegenstand **an ihm** selbst ein **Beiherspielendes** (70) ist. Dieses 'An-ihm-selbst-ein-Beispiel-sein' ist die erste Ansicht von seiten des (ansich seienden) Gegenstandes, welches die entscheidende Grundlage ist für das Entstehen einer Bewegung, die eben **nicht wir**, etwa um der Dialektik willen, an den Gegenstand herantragen, sondern die die Erfahrung selbst ist. Dieses Beiherspielen des Gegenstandes an ihm selbst ist **sein** Sich-Zeigen, welches

---

67   STW 3,78; GW 9,59 f

68   STW 3,73; GW 9,56

69   STW 3,77; GW 9,59

70   Vgl. STW 3,83; GW 9,64

wir uns zeigen lassen müssen:(71) Dies allenfalls ist unsere Zutat.(72) Es ist nicht unser Reflektieren über den Unterschied,
sondern das Dieses erweist an ihm selbst ein Auf-sich-Zurückbeu-
gen zu sein: "... es ist eben ein in sich Reflektiertes oder Einfaches, welches im Anderssein bleibt, was es ist".(73) Darin besteht die so wesentliche Einsicht, die uns das Ding selbst zeigt.
Das Ding läßt sich demnach in seinem Wesen als Beispiel (seiner
selbst) benennen.

Solche Erkenntnis legt den Gedanken nahe, diese Aussage als eine
bloße, leere Tautologie aufzufassen, womit jedoch gleichsam seine
Wahrheit sofort wieder verloren ginge. Denn, überlegt man recht,
was eine Tautologie ist, dann bestünde alles hier Erkannte etwa
in der Behauptung: Dieses ist Dieses; ein Ding ist ein Ding. Dem-
zufolge käme nichts Neues an Einsicht hinzu. Was allenfalls in
den Begriffen oder Namen: Ding, Dieses, Jetzt, Hier ... ausgedrückt wird, bezieht seine Aussagekraft von anderswo her. In
diesem Sinn wird vorausgesetzt, oder als unmittelbar einsichtig
ausgegeben, was erst zu beweisen ist.

Das also ist weithin mit Tautologie gemeint. In diesem Sinne sagt
L. Wittgenstein auch, daß die Tautologie sinnlos ist. Ihr Spiel-
raum ist das Symbol.(74) Bezüglich des inhaltlichen Wirklichkeits-
oder Wahrheitsgehaltes sind die Tautologien nichtssagend. Sie
sind bestenfalls analytische Sätze. Deshalb sind für Wittgenstein
- weil alle Sätze der Logik dasselbe aussagen, nämlich Nichts
- (75) die "Sätze der Logik ... Tautologien".(76) Sätze wie:
'Grün ist grün', 'ein Mensch ist ein Mensch', 'jetzt ist jetzt',
'Gott ist Gott', bleiben so gesehen leere Behauptungen, die ihre
Sinnhaftigkeit, ihre Wahrheit – wenn überhaupt – von außen, aus
einem anderen Bereich zu nehmen haben.

---

71   Vgl. STW 3,88; GW 9,67

72   Genaueres zu unserem Verhalten, unserem Zutun, zur Bedeu-
      tung des 'Wir' in der 'Phänomenologie des Geistes' wird
      im folgenden Abschnitt zur Sprache kommen.

73   STW 3,89; GW 9,68

74   Vgl. L. Wittgenstein, Tractatus, 4.4611

75   Vgl. ebd. 5.43

76   Ebd. 6.1.

Durch diesen herausgestellten Kontrast soll die Einsicht Hegels klarere Konturen gewinnen. Denn er hat das Wesentliche am 'Beispiel' erkannt, ein **Zeigen** zu sein. Genau dieses Zeigen als **zweideutig** zu begreifen ist so entscheidend. Denn in dieser Zweideutigkeit des Zeigens als Zeigen des Ansich (Wesens) an ihm und als Zeigen des Ansich für das Bewußtsein, liegt ein zentraler Punkt des Hegelschen Denkens überhaupt.(77)

Gibt es irgend Erfahrung als Einsicht in die Wirklichkeit, dann muß es ans Prüfen gehen. Die Frage ist nur: Wie? Wodurch? "Was gilt als Prüfung? – 'Aber ist dies eine ausreichende Prüfung? Und, wenn ja, muß sie nicht in der Logik als solche erkannt werden?' – Als ob die Begründung nicht einmal zu Ende käme. Aber das Ende ist nicht die unbegründete Voraussetzung, sondern die unbegründete Handlungsweise."(78)

Dieses Zeigen, als einziger Möglichkeit einer näheren Bestimmung von tautologischen Sätzen, soll noch deutlicher gemacht werden an der Aussage: Gott existiert, Gott ist (Gott). Dann, sagt Kant in seiner Kritik am ontologischen Beweis vom Dasein Gottes,(79) haben wir "eine bloße Tautologie begangen."(80) Nichts ist geschehen, außer einem reinen Wiederholen dessen, was vorausgesetzt worden ist. Die Aussagekraft der Kopula 'Ist' beschränkt sich auf einen lediglich logischen Gebrauch. Das Sein ist kein reales Prädikat. Die Aussage: 'Dieses Ding ist' sagt nichts aus. So ist die Idee eines höchsten Wesens – Gott – leer, aber viel-

---

77 Dies zeigt schon die 'Phänomenologie des Geistes'. Die 'Logik' läßt sich darüber hinaus als Darstellung nur dieses Problems begreifen. Denn in der 'Phänomenologie' steht im Vordergrund das Bewahrheiten des Bewußtseins und seines vorerst nur gewissen Gegenstandes. In der 'Logik' dagegen wird die Seite des reinen Gedankens betrachtet. Die logische Idee ist nämlich die ausdrückliche "Wissenschaft nur des göttlichen **Begriffs**" (STW 6,572; GW 12,253), in der alle Unmittelbarkeit aufgehoben ist und alle Bestimmungen gesetzt sind, daß sie als "absolute Befreiung ... sich selbst **frei entläßt**" (STW 6,573; GW 12,253), in die Natur übergeht.

78 L. Wittgenstein, Über Gewißheit, 37 f, Abs. 110

79 I. Kant, K.r.V. A 592 f, B 620 f

80 Ebd. A 597, B 625

leicht nützlich.(81) Die Aussagen über Gott: Gott ist, Gott existiert, Gott ist Gott... sind als 'Gegenstände' einer Idee in **keiner** Weise in **Erfahrung** zu bringen.

Mit Wittgenstein gesprochen hieße dies, daß man etwa Gott nur durch das Herzeigen von Gott verbürgen könne, wie man ja Farbe nicht erklären kann, sondern am Muster zeigen muß. Da dies bezüglich Gottes nicht möglich ist – hier muß auf die unendliche Bedeutung des sich Zeigens Gottes im Menschensohn Jesus Christus verwiesen werden –, deshalb läßt sich nur fragen: Wie wäre es, wenn es Gott gäbe (nicht gäbe)? Was zu tun übrig bleibt ist, darüber manches zu sagen (Reden **über** Gott! Wie viele Theologen sind dieser Redeweise verhaftet!) "und vielleicht mit der Zeit eine Art Beispielsammlung anlegen".(82)

Wenn ich also 'ist' sage, ist nichts gesagt, als daß ich auf der Hut zu sein habe, damit mir die Sprache durch dieses 'ist' Sagen nicht dauernd einen Streich spielt. Denn die "Sprache hat für Alle die gleichen Fallen bereit; das ungeheure Netz gut gangbarer Irrwege".(83)

Was soll mit diesem Aufzeigen, Beispiele-Beibringen bewerkstelligt werden? Ist hier alles Sagen als menschliches Ver-Sagen schon zu Ende? Kommt in der Sprache nur zum Ausdruck, **wie** ein Ding ist und nie, **was** es ist? Hat eben deshalb alle Philosophie Sprachkritik zu sein und darüber hinaus nichts? Auf diese Weise kämen wir in unserer Erfahrung nicht über das 'Wie'? der Welt, der Gegenstände hinaus. Wir fahren bloß der Form entlang, wenn wir irrtümlich auch meinen, ihre Natur, ihr 'Was'? zu betrachten. "Nicht **wie** die Welt ist, ist das Mystische, sondern **daß** sie ist".(84)

Trotzdem bleibt auch für Wittgenstein eine Weise von 'Erfahrung' dieses **unaussprechlichen Mystischen: Es zeigt sich**.(85) Was **wir** dabei tun können ist, auf dieses Sich-Zeigen zu achten und zu warten und in der Zwischenzeit Sprachirrtümer aus dem Weg zu

---

81   Vgl. ebd. A 601, B 629

82   L. Wittgenstein, Vermischte Bemerkungen, 158

83   Ebd. 41

84   Ders. Tractatus 6.44

85   Vgl. ebd. 6.522

räumen. Wir sind bestenfalls sprachlose passive Zuschauer. Unser Zutun ist ein Sich-Enthalten von eigenen inhaltlichen Zutaten. Als einzig möglicher Weg zu Gott bleibt die Erfahrung als eine theologia negativa.

Die Bedeutsamkeit des Sich-Zeigens und seine Zweiseitigkeit ist schon gezeigt und benannt worden. Nun gilt es, sich noch näher mit ihr zu befassen.

Für Hegel ist entscheidend einzusehen, daß und wie das Ding, das Diese ein **Beispiel** ist. Darauf verweist schon die sinnliche Gewißheit. Wird nämlich der Gegenstand **an sich** als das Seiende, das Wesen gesetzt, unabhängig davon, ob ein Anderes, das Ich, ein Wesen ist, dann eben gilt: "... das Wissen aber ist nicht, wenn nicht der Gegenstand ist."(86) Nun zeigt sich (als erstes Zeigen), daß der Gegenstand sein Wesen an ihm als unwesentlich erweist, weil er sein Wesen, ein Dieses (Einzelnes) zu sein, nicht zu wahren vermag. Das an sich Seiende zeigt eine Haltlosigkeit an ihm. Es ist ihm **gleichgültig**, "Dieses wie Jenes zu sein" und das "nennen wir ein Allgemeines".(87)

Das Beiherspielen hat sich derart als ein zweifaches Zeigen am ansich seienden Gegenstand erwiesen – ohne unser Zutun und Wissen.

Derselbe Vorgang, dieselbe Bewegung geschieht nun gleichermaßen am Beispiel des 'Ich bin Ich'. Diese scheinbar tautologische, zu nichts führende Aussage zeigt das Ich, gleichwie dies soeben am Diesen offenbar geworden ist, als ein bloß Allgemeines.

Wie komme ich jetzt zur Lösung des Problems in der Einleitung der 'Phänomenologie', weshalb der Maßstab, die Prüfung selbst ins Bewußtsein fallen, wenn das Wahre, das Ansich als außerhalb der Beziehung zum Bewußtsein liegend betrachtet werden muß?

Genau dieser Punkt ist ins Auge zu fassen, weshalb das unabhängig vom Bewußtsein seiende Ansich ebenso **dem** Bewußtsein das Ansich ist? Hier hilft es auch nichts, von einem thematischen Wissen zu reden, oder zu unterscheiden, was **dem** Bewußtsein ist, und was **für das** Bewußtsein ist,(88) auch wenn es wörtlich

---

86   STW 3,84; GW 9,64

87   STW 3,85; GW 9,65

88   So L.B. Puntel, Darstellung, Methode und Struktur, 289

richtig ist - denn das Entscheidende wird dadurch nur verdeckt.

Wir gehen die Spuren nochmals zurück:
Beide - das Diese, der Gegenstand, wie das Ich, das Bewußtsein, das Wissen - haben an sich gezeigt, ein Beispiel an ihnen selbst zu sein. An ihnen zeigte sich eine Bewegung, die vom Ansich, über die Negation des Ansich als eines Anderen, zum ersten Ansich zurückkehrt. Beide haben sich als Reflexion in sich (89) erwiesen. Darum sind sie jedoch nicht um nichts weitergekommen - qua Tautologie -, sondern haben ihr reflektiertes Einfachsein 'gewonnen'. Hegel nennt dies überaus zutreffend Bei-Spiel.(90) Darin liegt auch der Grund, weshalb der Inhalt der 'Logik' **"die Darstellung Gottes ist, wie er in seinem ewigen Wesen vor der Erschaffung der Natur und eines endlichen Geistes ist"**.(91) Es kommt in dieser Bewegung nichts Neues hervor, weil das dritte Moment ebenso das erste umfaßt, sich selbst also voraussetzt, sich selbst damit genügt. Deshalb begreift Hegel die Dreieinigkeit Gottes "als ein Spiel der Selbsterhaltung, der Vergewisserung seiner selbst"(92) und als "ein Spiel des Unterscheidens, mit dem es kein Ernst ist, der Unterschied ebenso als aufgehoben gesetzt"(93) ist.

Dieses In-sich-Gespie(ge)ltsein - Reflexion in sich - hat nun wesentlich an sich, ein "Aufzeigen... also selbst die Bewegung" zu sein, "welche es ausspricht, was das Jetzt (das Diese, das Ich)

---

89   Diese Reflexion-in-sich muß deutlich von der Reflexionsphilosophie, die Hegel oftmals scharf kritisiert, unterschieden werden.

90   Man kann lange darüber sinnieren, ob es nicht einen anderen, gar besseren Ausdruck dafür gibt - er wird sich schwerlich finden lassen. Denn das Spiel ist eben nur Spiel, wenn es Sinn in sich trägt, unabhängig vom Gewinn. Der Zugewinn hier wäre etwa die Bestimmung, daß dies grün, groß, duftend ist. Davon ist hier aber nicht die Rede. Und doch ist dieses Spiel sinnvoll, weil es zu sich selbst führt, Erkenntnis verschafft "nicht um eines Nutzens, sondern um des Segens willen", wie Hegel so schön sagt (STW 5,14; GW 11,6).

91   STW 5,44; GW 11,21

92   Ph.d.R. II 2,73

93   Ph.d.R. II 2,75

in Wahrheit ist... und das Aufzeigen ist das Erfahren,...".(94)

Der Blick ist nun gänzlich auf das **Aussprechen** zu richten. Denn daß das Zeigen eine (doppelte) Bewegung am Gegenstand und am Ich ist, daß dieses die Erfahrung ausdrückt, das ist uns schon geläufig. Was soll dann im Aussprechen sichtbar werden? Nichts anderes als das **Verstehen!** Beide Seiten haben es an sich, sich auszusprechen und ebenso zu vernehmen, weil beide, Bewußtsein und Gegenstand, als ihre erste Wirklichkeit und Wahrheit sich als In-sich-Reflektierte gezeigt haben: Deshalb sind sie, müssen sie **vernehmungsfähig** sein. Darum auch sind sie allererst wirklich, weil sie in diesem ursprünglichen Sinne **vernünftig** sind. Diese Weise (der Gewalt) wird ihnen zugemutet, da sie in ihnen selbst waltet. Die Zumutung, selbst Erfahrung zu sein und sich als wahrheits- und wirklichkeitsfähig zu weisen, trifft sie nicht von außen, sondern gleichsam von innen her. Es ist ihre Grundweise, ihr Auf-sich-selbst-Weisen, ihr **Wesen**, das wesentlich vernommen wird als **Anwesen**.(95)

---

94   STW 3,89; GW 9,68; der Einschub stammt von mir.

95   In diesem Sinne ist M. Heideggers Interpretation (Hegels Begriff der Erfahrung, in: Holzwege, Frankfurt/M 1972, 5. Aufl., 105-192) zu folgen und die Grundweise von Bewußtsein und Gegenstand als Parusie, als Anwesend-Sein, zu benennen. Bedenken sind jedoch gegenüber Heideggers Betonung der Gewalt des Absoluten, seiner Kraft, seinem waltenden Willen angezeigt. Es schlägt in dieser Interpretation doch sehr der Ereignischarakter des Seins durch, dem andererseits der endliche, zeitliche Mensch nur mehr in einer Art heroischem Blick auf das Nichtende, als "Hineingehaltenheit in das Nichts" (Ders., Was ist Metaphysik, Frankfurt/M 1975, 11. Aufl., 35) entspricht. Wenn Hegel und Heidegger darin übereinkommen, daß das Wesen des Absoluten Parusie, Anwesen, Gegenwärtigkeit, neidlose Mitteilung, Manifestation ist, so ist ihrer beider Differenz entschieden festzuhalten: Einmal ist dies der Wille, das Gewalten des Absoluten, der sich Gegenwärtigkeit verschafft – eine sozusagen voluntaristische Sichtweise. Hingegen läßt sich Hegel mehr einer intellektuellen Sicht zuordnen, indem Gegenwart sich als Weise eines gegenseitigen Verständnisses vollziehen kann, weil Geist für den Geist ist.

Deswegen ist eine unvoreingenommene Prüfung durch das Bewußtsein möglich. Darum vernimmt das Bewußtsein an ihm das Ansich
des Gegenstandes **und** dessen Für-das-Bewußtsein-Sein und hat
damit in der Vergleichung beider den Maßstab der Prüfung, der
deshalb in das Bewußtsein selbst fällt.(96)

2.3.2 Die Erfahrung des Gegenstandes

Indem wir uns rein zusehend verhalten haben, hat das Bewußtsein
als sich selbst seinen Maßstab gebend und als sich selbst prüfend erwiesen. Dabei sind wir auf eine Bewegung gestoßen, die
vorerst im In-sich-Reflektiertsein des Gegenstandes wie des Bewußtseins gleichermaßen zutage trat. Zudem haben wir eine Bewegung, das Vernehmen, entdeckt, welches das Bewußtsein überhaupt
befähigt, an ihm, ohne sein Zutun "die Zweideutigkeit dieses
Wahren",(97) wie Hegel sich ausdrückt, zu wissen. Dieses **von
sich her** Zweideutige des wahren Gegenstandes stellt sich dem Bewußtsein als **zwei Gegenstände** dar. Diese sind für das Bewußtsein: Der an sich wahre Gegenstand – das Ansichsein des Gegenstandes selbst – und der von sich her sich zur Vernehmung brin-
gende, der damit auch vom Bewußtsein vernommene Gegenstand,
das Für-das-Bewußtsein-Sein dieses Ansich. Wie das Ansich bloß
für sich das Ansich zu sein vermag, weil es seine Wahrheit nur
als in sich Reflektiertes bewahren kann, ebenso vernimmt das Bewußtsein in seinem Auffassen diese dialektische Bewegung an seinem Gegenstand und an sich selbst. Das Bewußtsein enthält einen
neuen Gegenstand, der sich über die Nichtigkeit des ersten hinweg erhalten hat. Es hat also eine **Erfahrung** gemacht, die es
am Gegenstande selbst gefunden hat. Deshalb läßt sich sagen,
daß **"der neue wahre Gegenstand"** dasjenige ist, "was **Erfahrung**
genannt wird".(98)

---

96   Vgl. unten S. 121 f, wo diese Thematik bezüglich des
      Selbstbewußtseins weiter verfolgt wird.

97   STW 3,79; GW 9,60

98   STW 3,78; GW 9,60

Um der ganzen Tiefe dieser revolutionierenden Einsicht Hegels schärfere Konturen zu verleihen, ist der sonst geläufige Erfahrungsbegriff in Erinnerung zu rufen.(99)

Gemeinhin machen wir Erfahrungen, indem wir experimentieren. Wir setzen den zu betrachtenden Gegenstand in andere Umstände, in ein anderes Milieu von Gegenständen, und stellen dann auf-

---

99   Eine eingehende Darstellung des Begriffes der Erfahrung, besonders in Hinsicht auf Kants Leistung, ist hier noch nicht beabsichtigt. Sie folgt weiter unten S. 103 f.

Die Wichtigkeit solcher Unterscheidung von Erfahrung soll durch eine sehr lebendige und eindringliche Beobachtung L. Wittgensteins gezeigt werden (Ders., Vermischte Bemerkungen, 85): "Bring den Menschen in die unrichtige Atmosphäre und nichts wird funktionieren, wie es soll. Er wird in allen Teilen ungesund erscheinen. Bring ihn wieder in das richtige Element, und alles wird sich entfalten und gesund erscheinen. Wenn er nun aber im unrechten Element ist? Dann muß er sich damit abfinden, als Krüppel zu erscheinen." Dieses Beispiel soll deshalb hier vorgestellt werden, weil darin die Möglichkeit oder Unmöglichkeit thematisiert wird, über die Form (Milieu, Element) den Inhalt einzuholen. Wenn nämlich Philosophie gerade auch Lebensweise, -weisheit, -weistum sein will, dann muß sie eben zu solchen Vorkommnissen des alltäglichen Erlebens und Erleidens auch etwas zu sagen haben. Denn würde sie sich hier ihre 'Weisheit' nur vom alltäglichen Leben sagen lassen (müssen), wäre sie wohl nicht mehr ihres Namens wert. Was also will Wittgensteins Notiz sagen? Daß sich das Wesen des Menschen, seine Wahrheit mit den Umständen ändert. Für unseren Begriff der Erfahrung bedeutete dies genau: Der **andere** Gegenstand, das andere gegenständliche Milieu läßt die Unterschiedlichkeit des ersten Gegenstandes deutlich werden. Erfahrung geschieht in der Weise einer Formung durch das Äußerliche, in einer Vergleichung mit – von außen her – **Beigebrachtem**. Erfahrung ist dann nichts am Gegenstand selbst **Beiherspielendes**. Vorausblickend muß dazu noch vermerkt werden, wie wesentlich dadurch das Menschenbild geprägt wird: Denn einmal wird die Person schlußendlich auf ein Produkt ihrer Umwelteinflüsse reduziert. Der Mensch versucht sein Wesen in Äußerlichkeiten zu gewinnen, die ihn jedoch nur weiter von seiner Wesentlichkeit entfremden müssen. Der andere Erfahrungsbegriff hingegen ermöglicht eine Ansicht der Person, die ihre Würde, ihren Wert, ihr Wesen an sich selbst hat.

grund der Vergleichung unseres Gegenstandes mit den anderen
Gegenständen Änderungen fest, die uns jedoch an den anderen,
neu herzugebrachten Gegenständen erst auffallen. Erfahrung muß
derart eine zufällige und äußerliche Weise des Erkennens sein.
Solche 'gemeine' Erfahrung vermag aber nie die Bedeutung zu
erlangen, die Hegel diesem Begriff zumißt und verschafft.

Damit ist eine 'Erfahrungsweise' ausgeschlossen, in welcher der
zweite, neue, wahre Gegenstand ein zufälliger, äußerlich sich
vorfindender ist. Dem Hegelschen Erfahrungsbegriff bliebe aber
auch noch folgende 'reale' Möglichkeit unangemessen: Das Bewußtsein **alleine** habe sich dergestalt zu ändern, daß es die festgestellte Nichtentsprechung von an sich wahrem Gegenstand und dem
neuen Für-es-Sein dieses Ansich durch eine Angleichung seines
Wissens an die realen, neuen Tatsachen berichtigte.

Die (so wichtige) originelle Hegelsche Erkenntnis geht nämlich
darüber hinaus. Das Wissen korrigiert sich eben nicht an einem
fertigen wahren Gegenstand. Die Wahrheit der Dinge ergibt so
nicht die Wahrheit des Bewußtseins, sondern die Erfahrung des
Bewußtseins ist ebenso eine Erfahrung des Gegenstandes. Mit der
Änderung des Wissens geht eine Änderung des Gegenstandes ein-
her. Beide, Ich und Ding, gehen sozusagen einen Weg der Bewahrheitung ihrer selbst an einander. Diese notwendige Bewegung
zur Wissenschaft und Wahrheit ist deshalb "selbst schon **Wissen-**
schaft und nach ihrem Inhalte hiermit Wissenschaft der **Erfahrung**
des Bewußtseins".(100)

Dieser, jetzt noch vorgreifende, Beleg faßt im Eigentlichen den
Sinn und die Aufgabe der 'Phänomenologie des Geistes' zusammen.
Zuvor gilt es jedoch genauer auf das **neue** Wissen und den **neuen**
Gegenstand hinzusehen.

Leichthin besehen könnte jemand denken, nun sei gewissermaßen
alles gewonnen. Denn das Bewußtsein hat sich als Maßstab der
Prüfung erwiesen, darin sich der wahre Gegenstand erkennen
läßt. In dieser Erfahrung erscheint es als die Wirklichkeit um-
greifend. Doch damit ginge das Wesentliche an Hegels Einsicht
verloren.

Zu vorderst ist das Wahre nicht als ein statisches Maß, sondern
als ein Prozeß der Selbstpräsentation zu bestimmen. Der neue
wahre Gegenstand ist ja keine Letztmitteilung seiner selbst, sondern in einer Bewegung erfaßt, die sich selbst auf einem stufen-

---

100   STW 3,80; GW 9,61

weisen Bildungsweg zeigt. Indem Hegel in seiner 'Phänomenologie' das faktische Gegenstandsbewußtsein (des natürlichen Bewußtseins) anerkennt, sind ihm damit – wie das Einleitungskapitel der 'Phänomenologie' und die ersten folgenden Kapitel schon zeigten – die Mittel in die Hand gegeben, die vorerst als unüberwindlich vorausgesetzte Trennung von hier: Bewußtsein und da: Gegenstand als beide ins Bewußtsein fallend zu erweisen. In dieser Anerkennung des sinnlichen Anspruchs des natürlichen Bewußtseins hat sich zweierlei entschieden: Der Gegenstand hat sich an sich als ein anderer, neuer, 'wahrerer' Gegenstand gezeigt. Desgleichen machte das Bewußtsein diese Kehre in sich selbst mit. Darüber hinaus sind ebenso beide in eine Beziehung verwoben. Diese dialektische Bewegung geht jedoch nur stufenweise vor sich. Das bedeutet genauer besehen zweierlei, welches es stets zu unterscheiden gilt und sowohl Wesen als auch Leistung der 'Phänomenologie' erst so recht ins Licht zu rücken vermag:

Einmal fällt die **Bewegung,** die Bewußtsein und Gegenstand erfaßt, auf. Sie ist als dialektische Bewegung die **Methode** zu nennen.

Das andere Moment, welches sich gezeigt hat, ist eine Bestimmung, in der sich Gegenstand und Bewußtsein zeigend darstellen. Sie kann als **Struktur** bezeichnet werden.(101) Als das Wesentliche darin ist festzuhalten, wie sehr beide Momente einer Beziehung sind, deren Ziel schon notwendig gesteckt ist, daß nämlich "der Begriff dem Gegenstande, der Gegenstand dem Begriff entspricht."(102) Dieses notwendige Ziel ist der Motor dieser Bewegung. Solange das Wissen sich noch nicht **als** Wissen, als **seine** Wahrheit, sich selbst als seinen Gegenstand erkannt hat, solange geschieht im neuen Wissen vom und des neuen Gegenstandes ein immer intensiveres Erfassen, ein immer angemesseneres Sichenthüllen des Wahren. Bis der Geist sich als "diese **Bewegung** des Selbst" erweist, "das sich seiner selbst entäußert und sich in seine Substanz versenkt und ebenso als Subjekt aus ihr in sich gegangen ist und sie zum Gegenstande und Inhalte macht, als es diesen Unterschied der Gegenständlichkeit und des Inhalts aufhebt",(103) solange wird sich jedes neue Wissen, jeder neue

---

101 Vgl. L.B. Puntel, Darstellung, Methode und Struktur, 224 f und 303

102 STW 3,74; GW 9,57

103 STW 3,587 f; GW 9,431

70

Gegenstand (104) immer wieder auf der ersten Stufe eines Ansich für ein neues, höheres Bewußtsein finden.

So ist ein weiteres Charakteristikum der 'Phänomenologie des Geistes' offenkundig geworden: Der Prozeß der Selbstenthüllung von Gegenstand und Bewußtsein geschieht im Maße der **Selbstbestimmung**. Das Bewußtsein kann deswegen als Maßstab der Wahrheit bezeichnet werden, weil die Wahrheit auf jeder Stufe durch die 'Höhe' oder 'Intensität' der Gegenständlichkeit des Bewußtseins (105) bestimmt und bestimmbar ist. Die Intensität der Entsprechungseinheit von Bewußtsein und Gegenstand macht es erst möglich, das scheinbar Undenkbare – das Wahre als das Absolute zusammen mit einer Bewegung – zu denken.

Daß hierin einer der heikelsten und schwierigsten Punkte einer Interpretation der Philosophie Hegels überhaupt liegt, braucht wohl nicht weiter erläutert zu werden. Nun soll auch nicht die ganze Problematik abgehandelt werden, die sich daraus bezüglich des Gottesbegriffes ergibt. Doch erweist sich diese phänomenologische Erkenntnis als derart wichtig, daß einige Gedanken schon jetzt dazu formuliert sein sollen.

Wenn auch die Untersuchung der Begriffe von Bewegung, Negation, Methode erst später in der Abhandlung zur Hegelschen 'Logik' erfolgt, so stellt sich in der 'Phänomenologie' natürlich schon dasselbe Denkproblem: Wie ist das Absolute denkbar, wenn es **notwendig** in einen Prozeß der Selbstenthüllung, Selbstverwirklichung verwoben ist? Schließen sich beide nicht gegenseitig aus? Setzt unser Denken nicht entweder das Absolute schon voraus und läßt 'nebenher' eine Denkbewegung zu, die im Wesentlichen das Absolute unberührt läßt, oder 'wird' das Absolute erst am Ende der Entwicklung? Dann ist die dringliche Frage zu beantworten, wie diese Entwicklungsgeschichte je (oder jäh?) ein Ende haben soll? Das Problem erscheint sodann unter der Formel, ob die Entwicklungsgeschichte selbst als Konstitutivum des absoluten Ganzen zu betrachten ist, oder als deklarativ, als die Wahrheit bloß offenbarend?

---

104 Besser begriffen bedeutet dies: **Gegenständlichkeit** als Weg des sich selbst über alle Bestimmungsformen hindurch immer intensiver erfassenden Gegenstandes.

105 Die Inhaltsübersicht der 'Phänomenologie' ist tatsächlich als Index dieser Verwirklichungsstufen anzusehen.

Eine mögliche Lösung dieses Problems haben wir schon in der Formulierung des **'Ganzen als Maß'** angedeutet. Wenn auch die genauere Darstellung des Begriffs des Maßes erst erfolgen muß, so kann hier doch Wesentliches festgelegt werden. Das Wahre als eine Kategorie des Absoluten kann eben nur **eine** Wahrheit sein. Sie muß um ihrer selbst willen unteilbar sein. Sie ist als Ganzes nicht gleichzusetzen mit der Aufsummung ihrer Teile, oder ihrer Teilverwirklichungen. Ein solches 'Begreifen' von Wahrheit wäre gewissermaßen heillos, weil ihre Wahrheit unbegreifbar würde und ebenso uneinsichtig würde, weshalb Wahrheit dann doch alles, ein Ganzes sein soll: Es bliebe ewig beim 'Sollen', oder das Denken würde aufgefordert, sich selbst zu verleugnen und einen 'Sprung' ins unbekannte Geheimnis eines absoluten, wahren Ganzen zu wagen.(106) Solch unbegriffenes und unbegründetes 'Sich-die-Freiheit-Nehmen' muß als Weise der Entfremdung des Menschen von seiner Bestimmung angesehen werden: vernünftige Freiheit zu sein.

Das Ganze als Maß dagegen vermag die Wahrheit des Wahren im Prozeß seines Sich-zum-Erscheinen-Bringens zu bewahren. Das meint nun genauer, daß das recht begriffene Wesen des Maßes darin besteht, in seinem Maßgeben, in der Maß-Gabe, dem so Erkennbaren, Bemessenen, Umgreifbaren, Definierbaren, Feststellbaren, dem Gesetzten immer auch als Maß-Ganzes erfahrbar zu sein. Jedes zuerst als Bemessenes, Endliches, als 'Dieses' Angebbare erweist in sich selbst seine Wahrheit: **Maßgabe dieses Maßes zu sein.** Darin liegt die 'Vollkommenheit', die Einzigkeit und Einzigartigkeit, die Unübertrefflichkeit und eigentlich auch die Unersetzbarkeit jedes Einzelnen (ob Ding, Pflanze, Tier, Mensch: Der tiefere Grund dafür ist mit Hegel in der Geistverfaßtheit aller Maßgabe, so auch der Natur, zu erblicken).

Indem nun das Bemessene sich als Zugemessenes, als Maßgabe erfährt, ist es ebenso **maßgeblich:** Es zeigt an ihm selbst die Wahrheit des Maßes als Ganzes, ob es nun will oder nicht. Dies mag als 'Gewalt'(107) angesehen werden, welche das Bewußtsein etwa erleidet. Näher besehen ist dieses Walten des Maß-Ganzen nichts anderes als die Austreibung einer falschen Selbstgenügsamkeit aus der sinnlichen Vorstellung, dem gemeinen Bewußt-

---

106   Vgl. etwa W. Kern, Menschwerdung Gottes im Spannungsfeld der Interpretationen von Hegel und Kierkegaard, in: A. Ziegenaus (Hrsg.), Wegmarken der Christologie, Donauwörth 1980, bes. 102 f

107   Vgl. STW 3,74; GW 9,57

sein.(108) Denn die Gewalt tut sich das beschrankte Bewußtsein
selber an: Es eignet sich gewaltsam ein Selbstmaß an, indem es
sein Beschränktsein als Absolutum betrachtet. Doch diese Gewalt
ist die Vernichtung seiner Wahrheit. Der Verlust seiner Wahrheit
zeigt sich in seiner Maßlosigkeit, durch die Simulation des Absoluten durch Selbstverunendlichung.(109)

Dagegen macht es die Erfahrung des Bemessenen aus, in sich
selbst maßgeblich zu sein als Maßgabe des Ganzen. Sein Wesen
zeigt an ihm eine Vollkommenheit, nämlich eine Verwirklichung
des Ganzen zu sein.

Diese Vollkommenheit, es selbst ganz zu sein, selbst wesentlich
zu sein, ist es jedoch nur, weil es an ihm selbst ebenso ein
Mehr, ein Nicht-Dieses zeigt. Das Bemessene erweist in sich
selbst seine Wahrheit gleichsam als ein Über-Maß, weil es ja
selbst immer schon, als Bemessenes, seine Maßgeblichkeit – sich
selbst das Maß zu geben, sich selbst in seinem Eigentlichen,
seinem Wesen prüfend feststellen zu können – voraussetzt. Wobei

---

108   Christlich gesprochen darf dies als Austreibung aller fal-
      schen Demut gelten, wenn diese sich selbst bescheidet in
      der Trennung von Gott oder ihr Genügen in der Abwesenheit
      Gottes findet. Wahre Demut muß es unerträglich finden, von
      Gott getrennt zu sein.

109   Darin verbirgt sich das Wesen der Philosophie J.P. Sartres.
      Die 'Transzendenz des Ego' liegt allein in der Unendlichkeit
      des Ich, sich selbst in jedem Augenblick des Lebens als
      eine 'creatio ex nihilo' zu setzen. Dies ist jedoch von jedem
      Ego zu sagen, welches gerade dadurch die Absage des An-
      spruches des Anderen sein muß. Deshalb sind die Anderen
      auch die Hölle. Der Preis, um sich selbst "mit Haut und
      Haar zu retten" ist die Maßlosigkeit des Jedermann. Denn
      was bleibt? "Ein ganzer Mensch, gemacht aus dem Zeug
      aller Menschen, und der soviel wert ist wie sie alle und
      soviel wert wie jedermann." (Ders., Die Wörter, Reinbek bei
      Hamburg 1968, 145)

      Diese Maßlosigkeit ist auch der Kern des oben (S. 24) er-
      wähnten Falsifikationsprinzips: Weil es unendlich viele End-
      liche gibt (die unendliche Summierbarkeit der Zahl!), die
      sich als für sich allein maßgebend betrachten, gibt es eine
      unendliche Folge von Falsifikationen, die ja in sich da-
      durch berechtigt sind, weil sie alle das gleiche unendliche
      Recht beanspruchen können.

der Begriff 'Voraussetzung' bei Hegel eben keine petitio principii,
auch keinen Zirkelschluß meint, sondern ein Voraus-Wissen des
Bewußtseins ist: Es weist nämlich an sich selbst über sich hinaus. Und dies ist die Bewegung des Wahren, welche koextensiv,
gleichzeitig die Erfahrung ist, die wir mchen: Die Bestimmungen
des Ganzen als dessen Maßgaben weisen in ihrer Bestimmtheit
über sich hinaus auf die Stimmigkeit des Ganzen. **Das Maß ist
so die Stimme der Bestimmtheit. Sie zu vernehmen ist unsere Zutat.**

Dieses Tun des 'Wir' kann die Einsicht in das Wahre des Ganzen
als Maß nochmals verdeutlichen.

2.3.3 Wer denkt?

Eine der interessantesten und auch weitreichendsten Fragen der
'Phänomenologie' ist diejenige nach der Bedeutung des 'Wir' im
Gange der Bildung des Bewußtseins über alle Stufen der gegen-
ständlichen Bestimmtheit hinweg zur Erfahrung seiner selbst, als
Selbstbewußtsein, als Vernunft und Geist. Bisher hat sich das
'Wir' in einer bloß passiven Rolle gefunden. Es ist uns zu Be-
ginn der 'Phänomenologie' sogleich begegnet als "das Wesen, wel-
ches" sich "**unmittelbar** oder **aufnehmend** zu verhalten"(110) hat.
'Wir' sollten uns völlig unauffällig, rein vernehmend verhalten
und uns jedes begreifenden, vorstellenden Zugriffs auf unseren
Gegenstand enthalten. Diese Enthaltsamkeit erschien uns als die
Grundbedingung eines Sich-Zeigens der Wahrheit des Gegenstandes.
Diese 'Voraussetzung', die das 'Wir' hier zu erfüllen hat, ist
eben keine positive (rein sinnliche Daten zulassende) Voraussetzung, auch keine kritische (das Erkennen **vor** allem Erkennen
untersuchen wollende), oder axiomatisch-deduktive Voraussetzung
(die ihre Voraussetzungslosigkeit – als Voraussetzung für alles
andere zu gelten – durch eine sich selbst genügen wollende Definition begründet).

Das 'Wir' in Hegels 'Phänomenologie' gibt dagegen die 'Bedingung' seiner Voraussetzungslosigkeit an, sie 'weiß' um ihre Voraussetzung. Aber dies alleine bliebe ungenügend, Hegels Position
gegen die anderen Versuche, voraussetzungslos zu denken, deutlich genug zu konturieren. Er trachtet deshalb scharf und klar-
sichtig danach, die Fehlerhaftigkeit und Schwierigkeit jener

---

110   STW 3,82; GW 9,63

voraussetzungslos sich gebenden Denkweisen gerade zu Beginn seiner Einleitung in die 'Phänomenologie'(111) anzugeben.

Vorerst mag ein bloßes Anerkennen der Voraussetzung - die wir als Position Kants bezeichnen können: kein Selbstbewußtsein ohne Gegenstandsbewußtsein; nichts ist im Bewußtsein, was nicht vorher auf der sinnlich, gegenständlichen Seite vorhanden ist - genügen. Hegels genuine Tat ist es dagegen, diese Voraussetzungslosigkeit als Aufgabe (wörtlich: Sich-aufgeben!) seiner selbst und damit als Aufgabe, Auftrag entdeckt zu haben. Diese Voraussetzungslosigkeit des Gegenstandes der Betrachtung: Die Bildung des Bewußtseins zur Vernunft, zum Selbstbewußtsein findet seine Rechtfertigung, seine Wahrheit eben nicht in einer möglichst voraussetzungslosen Voraussetzung,(112) sondern im Gelingen ihrer Begründung vom Ende her. Dieses Begründen des Anfangs vom Ende her, die **gleichzeitige Interpretation als Reinterpretation** ist wohl eine der herausragenden Eigenheiten Hegelschen Denkens und von ihm auch entsprechend hervorgekehrt. Der tiefere Grund, wieso das Ende den Anfang begründet und so der Anfang auch das unausgeführte Ende ist, liegt im Wesen des Selbst, welches als Selbstvollzug in sich, zu seinem Anfang zurückkehrt.(113) Dieses Selbst "ist so die Wirklichkeit der Idee, so daß das Individuum nun aus der **Wirklichkeit** sich hervorbringt... und daß seine Ent-

---

111   STW 3,68 f; GW 9,53 f

112   Darin ist auch das unweigerliche Scheitern des Unternehmens von W. Weischedel (Der Gott der Philosophen, 2 Bde., München 1979) zu sehen. Denn die geforderte Voraussetzungslosigkeit der Philosophie, der freie Grundentschluß zu philosophieren, radikal zu fragen und dies als eben "überhaupt keine inhaltliche These und keine sachhaltige Wahrheit" (ebd. Bd. 2,181 f) eines offenkundigen Skeptizismus (vgl. Bd. 2,156) hinzustellen, erspart sich als rein formales Bewähren die Frage nach einer möglichen inhaltlichen Wahrheit. Solche "geringst mögliche Annahme ... die voraussetzungsloseste 'Voraussetzung'" (Bd. 2,182) vermag m.E. niemals inhaltliche Wirklichkeit zu begründen. Deutlich genug wird dies durch das Anpreisen des Selbstmordes als "die tapferste aller Fluchten" (ebd. Bd. 2,183). Damit kommt der, die Wirklichkeit ver-wirkende, nihilistische Grundton unübersehbar zutage.

113   Vgl. STW 3,26; GW 9,20

stehung, die ein **Voraussetzen** war, nun seine Produktion
wird."(114)

Diese Leistung – das Vorausgesetzte als das sich selbst Produzierende zu erkennen – übersehen zu haben, kritisiert Hegel als einen entscheidenden Mangel an Kants sonst tiefer Einsicht in die
"**synthetischen** Grundsätze a priori...; die Deduktion ... des sich
selbst produzierenden Begriffs, hat Kant sich erspart zu leisten."(115) Besonders am Ende der 'Logik' taucht die ganze Voraussetzungsproblematik noch einmal auf. Hegel hebt hier als die
ärgste Verwirrung des Denkens die begriffslose Reflexion hervor,
deren Wesen im unendlichen Progressus, oder anders in einem unendlichen Regressus liegt.(116) Er umschreibt das Programm der
'Logik', welches unter dem Vorzeichen des Selbst-Bewußtseins
ebenso für die 'Phänomenologie' gilt, in wunderbar konzentrierter Weise so: "Jede neue Stufe des **Außersichgehens**, d.h. der
weiteren Bestimmung, ist auch ein Insichgehen, und die größere
Ausdehnung ebensosehr **höhere Intensität**."(117)

Damit hat sich deutlich genug erwiesen, worin unsere Rolle im
Vernehmen besteht. Wir haben reine Zuseher zu sein. Es darf von
unserer Seite her nichts in das Aufnehmen des Gegenstandes hineingeheim(ni)st werden, wenn je der Verdacht, immer nur unserem
Gewißsein, unserem subjektiven Wissen vom Gegenstand, unserem
Vorstellen unentrinnbar verhaftet zu bleiben, ausgeräumt werden
soll.

Dies vor Augen, mutet es vorerst unverständlich an, wenn Hegel
sagt, daß die von uns gemachte Erfahrung durch das Bewußtsein
zweier Gegenstände begründet wird, indem nämlich der neue Gegenstand aus dem ersten geworden ist "durch eine **Umkehrung des**
Bewußtseins selbst. Diese Betrachtung der Sache ist unsere Zutat,
worin sich die Reihe der Erfahrungen des Bewußtseins zum
wissenschaftlichen Gange erhebt und welche nicht für das Bewußtsein ist, das wir betrachten."(118)

---

114   STW 6,484; GW 12, 189 f

115   STW 6,505; GW 12,205

116   Vgl. STW 6,567; GW 12,249

117   STW 6,570; GW 12,251

118   STW 3,79; GW 9,61

Worin besteht dann unsere Zutat? Welcher Art kann sie beschaffen sein, ohne die notwendige Selbstbeschränkung, alles Unsrige an der Betrachtung der Sache wegzulassen, wieder zu vernichten? Hier gilt es wieder, genau auf Hegels Ausführungen zu achten. Der Ausgangspunkt, zu dem Hegel unermüdlich zurückkehrt, ist das natürliche Bewußtsein. 'Wir' haben dieses ebenso und können diese Anfangsstufe nicht überspringen. Wenn demnach das (natürliche) Bewußtsein sich selbst in seiner Gewißheit ernst nimmt, reines Aufnehmen zu sein, dann ist bislang dem Bewußtsein nichts geschehen, als daß es in seinem Selbstverständnis ernst genommen wird. So bloß aufnehmend sich verhaltend, ermöglicht es seinerseits dem Gegenstand, sich rein, an sich zu zeigen – wobei dieses Ermöglichen noch kein Tun oder Lassen genannt werden kann, weil hier das Bewußtsein nur sich selbst ernst nimmt, also an sich hält.

Dabei zeigt eben das Ding an sich ein Beispiel an ihm selbst, kein leerer tautologischer Wahn zu sein, sondern in sich selbst sich seiner reflektierend zu versichern. **Es erwies an ihm selbst sein Ansich.** Diese Bewegung des Dings fällt sozusagen hinter den Rücken (119) des natürlichen Bewußtseins: Dessen Verhalten ist bloßes Ansichhalten, also keine Zutat.

Wie wir schon gesehen haben, vollzieht sich dieselbe Bewegung, mit umgekehrtem Vorzeichen, am (natürlichen) Bewußtsein. Das Ich erweist an ihm gleichermaßen die Nichtigkeit seiner ersten Gewißheit. Diese Weise der Reflexion in sich hat sich als Sich-Zeigen und Vernehmen erwiesen. Weil eben beiden dieselbe Struktur eignet, die Bestimmtheit als Allgemeines, als All-Aussage zu sein – d.h. ihre Bestimmung ist nur, 'Dieses', 'Ich' **nicht** zu sein, und sie an ihnen selbst dieselbe Bewegung als ihr eigenes Beiher-Spiel zeigen, **deshalb vernehmen sie einander.** Sie vernehmen sich aneinander in der Weise eines einheitlichen Unterscheidens. Das Wissen des Gegenstandes von sich, das sich in der Reflexion-in-sich ihm zuspielt, ist nämlich nichts anderes als das Wissen des Bewußtseins vom Gegenstand.

Das Problem liegt allein darin, wie und warum beide Eins im Allgemeinen unterschieden sind. Nun ist das Vernehmen-Können nicht mehr die Frage, warum und wie sie sich vernehmen? Sondern das Problem hat sozusagen die Richtung gewechselt: Wie können sie sich als derart Ver-ein-nahmte noch unterscheiden?

Wenngleich hiermit ein entscheidendes Problem der Hegelschen 'Logik' aufgezeigt ist, so wäre es doch zu einfach, dieses

---

119   Vgl. STW 3,80; GW 9,61

Problem der 'Phänomenologie' zu ersparen, indem ihr ja ausgewiesenermaßen die Trennung von Selbstbewußtsein und Gegenstand zugrunde liegt. Gleichwohl bedarf es keiner langen Besinnung, daß das beanspruchte Resultat der 'Phänomenologie des Geistes', das Selbstbewußtsein als sich selbst, als seinen Gegenstand begreifend zu erweisen, unverständlich bleiben muß, wenn nicht die so veränderte Fragestellung beantwortet werden kann.(120) Doch eben in dieser Richtungsänderung tritt ihr mögliches **Unterscheiden** in **Unterschiedslosigkeit** zutage. Es kann und darf ja keine Bestimmung von außen herangebracht werden, um den Gegenstand erfahrbar zu machen. Dies ist ja die falsche, gemeinhin als Erfahrung ausgegebene Ansicht, deren Wesen im Experiment vorstellig wird.

Wenn jetzt noch ein Unterscheiden möglich sein soll, das nicht mehr in einem Entgegenhalten eines beiderseitigen Ansichhaltens (Insichbeharrens) bestehen kann, weil beide sich als Bewegung, Beiherspielen gezeigt haben, dann kann dieses allein in der besagten Richtungsänderung liegen.

Wohin hat dies geführt? Beide, Gegenstand und Bewußtsein, üben in sich einen Vorbehalt aus gegen das andere, nicht weil sie etwas verbergen, heimlich etwas tun hinter dem Rücken des anderen, auch nicht, weil hinter ihrem eigenen Rücken etwas vorgeht,(121) oder das Bewußtsein die Negation (122) des Ansich des

---

120 Dazu ist zu bemerken, daß diese Richtungsänderung der Frage für das Gesamtverstehen des Zusammenhanges des Hegelschen Systems von nicht unerheblicher Bedeutung ist: Denn diese Richtungsänderung läßt sich als die dauernde immanente **Rückfrage** der 'Logik' in die 'Phänomenologie' verstehen. Daraus erfolgt dann ihrer beider **Koexistentialität,** ihre **Gleichursprünglichkeit** und ihre **Konnaturalität,** eben immer unter der Rücksicht der Fragerichtung.

Etwas pointierter heißt das:
Allein die stete Rückfrage der 'Logik' bewahrheitet die 'Phänomenologie des Geistes', wie umgekehrt gilt, daß nur die Reinterpretation der 'Logik' durch die 'Phänomenologie' deren Wirklichkeit sichert.

121 Wie M. Heidegger (vgl. Holzwege 142) etwa Hegel Seinsvergessenheit vorwirft: Das absolute Wissen der Wissenschaft nehme im Anspruch, alle Wirklichkeit zu sein, von der Wiederkehr des 'Seins' keine Notiz.

122 Dies legt L.B. Puntel (Darstellung 294) nahe.

Gegenstandes nicht erfährt, sondern einzig deshalb, als das bostimmte, positive Resultat eines neuen, wahren Gegenstandes sich ergibt. Der Vorbehalt ist eben kein Verbergen. Er ist offenbar, sich zeigend.

Die einzig mögliche und denkbare Unterscheidung liegt darin, was Hegel mit der **Umkehrung des Bewußtseins** meint: Indem das Bewußtsein sich rein vernehmend verhält, vernimmt es den Gegenstand zuerst als einen sich für das Bewußtsein zeigenden und kehrt in sich — sich immer aufnehmend verhaltend — den Gegenstand in dessen Ansich um und gewinnt darin den Maßstab der Prüfung. Dieses Reflektieren, die dialektische Bewegung, geschieht nicht nur am Gegenstand — wobei sich das Bewußtsein als unwesentlich setzt — sondern ebenso am Bewußtsein und zwar, genau besehen, auf zweierlei Art: Einmal geschieht sie dem Bewußtsein als rein vernehmendem. Zum anderen kehrt es mit dem Für-das-Bewußtsein-Sein des Ansich des Gegenstandes um in den neuen Gegenstand (der so wiederum ein neues Ansich wird). Indem das Bewußtsein den Gegenstand in **dessen Umkehr** vernimmt, wird ihm der neue Gegenstand. **Daher ist die Erfahrung die Umkehr des Bewußtseins.** Nur so vernimmt es das sich Zeigende. Dies allein wird sich als seine (hier noch anfängliche) vernehmende Vernunft erweisen. Das ist **unsere Zutat,** anfängliche Vernunft zu sein, die sich erst selbst zu dem ausbilden muß, was sie ursprünglich schon ist.

Was haben 'Wir' also getan? Wir haben das Ansich-Halten aufgegeben. Dieses Los-Lassen als das Weg-Lassen aller Zutaten charakterisiert M. Heidegger (123) trefflich: "Wenn irgend ein Lassen ein Tun ist, dann ist es das Weglassen."

Wir haben bisher unsere Zutat als die Umkehrung des Bewußtseins beschrieben. Dabei ist diese Zutat als die Umkehrung eben kein Hinzufügen, kein subjektives An-den-Gegenstand-Heranbringen, sondern die Weise, wie das Bewußtsein sich und den Gegenstand als wahr erfährt. Die Umkehr, welche die Wahrheit von Ich und Ding erscheinen, anwesen läßt, hat nur dem natürlichen Bewußtsein, das nicht weiß, wie ihm Wahrheit, Maß, Maßstab, Prüfung zustehen, sein Wesen gezeigt und zwar **nicht** an einem anderen Bewußtsein, sondern am **natürlichen Bewußtsein selbst.**

Diese Leistung Hegels ist ungemein bedeutsam, weil sonst stets ein Beispiel gegeben, vorgestellt, vor(aus)gesetzt wird, an dem wahres Verhalten **demonstriert** wird. Damit wird eben die Differenz

---

123   Ders., Holzwege 174

von hie: Ich, dort: Gegenstand nie zu überwinden sein. Genau das ist aber Hegels urtümliche Absicht, das Ineinanderverwobensein von Subjekt und Objekt aufzuzeigen. **Erfahrung** ist nichts Äußerliches, kein Demonstrationsobjekt, nichts Vorführbares. Der Philosoph ist kein Anatom, der in der Sektion des Gegenstandes die Objekte seiner Erfahrung gewinnt. Vielmehr ist die ganze dialektische (124) Bewegung, die den Gegenstand und das Bewußtsein umfaßt, Erfahrung: In der Veränderung des Gegenstandes ändert sich auch das Bewußtsein und umgekehrt. Die Beschreibung der Welt kann somit nicht mehr in der Subjekt–Objekt Kategorie stattfinden. Die Wissenschaft ist vielmehr der kontinuierliche Maßstab für die Intensität des gegenseitig sich durchdringenden Vernehmens. Die Angebbarkeit dieser gegenseitigen Bewahrheitung kann Begriff genannt werden.

Noch aber steht eine bedeutsame Aussage Hegels zur Bestimmung an. Durch sie sollte es gelingen, unsere vorige Interpretation der Bewußtseinsumkehr als das phänomenologische **unterschiedslose Unterscheiden,** d.i. **Erfahrung** zu bestätigen. Deutlich ist ja herausgekommen, wovor das **natürliche Bewußtsein** sosehr zurückschreckt, daß es (psychologisch gesprochen) sich regressiv verhält und die Flucht ins Vergessen antritt.(125) Es ist die Angst vor dem drohenden Selbstverlust im ununterscheidbar allgemeinen Eins. Darum verbleibt das natürliche Vorstellen bei der für es (scheinbar) so notwendigen Trennung seines Ich und des so gewiß erscheinenden Dinges da. Eigentümlicher Weise erkennt es ganz genau den Preis der Wahrheit: **Selbst–Losigkeit.**(126) Weil es da-

---

124   Dia–legein: das Zusammengehören, das gegenseitige verstehende Aufnehmen.

125   Vgl. Hegels Bemerkung über das Vergessen des natürlichen Bewußtseins (STW 3,90; GW 9,69).

126   Diese ursprüngliche Einsicht in das Wesen des Wahren hat weitreichende Konsequenzen für das Bild vom Menschen. Wenn nämlich das allererste Bewußtsein diese Wahrheit sieht – wohl stets zusammen mit der Angst vor diesem drohenden Selbstverlust – dann ist **jedes** Bewußtsein, auch das schlechte, unvollkommene, umweltlich verbogene... in die Pflicht der Verantwortung genommen. Es hat sich schon mit der allerersten sinnlichen Gewißheit ein **Gewissen gegeben** und damit ein **Gewissen gemacht.** Diesen Preis der Wahrheit, des wahren Lebens, zu erbringen ist solchermaßen **jedermann zumutbar.** Deshalb gilt das Wort: "Denn wer sein Leben retten will, der wird es verlieren." (MK 8,35 par)

vor Angst hat, und darum ins Vergessen sich zurückzieht, erscheint diese Notwendigkeit selbst oder die **Enstehung** des neuen
Gegenstandes dem natürlichen Bewußtsein so, als ob dies hinter
seinem Rücken vorginge. Es nimmt diesen Vorgang nicht wahrhaft
auf, weshalb ihm dann auch etwas geschieht, was ihm Angst
macht. **Für uns** ist diese Betrachtung nichts anderes als die Erfahrung, die dem Gang der Wissenschaft zugrunde liegt, die schon
selbst Wissenschaft ist. Den Unterschied in den beiden Bewußt-
seinsweisen stellt Hegel so dar: "... der **Inhalt** aber dessen, was
uns entsteht, ist **für es**, und wir begreifen nur das Formelle desselben oder sein reines Entstehen;..."(127)

Diese letztere Ausführung Hegels bietet einiges an Schwierigkeiten,
was hier mit Inhalt und Form gemeint, wer mit 'für es' und
'wir' zu verstehen ist?

Knüpfen wir an unsere obige Überlegung zur Bewußtseinsumkehr
an, so ist deutlich zu sehen, daß das Kriterium der Unterscheidung von 'altem' und 'neuem' Gegenstand nicht von außen, etwa
von einem äußerlich hinzugestellten Vergleichs-Gegenstand her-
rühren kann und darf. In diesem Sinne also ist dem Bewußtsein
kein neuer Inhalt geworden. Vielmehr entgeht ihm durch die Fi-
xierung auf den Inhalt gerade dessen Wesen. Denn, recht aufge-
faßt, sieht auch das gewöhnliche Vorstellen den Inhalt als
'Nicht-Dieses'. Aber es 'rettet' sich von Gegenstand zu Gegenstand: "... **für es** ist dies Entstandene nur als Gegenstand
...".(128) Es manövriert sich akkurat in jene Position,(129) in
der ihm der Gegenstand nie in seiner Wahrheit, der Gegenständlichkeit, erscheint, sondern wie er hinter seinem Rücken sich bildet und ihm durch dieses Fremde des neuen Gegenstandes Angst
macht.(130)

---

127 STW 3,80; GW 9,61

128 STW 3,80; GW 9,61

129 Dies scheint eben die Grundposition von Positivismen aller
     Art zu sein.

130 Vielleicht liegt ein Gutteil des Dranges zur Naturbeherr-
     schung – nicht der Naturverwaltung gemäß dem Schöpfungs-
     auftrage – eben in dieser unbewältigten Angst des Menschen
     vor dem Fremden der Natur, wodurch er sich, vice versa,
     ebenso seiner Natur entfremdet.

Worin liegt dann das Neue? Was ist der Kern der Erfahrung, den das natürliche Bewußtsein nicht erfaßt, weil es an der (bloßen) Inhaltlichkeit des Gegenstandes festhält? Dies kann alleine die Weise unserer Bewußtseinsumkehr sein, die Art, wie wir den alten und neuen Gegenstand ohne ein inhaltliches Zutun zu unterscheiden vermögen. Denn alles herkömmliche, gewöhnliche Unterscheiden geschieht eben in der Vergleichung zweier Gegenstände. Ist nur einer vorhanden, dann wird ein zweiter beigebracht. Übersehen wird dabei stets, weshalb sich beide überhaupt vergleichen lassen. So geht es ans nächste Beibringen und Untersuchen der Erkenntniswerkzeuge... und wir sind wieder bei den bekannten Voraussetzungsproblemen, beim progressiv oder regressiv davonlaufenden Begründungszusammenhang.

Nun sagt Hegel aber präzise, daß unsere Weise der Zutat 'nur' das Formelle der Gegenständlichkeit umfaßt. 'Nur': ist hier jedoch keine abschätzige Bewertung, die vielleicht nahelegte, wir trügen subjektive Formunterschiede in den Gegenstand hinein, vielmehr ist die Zutat das reine Zusehen, die sich zum 'Selbst', zum 'Wesen' hin **vollendende Skepsis.** Sie sieht die Wahrheit des Gegenstandes: Derselbe zu sein an Inhalt, doch in seinem Für-uns-Sein, **als** Erscheinung vernehmbar zu sein, Gestalt anzunehmen, **Form** zu sein. Allein durch diese formelle Seite ist der neue Gegenstand auch vernehmbar und dann auch begreifbar. Darin weiß unser Bewußtsein sich zu unterscheiden vom Gegenstand ohne auf den stets erneuten äußerlich vorzustellenden inhaltlichen Unterschied zurück oder vorgreifen zu müssen.(131)

Hiermit ist etwas Entscheidendes erkannt gerade hinsichtlich der Voraussetzungsproblematik, deren zentraler Punkt die Unmöglichkeit der externen Selbstbegründung ist. Hegel schreibt zusammenfassend: "... **für es** ist das Entstandene nur als Gegenstand, **für uns** zugleich, als Bewegung und Werden."(132) Da ist einmal die Einheit von Form und Inhalt festgeschrieben. Dies bedeutet nicht mehr bloßes Zusammenfügen zweier Gegenstände durch ein Drittes,

---

131 Den Einwand, damit sei noch nicht das eigentliche Problem getroffen, wie nämlich Hegel dadurch die Inhaltlichkeit der Erfahrung über die Form, die Methode zu 'erlaufen' sucht, werden wir später, in der Untersuchung zur logischen Methode, abzuhandeln haben.

132 STW 3,80; GW 9,61

das Ich, zum Zwecke des Vergleichens,(133) um so neue Erkenntnis (für es) zu gewinnen, sondern dies ist Erfahrung (für uns) darinnen die Einheit und Unterscheidung von Bewußtsein und Gegenstand liegen.

Bis jetzt läßt sich Erfahrung angeben als das Sich-Zeigen des Dinges an sich; als die gleichzeitige Bewegung des Beiherspielens am Dinge selbst und damit als Sich-Vernehmen-Lassen für das Bewußtsein. Indem das Bewußtsein nun jedes eigene Zutun wegläßt, nimmt es den Gegenstand wahrhaft auf, aber in der Gestalt des Für-das-Bewußtsein-Seins. Diese neue Gestalt ist der neue Gegenstand und eigentlich das, was Erfahrung genannt wird.

Das Wesentliche am Hegelschen Erfahrungsbegriff bleibt jedoch unbegriffen, wird das **Zugleich** der Beziehung von Inhalt und Form, von neuem Gegenstand und der neuen Gestalt des Bewußtseins übersehen. Zwei hauptsächliche Mißverständnisse lassen sich dazu anführen, die als Kontrast zum wahren Erfahrungsbegriff diesen dann in seiner Eigentümlichkeit klarer erscheinen lassen.

Ein erstes Ungenügen liegt da, wo das (natürliche) Bewußtsein allein am neuen Inhalt des Gegenstandes das Maß nimmt und ihn nur als Gegenstand ansieht, der so stets in einer Galerie von äußerlichen Gegenständen bleibt.

Das andere nicht zum Ziel führende Erkennen erschöpft sich im bloßen Für-wahr-Halten der formellen Seite, wodurch keine Auskunft über das subjektive Gewißsein hinaus zu erlangen ist.

Diese Einseitigkeit versucht Hegels Erfahrungsbegriff aufzuheben durch die Gleichzeitigkeit der Bewegung des Gegenstandes und des Bewußtseins.(134) Indem sich das Ansich des Gegenstandes

---

133   Darin verbirgt sich auch kein vermeintliches Bewältigen dieses Problems durch einen 'Kunstgriff' nach dem Schema von empirischer Affektion und transzendentaler Vermittlung.

134   Es muß schon hier auf die Schwierigkeit mit dem Begriff der **Gleichzeitigkeit** hingewiesen werden. Zuerst meint hier der Begriff des 'Gleich' eben keine tautologische Gleichheit etwa einer Gedankenspielerei, sondern die gleichbedeutsame Gleich-Gültigkeit beider (vgl. etwa STW 3,94; GW 9,72). Zum anderen gilt es noch, einen Hinweis auf Zeit und Zeitlichkeit bei Hegel zu geben. Dazu kann gesagt werden, daß der Begriff der Gleichzeitigkeit das Anwesen, die Weise der Gegenwart des absoluten, ewigen Geistes im geschichtlichen Geschehen verbürgt.

am Gegenstand selbst als das Für-das-Bewußtsein-Sein zeigt, sich als Ansich negiert, zeigt dieser von sich her zwei Gegenstände, oder besser begriffen: zeigt er sein erstes Wesen als unwahres auf. Sowie dies am Gegenstande selbst geschieht, vernimmt das (jedes!) Bewußtsein sogleich diese Veränderung am Gegenstande an ihm (am Bewußtsein) selbst als die Nichtentsprechung von dem, was ihm vorher das Ansich war und was ihm nun als Für-es-Sein des Ansich erscheint. Weil das Bewußtsein sich rein aufnehmend verhält, ändert sich das Wissen und damit das Bewußtsein selbst. Indem es die Bewegung des Gegenstands vernehmend mitmacht kehrt sich das Bewußtsein selbst um.

Was ist weiters damit für den Erfahrungsbegriff erreicht? Worin besteht sein Neues? Es ist die Einsicht in die **Unmöglichkeit des Beobachterstandpunktes.** Erfahrung ist kein experimentelles Sammeln neuer Ergebnisse und Erkenntnisse, die der Forscher als scharfer Beobachter macht, sondern das Begreifen des gegenseitigen Bewegens von Subjekt und Objekt. In der Erfahrung ändern sich beide: Das Bewußtsein ist wesentlich Wissen vom Gegenstande und dieser wiederum wesentlich **Für-das-Bewußtsein-Sein** oder bewußter und gewußter Gegenstand. Das Bewußtsein ist gegenständlich und der Gegenstand wissentlich.(135) Es zeigt sich also hier schon das Zusammengehören beider Seiten: daß es kein Selbstbewußtsein ohne Gegenstandsbewußtsein gibt, aber ebenso kein Gegenstandsbewußtsein ohne Selbstbewußtsein.(136)

Mit dem neuen Gegenstand ändert sich das Bewußtsein selbst: Es geht sozusagen mit dem Gegenstand mit über alle Stufen der Gegenständlichkeit hinweg. Andererseits "hält auch der Gegenstand

---

135 Darin hat Hegel auf seine Weise das scholastische Axiom (welches bekanntlich auf Aristoteles zurückgeht): intelligens in actu est intellectum in actu (im Akt des Erkennens ist der Erkennende auch das Erkannte) ergründet. Die Erfahrung vollzieht sich als Einheit von Subjekt und Objekt oder sie ist nicht Erfahrung sondern gegenständlich bleibendes Erkennen.

136 Wenn die erste Position der 'Phänomenologie' zuzuschreiben ist, dann läßt sich die zweite als diejenige der 'Logik' zugehörige abgeben. Wiederum sollte jedoch ersichtlich sein, daß in der 'Phänomenologie' die 'Logik' hereinspielt, wie andererseits die 'Logik' die Wahrheit der 'Phänomenologie' beinhaltet.

137 STW 3,78; GW 9,60

selbst nicht aus"(137) und wird durch das neue Wissen vom Bewußtsein gestaltet.

Dadurch ist der Charakter des bloßen Scheines der Erscheinung von allem Anfang an durchschaut und Erfahrung der Wirklichkeit möglich. Weil sich jedoch diese ursprüngliche Erfahrung als ganz leere, allgemeine erwiesen hat, wo der Inhalt sich als reine Gegenständlichkeit völlig gleichgültig gegen inhaltliche Unterschiede zeigt und ein Unterscheiden eigentlich nur das Formelle betrifft, deshalb ist die stufenweise Ausbildung zum absoluten Wissen möglich und ebenso notwendig. Sie ist selbst schon Wissenschaft als das jeweilige Ganze auf der entsprechenden Stufe einer Bestimmtheit.

Nochmals ist die Frage aufzugreifen, wer 'wir', die Beobachter sind? Das Problem der Rolle des Phänomenologen ist ja vielfach aufgegriffen worden.(138) Denn in diesem phänomenologischen 'Wir' läßt sich die kritische Frage an die idealistische Philosophie zusammenfassen: Ist sie der über allen Fährnissen schwebende Aussichtsturm (specula), von dem aus der mit absolutem Wissen begabte Philosoph ins noch unbedarft natürliche Land unbegriffener Sinnlichkeit hinabblickt und ihm den Spiegel der Wahrheit vorhält? Ist die 'Phänomenologie' weiter nichts als eine Beschreibung, Darstellung dessen, was sein sollte, von der Warte des selbstbewußten Begriffes aus? Oder greift der zusehende Begriff in die unwahren Weisen des Erkennens ein, weil doch die Wahrheit des Standpunktes des absoluten Wissens eine unwiderstehliche Kraft (139) auf alle Stufen der Unwahrheit ausübt? Zeigt sich in der Rolle des Phänomenologen nicht die unüberwindbare Externalität begrifflich-reflexiven Wissens, welches von außen an die natürlich seiende Welt herangetragen wird? Hat nicht Hegel sich zusehr auf die Seite des kritisch reflektierenden, modernen, künstlichen Bewußtseins des Menschen gestellt, der verlernt hat darauf zu hören, was das Seiende dem Menschen sagt, was die Sache selbst ihm sagt? Ist die Furcht vor dem, was das Seiende dem Menschen sagt, so groß, daß er deshalb nur das gelten lassen will, wessen er sich sicher ist, wessen er sich selbst (dem absoluten Richt-Maß) vergewissert hat und deshalb "reflektierend

---

137   STW 3,78; GW 9,60

138   Besonders W. Marx widmet seine Arbeit (Hegels Phänomenologie des Geistes, Frankfurt/M 1981, 2. Aufl.) ausschließlich dieser Frage.

139   Vgl. STW 3,110 f; GW 9,84: "... die ... Kraft muß sich äußern ... die Kraft ist auch das Ganze,..."

allein mit seiner Reflexion"(140) bleibt? Wieder anders vermag
das 'Wir' als Hinweis gedeutet werden, daß alle Initiative von
der sich offenbarend-ereignenden Wahrheit des Seins ausgeht und
dessen Wille zur Parusie den Philosophen darauf reduziert, auf
den sich ihm zusprechenden Anspruch zu hören und ihn zur Sprache zu bringen.(141)

Wie immer die Bedeutung des 'Wir' gefaßt wird, die Auswirkungen
auf das Ganze des Hegelschen Denkens und seines philosophischen
Systems sind bedeutend.

Der grundsätzliche Einwand gegen Hegels phänomenologisches Denken, welches sein Maß am Bewußtsein als seinem Gegenstande
nimmt,(142) ist wohl der uns schon bekannte Verdacht des vorausgesetzten Ganzen. Sei dies die Forderung, daß das natürliche
Bewußtsein bereit sein muß, "bei der Frage mitzumachen: Was ist
das Absolute?";(143) oder das Vermögen des Phänomenologen, "vor-
aussehen" und "antizipieren" zu können, "was im Hinblick auf
die Entwicklungsgeschichte des erscheinenden Wissens"(144) in der
Entfaltung der Stufen des Bewußtseins selbst noch nicht erreicht,
bzw. begriffen wird. Direkt auf den Gegenstand der 'Phänomeno-
gie' gezielt wendet G. Krüger (145) ein, daß "das natürliche Verhältnis zum Seienden von vorneherein als ein natürliches **Bewußtsein** bezeichnet" wird. Zum anderen wird gesetzt, daß das natürliche Bewußtsein meint, "das Seiende sei hier 'auch außer' der

---

140   G. Krüger, Die dialektische Erfahrung des natürlichen Be-
      wußtseins bei Hegel, in: R. Bubner, K. Cramer, R. Wiehl
      (Hrsg.), Hermeneutik und Dialektik I, Tübingen 1970, 302

141   Vgl. M. Heidegger, Holzwege 173 f

142   Dieses ist sehr wohl zu unterscheiden vom reinen Denken
      der 'Logik' oder vom begreifenden, spekulativen Denken der
      Geistsphäre. Es darf aber auch nicht mit einem bloß räso-
      nierenden Wissen identifiziert werden. Dennoch wird es als
      ein diesen beiden anderen Denkbereichen koextensives,
      gleichursprüngliches Denken anzusprechen sein.

143   W. Schulz, Vernunft und Freiheit, Stuttgart 1981, 61

144   W. Marx, Hegels Phänomenologie des Geistes 131 Fn. 4

145   Ders., Die dialektische Erfahrung 291

Beziehung auf den Betrachter zu denken."(146) Aber diese Voraussetzung eines Ansichseienden durch den selbstverständlich als reflektierenden, modernen Menschen gesetzten natürlichen Menschen
ist "schon seine Setzung".(147)

Heideggers Kritik an Hegel anerkennt wohl dessen Einsicht, "daß
ein absolutes Wissen nur sein kann, wenn es, wie immer auch,
mit der Absolutheit beginnt."(148) Über Descartes' Zweifel hinaus-
gehend, der sein fundamentum absolutum – die Sicherung des Subjekts im 'ego cogito' begreift – sei Hegels sich vollbringender
Skeptizismus ein Weg der Verzweiflung an dieser Gewißheit selbst.
Aber der Umfang des absoluten Wissens, den dieser Skeptizismus
über die Geschichte der Bildung des Bewußtseins zu seinem Selbst-
Begriff erscheinen läßt, ließe sich noch einmal wesentlich erwei-
tern. Denn das absolute Wissen beansprucht wohl, alle Realität
zu sein, doch bleibt dies ein Vorgriff, der die absolut gewordene
subjektive Gewißheit "für das Sein selbst nimmt."(149) Weiter
führt Heidegger in seiner Kritik aus – dies sei hier schon erwähnt als ein Vorweg zum Hegelschen Begriff der Zeit –, daß das
Anwesen (Parousia) des Seins, auch noch bei Hegels skeptischem
Bewußtsein, "aus einem noch ungedachten Wesen einer verborgenen
Zeit"(150) stammt. Diese radikal gedachte Endlichkeit und Zeitlichkeit ist somit das Letzte, wozu das Denken vordringen kann.
Hinter dieses zeitliche Geschick zu blicken ist unmöglich.

Nun können wir schon auf unsere Lösung der Voraussetzungsproblematik verweisen,(151) wo Hegel eben seine Position genau
beschreibt: Was erkenne Ich, das Subjekt? Dieser Ausgangsvor-
stellung folgend, wird zugleich die objektive Seite des Seienden
gesetzt. Darin schwelt die Grundfrage des neuzeitlichen Philosophierens seit Descartes und wird so von Hegel als unumgänglich
aufgegriffen. Die Analyse der 'Einleitung' und der ersten Kapitel
der 'Phänomenologie' hat gezeigt, daß alle Vorstellung falsch ist,
es gäbe ein Subjekt, das vom Objekt getrennt seine Bezüge zum
Objekt im vorhinein durch reine Selbstbesinnung zu verwirklichen

---

146   Ebd. 291 f

147   Ebd. 292

148   M. Heidegger, Holzwege 139

149   Ebd. 141

150   Ebd. 142

151   Vgl. oben S. 74 f

vermöchte. Die erste Wahrheit des Bewußtseins ist das gegenseitige Vernehmen (dialegein) von Subjekt und Objekt in einem Vermittlungsprozeß.(152) So ist Erfahrung ursprünglich als Aufhebung
der Subjekt-Objekt Struktur des Erkennens erwiesen: Darin besteht
die Aufdeckung der Künstlichkeit des natürlichen Bewußtseins!

Uns ist eine wichtige Bestimmung des 'Wir' gelungen: Das phänomenologische Denken zeigt im 'Wir' die Aufhebung der Subjekt-Objekt Zerrissenheit des Erkennens an. Denn die beiden Seiten des
Ich-Bewußtsein und Gegenstand (Ding, Dieses) - haben wesentlich
die gleiche Struktur, weswegen sie einander auch vernehmen
können. Vorerst ist es deshalb egal, welche Seite als wesentlich
gesetzt wird. Diese Unterschiedenheit im unbestimmt Allgemeinen
ist aber "die Einheit **des Fürsichseins** und **des Für-ein-Anderes-
Seins**", womit gleichzeitig "der absolute Gegensatz unmittelbar...
gesetzt ist."(153)

Das 'Wir' zeigt schon ursprünglich die Wahrheit des Ganzen an,
weder Subjekt noch Objekt zu sein **und** beide zugleich zu
sein;(154) nur ist das Ganze eben noch nicht ausgeführt. Denn solange das Bewußtsein in der Weise der Gegenständlichkeit erkennt, hat es sich selbst noch nicht erfaßt und vermag den Gegenstand nicht als sich selbst zu erkennen. Die Art nun, wie das
Ich den Gegenstand als seinen erfaßt, gilt als Index für die
'Höhe' der 'Wahrheit' des Bewußtseins. Indem das anfängliche
Ich-Dieses sich schon als 'Wir' ausweist, ist auch das Ziel des
Weges angegeben: Das Ich soll im Gegenstande sich selbst als
sein Anderes erkennen, Selbstbewußtsein erlangen.

---

152   Zu bemerken ist immer wieder, daß Hegel eben keine Ver-
      mittlung durch ein Drittes oder in einem Dritten meint, son-
      dern die Selbstvollbringung des Bewußtseins auf Selbstbe-
      wußtsein und Vernunft hin. Deshalb ist auch schon das an-
      fänglich sich zeigende Wesen des Bewußtseins seine Wahr-
      heit: das **unterschiedslose Unterscheiden**. Das Wesen der
      Einheit ist eben, Einheit und Differenz zu sein, oder wie
      die berühmte Formel es ausdrückt: "Das Absolute selbst aber
      ist darum die Identität der Identität und Nichtidentität;
      Entgegensetzen und Einssein ist zugleich in ihm." (STW 2,
      96; Differenz des Fichteschen und Schellingschen Systems
      der Philosophie 1801)

153   STW 3,108; GW 9,83

154   Vgl. STW 2,115

Das Ich ist damit "Unterscheiden des Unterschiedenen" geworden:
"Ich unterscheide mich von mir selbst, und es ist darin unmittelbar für mich, daß dies Unterschiedene nicht unterschieden
ist."(155) Mit dem Selbstbewußtsein ist die Erfahrung gemacht,
"daß hinter dem sogenannten Vorhange, welcher das Innere ver-
decken soll, nichts zu sehen ist, wenn **wir** nicht selbst dahinter-
gehen,...".(156)

Das 'Wir' hat sich jetzt in der Weise des unterschiedenen Unterscheidens: als Selbstbewußtsein gezeigt. Noch ist das Selbstbewußtsein eine Stufe des Ich-Bewußtseins, welches erst überwunden
ist in der "Verdoppelung des Selbstbewußtseins".(157) Hier ist
erreicht, daß "ein **Selbstbewußtsein für ein Selbstbewußtsein**"(158)
ist.

Der Begriff des Geistes ist jetzt grundsätzlich vorhanden. Die
Wahrheit jedes Erkennens heißt jetzt nicht mehr: kein Selbstbewußtsein ohne Gegenstandsbewußtsein, sondern: Die Wahrheit des
Gegenstandsbewußtseins ist das Selbstbewußtsein als Selbstbewußtsein. Dies wird, wie Hegel unnachahmlich schreibt, "die Erfahrung, was der Geist ist...; Ich, das **Wir**, und **Wir**, das Ich
ist."(159)

Wenn es auch unleugbar ist, wie Hegel das 'Wir', das 'Für uns'
heraushebt, so daß es scheinen mag, 'Wir' trügen die Weisheit
des absoluten Wissens immer schon mit uns, 'Wir' thematisierten
das erscheinende Wissen, lösten die dialektische Bewegung aus,
durchschauten diese Entwicklung, steuerten und leiteten die Ge-
samtbewegung,(160) so bleibt vom Ende der Selbstbewußtseinsbil-
dung her die notwendige Einsicht, daß das 'Wir' nie eine externe, quasi göttlich-spekulative Betrachtungsweise meinen kann,
sondern allein als die Weise der Gleichzeitigkeit, Gleichursprüng-

---

155   STW 3,134 f; GW 9,101

156   STW 3,135; GW 9,102

157   STW 3,144; GW 9,108

158   Ebd.

159   STW 3,145; GW 9,108

160   Dies ist die Summe der Hegelkritik von W. Marx (Hegels
      Phänomenologie des Geistes 132)

lichkeit und Koexistentialität von Ich und Wir, anfänglich bloßem Bewußtsein und erfülltem Geist-Sein zu deuten ist.

Das 'Wir' jedoch gibt darüber hinaus einen Hinweis, der für unsere Arbeit von größter Bedeutsamkeit ist. Nachdem das 'Wir' sich als Unmöglichkeit eines externen Beobachtens erwiesen hat, ist zu fragen, ob das 'Wir' sich in der Sphäre des Phänomenologischen erschöpft? Oder spricht sich vielmehr im 'Wir' eine Wirklichkeit aus, die zwar den phänomenologischen Bildungsweg vom Ich-Bewußtsein zum Selbstbewußtsein des Geistes notwendig er-innernd (161) zurücklegt, und doch über ihn hinausweist?

Wenn die 'Phänomenologie' als diejenige Sphäre gelten kann, in welcher der **Geist als Erscheinung** auftritt, dann heißt hier Erscheinung: Beziehung auf ein Anderes. In der 'Phänomenologie' ist das **Ganze als Bewußtsein** dargestellt. Das Ich (Bewußtsein, Subjekt) ist wesentlich Bezug auf ein Objekt. Die charakteristisch phänomenologische Weise des Daseins des Geistes ist **Gegen-Wärtigkeit**: Solange sich der Geist noch ausmittelt zwischen Substanz-Wahrheit und Subjekt-Gewißheit ist er noch unvollendet, auch wenn anfänglich schon eine Dualität von Subjekt und Objekt überwunden ist, womit allererst Gegenwart des Geist-Ganzen möglich wird. Doch das Erscheinen, auch als Sich-Erscheinen des Geistes, geschieht in der Zeit. Der Geist hat seinen Begriff noch nicht vollständig erfaßt, solange er in der Zeit erscheint, bis er die Zeit nicht getilgt hat.(162) Dabei darf nie übersehen werden, daß das Sicherfassen des Begriffs als absolutes Wissen diesen Bildungsweg notwendig zurückzulegen hat: vom Gegenstand des Bewußtseins (Ansich) in den Gegenstand des Selbstbewußtseins (Fürsich) und endlich zum aufgehobenen Gegenstand, dem Begriff (Anundfürsichsein). Deshalb kann und muß betont werden, "daß nichts **gewußt** wird, was nicht in der **Erfahrung** ist ..."(163)

Damit ist zum einen festgeschrieben, daß es kein von der Erfahrung losgelöstes Wissen geben kann: Was nicht erfahrbar ist, hat keinen Anspruch auf Wirklichkeit.(164) Das heißt weiter: Der

---

161 Vgl. STW 3,590; GW 9,434

162 Vgl. STW 3,584; GW 9,429

163 STW 3,585; GW 9,429

164 Die theologische Bedeutsamkeit dieser Prämisse ist höchst aktuell und prägt in ausgezeichneter Weise etwa die philosophische Anthropologie von Papst Johannes Paul II (Karol

Mensch hat allein schon durch sein Bewußtsoin eine unaufhebbare
und unaufgebbare kritische Wahrheitskompetenz. Er erweist sich
als des **Ganzen** mächtig im **Maße des Selbst.**

Doch gerade in dieser phänomenologischen Weise der Gegenwart
des Ganzen im Selbstmaß wird deutlich, daß die Wirklichkeit des
Bewußtseins für Hegel wohl das gegenwärtige Ganze bedeutet, aber
die Wirklichkeit des Geistes damit noch nicht vollkommen ausgeschöpft ist. Das bewußte Ganze ist nur die Bewahrheitung der
Wirklichkeit des **Bewußtseins.** Die Wirklichkeit des absoluten Geistes geht jedoch darüber hinaus in andere 'Dimensionen' der
Wirklichkeit. Gerade dieses **Übergehen** beherrscht ja den Schluß
der 'Phänomenologie'. Der aufmerksamen Lektüre des Kapitels
'Das absolute Wissen' entgeht nicht, daß Hegel hier noch einmal
die Frage nach unserer Zutat aufgreift.

Die letzte Gestalt des Geistes, das absolute Wissen, ist der vollständige Ausgleich der Subjektwerdung der Substanz, wie umgekehrt der Substantialisierung des Subjektes; worin sollte hier
noch unsere Zutat bestehen?

Hegel beschreibt sie so: "Was wir hier hinzugetan, ist allein teils
die **Versammlung** der einzelnen Momente, deren jedes in seinem
Prinzipe das Leben des ganzen Geistes darstellt, teils das Festhalten des Begriffes in der Form des Begriffes, dessen Inhalt sich
in jenen Momenten und der sich in der Form einer **Gestalt des
Bewußtseins** schon selbst ergeben hätte."(165)

Die Interpretation dieses Textes kann uns sicher machen, daß das
'Wir', der so bezeichnete Phänomenologe, eben nicht bloß einen
solchen meint, sondern über ihn hinausweist. Die Zutat teilt Hegel
zweifach auf: Einmal ist sie das Versammeln der einzelnen Momente, die selbst das Ganze darstellen, aber in der noch unvollkom-
menen Weise der Gegen-wart. Zum anderen ist sie das Festhalten
des Begriffs in der Form des Begriffs. Näherhin ist hier nur mehr
das 'Versammeln' genauer zu untersuchen, denn auf die Weise

Wojtyla). Demnach muß jede Glaubenswahrheit, auch jedes
formulierte Mysterium des Glaubens wie: der Glaube an den
Einen und Dreieinen Gott, die Gegenwart im Sakrament, die
Schöpfung, die Menschwerdung im Sohn, die Jungfrauengeburt Jesu... "aus der vollen Menschenerfahrung entwickelt
und ausgewiesen werden" (Karol Wojtyla/Johannes Paul II,
Primat des Geistes, Stuttgart-Degerloch 1980, 11).

165 STW 3,582; GW 9, 427

der Gegenwärtigkeit des Ganzen sind wir schon eingegangen.

Das 'Versammeln' ist unschwer als dialektisches Erkennen – das Erfahren – zu entziffern. Wir haben schon als unsere Zutat (als formelle Zutat) erkannt, daß durch die 'Richtungsänderung', das unterschiedslose Unterscheiden, Erfahrung überhaupt erst möglich wird. Erfassen wir dieses Versammeln noch deutlicher als die Möglichkeit des 'Zurücklesens' der Bewußtseinsmomente, die dadurch erst lesbar, verstehbar, bewußt werden und Selbstbewußtsein entwickeln können, dann wird die Frage dringlich, woher diese Fähigkeit des 'Wir', das gleichzeitig reinterpretierende Versammeln kommt? Offensichtlich hätten sich nämlich der **Inhalt** des Begriffs in jenen Momenten **und** die **Form** der Gestalten des Bewußtseins auch schon **von selbst** ergeben. Die Zutat die das 'Wir' in der 'Phänomenologie' ist, kann demnach nicht mehr Gegenstand der 'Phänomenologie' des Bewußtseins sein. Das 'Wir' ist nicht als ein Kunstgriff des Philosophen Hegel zu dechiffrieren, der mit dem 'Wir' nur seinen Begriff der Voraussetzung meint, die sich vom Ende her schon anfänglich aufhebt, sich also im Gang der Entwicklung des Bewußtseins schlußendlich selbstbegründend als Zutat erübrigt.

Das 'Wir' meint ebensowenig die formgebende Macht des Intellektes, der erst durch **sein** Anschauen der Gegenstandswelt dieser sozusagen die Gestalt von Bewußtheit verleiht. Vielmehr zeigt das 'Wir' ganz klar, daß es dem Bildungsweg des Bewußtseins selbst nichts hinzuzufügen vermag, weil der Weg des Bewußtseins schon Gegenwart des Ganzen ist. Indem die Seite des Inhaltes, die substantielle Wahrheit, in der Form des Begriffs "die Gestalt des Selbsts erhalten"(166) hat, ist die Stufe des absoluten Wissens, "der sich in Geistgestalt wissende Geist oder das **begreifende Wissen**"(167) erreicht.

Was bleibt dann noch als 'Wir' im absoluten Wissen? Die Zutat, das 'Wir' in der 'Phänomenologie', ist nichts weniger als die **Wissenschaft** selbst, womit Hegel die **'Logik'** bezeichnet.

Für uns ist diese Erkenntnis schon darin vorbereitet worden, als wir die Richtungsumkehr, die gleichzeitige Re-interpretation der Bewußtseinsbildung als das Hereinspielen der 'Logik' in die 'Phänomenologie' entdeckt haben. Diese Auslegung bestätigt sich

---

166   STW 3,583; GW 9,427

167   STW 3,582; GW 9,427

nun: "Der Geist, in diesem Elemente dem Bewußtsein erscheinend
oder, was hier dasselbe ist, darin von ihm hervorgebracht, **ist
die Wissenschaft.**"(168) Der Geist als das sich begreifende Wissen
ist die Wissenschaft. Sie erscheint dem Bewußtsein im dauernd
präsenten Elemente des Begriffs. Diese **Präsenz des Begriffs** in
der 'Phänomenologie' wird von dieser selbst nicht bedacht und
vermag deshalb auch nicht von ihr hervorgebracht zu werden.
Hier wird ja nicht das Begreifen des Begriffs geleistet oder seine
Deduktion; denn die Betrachtung des Begriffs an und für sich
gehört der 'Logik' an. Gleichwohl darf andererseits das **Zugleich**
von Erscheinen des Begriffs im Bewußtsein und in der wissenschaftlichen Selbstbewegung des Bewußtseins, das Sich-selbst-Her-
vorbringen des Bewußtseins, nicht übersehen werden. Denn es
"entspricht jedem abstrakten Momente der Wissenschaft eine Gestalt des erscheinenden Geistes überhaupt".(169) Diese Entsprechungseinheit, das Ineinander Hineinspielen von 'Logik' und
'Phänomenologie' ist ja von allergrößter Bedeutung für den Entwurf eines Wirklichkeitsbegriffs wie für den Begriff der Erfahrung.

Noch immer ist die Bedeutung des 'Wir' nicht völlig ausgeschöpft.
War das absolute Wissen die Offenlegung des 'Wir' als gleichzeitiges Hereinspielen der 'Logik' in die 'Phänomenologie' – wie andererseits (was vorerst nur behauptet werden kann) die 'Phänomenologie' in gewisser Weise die Grundlage der 'Logik' bildet,
denn der reine Gedanke kann ja gleichfalls nur so wirklich sein,
daß er auch bewußt erfahren werden kann – so hat es der Geist
in dem selbstbewußten Wissen, dem Ganzen im Selbst-Maß, an
sich, sich zu entäußern. Weshalb? Weil der sich selbst wissende

168   STW 3,583; GW 9,428

169   STW 3,589; GW 9,432; vgl. auch STW 6,257; GW 12,20: "Die
      reinen Bestimmungen von Sein, Wesen und Begriff machen
      zwar auch die Grundlage und das innere einfache Gerüst
      der Formen des Geistes aus; der Geist als **anschauend,**
      ebenso als **sinnliches Bewußtsein** ist in der Bestimmtheit des
      unmittelbaren Seins, so wie der Geist als **vorstellend** wie
      auch als **wahrnehmendes** Bewußtsein sich vom Sein auf die
      Stufe des Wesens oder der Reflexion erhoben hat. Allein die-
      se konkreten Gestalten gehen die logische Wissenschaft so-
      wenig an als die konkreten Formen, welche die logischen
      Bestimmungen in der Natur annehmen und welche **Raum und
      Zeit,** alsdann der sich erfüllende Raum und Zeit als **unor-
      ganische Natur,** und die **organische Natur** sein würden."

Geist **frei** geworden ist durch die Sicherheit, **im Anderen sich selbst, sein Selbst zu wissen.** Deshalb ist es das Wesen des Selbst, frei sich zu entäußern. Gerade indem es sich in ein Anderes entäußert, bestätigt es "die höchste Freiheit und Sicherheit seines Wissens von sich".(170)

Diese notwendige, weil ihre Freiheit erst sichernde Entäußerung gilt es näher zu betrachten. Dabei wird hier schon, in der 'Phänomenologie des Geistes', das System entworfen, welches – nach vielfacher Meinung – erst in der späteren 'Enzyklopädie der Wissenschaften' zusammengefaßt vorliegt.

Die erste Weise der Entäußerung des absolut gewordenen Wissens ist die **'Logik'** als reine Wissenschaft. So steht die genaue Ableitung des reinen Begriffes noch aus. Unter diesem Gesichtspunkt also fängt die 'Logik' mit dem Ende der 'Phänomenologie' an. Im absoluten Wissen hat "der Geist die Bewegung seines Gestaltens beschlossen... und das reine Element seines Daseins, den Begriff, gewonnen."(171) Die Geist-Wirklichkeit hat über die Gestalt des Bewußtseins zum Selbst-Ganzen gefunden. Wie nun der Geist sich selbst weiß, vollendet er wohl die Erfahrung seiner Bewußtseins-Dimension; aber im Erfassen dieses seines Begriffs steht er erst am Anfang der Wissenschaft und hat "das Dasein und Bewegung in diesem Äther seines Lebens"(172) zu entfalten.

Die 'Logik' ist in ihrer Selbstvollbringung als absolute Idee eigentlich weiter nichts als die "Selbstbestimmung, **sich zu vernehmen**, sie ist in dem **reinen Gedanken...".**(173) Genau diese Bestimmung der **Vernehmbarkeit** von Gegenstand und Bewußtsein ist die logische Voraussetzung der 'Phänomenologie des Geistes', die diese eben nicht zu leisten vermag, weshalb der Übergang von der 'Phänomenologie' in die 'Logik' von allem Anfang grundgelegt und notwendig ist.

Die 'Wissenschaft der Logik' wiederum enthält selbst "diese Notwendigkeit, der Form des reinen Begriffs sich zu entäußern, und den Übergang des Begriffs ins **Bewußtsein.**"(174) Sie vermag dies

---

170   STW 3,590; GW 9,432

171   STW 3,588; GW 9,431 f

172   STW 3,589; GW 9,432

173   STW 6,550; GW 12,237

174   STW 3,589; GW 9,432

ebenso aus der absoluten Befreiung des Begriffs von jeder unmittelbaren Bestimmung, weil die Idee die Wirklichkeit des Begriffs als Begriff ist. Dieser Entschluß der reinen Idee, sich frei
zu entlassen, als äußerliche Idee sich zu bestimmen, führt in
die Welt der Objektivität, deren äußerlichste Formen Raum und
Zeit sind.(175)

An diesem Punkt der Entäußerung der logischen Idee in die Welt
der natürlichen Phänomene gilt es gleichwohl die bekannte
Schwierigkeit der Einordnung der 'Phänomenologie des Geistes'
ins Gesamtsystem der Hegelschen Philosophie zu erörtern. Die 'Enzyklopädie der Wissenschaften' erfaßt das System aller Wirklichkeit dreifach:

Die 'Logik' entschließt, urteilt sich in die Natur und diese hebt
an sich die Weise des Außersichseins auf und geht über in ihre
Wahrheit, "in die Subjektivität des Begriffs... so daß der Begriff
gesetzt ist, welcher die ihm entsprechende Realität, den Begriff
zu seinem **Dasein** hat, – der **Geist.**"(176) Die 'Phänomenologie des
Geistes' wird dann in der Philosophie des Geistes dem subjektiven
Geist zugeordnet.

Wenn nun angenommen werden darf – schon aufgrund der Lehre
von den Schlüssen (177) –, daß es verschiedene Weisen des Zu-
sammen-Schlusses dieser drei Wirklichkeiten gibt, und weiters
offensichtlich ist, daß jede Wirklichkeitsdimension (Logik, Natur,
Geist) selbst begründend wird für die anderen, aber gleichermaßen die anderen Wirklichkeitsbereiche voraussetzt, dann sind
die letzten Seiten der 'Phänomenologie' erhellend und von aller-
größtem Nutzen für ein Verständnis des Hegelschen Systems als
der Darstellung der gleichzeitigen, gleichursprünglichen, koextensiven und dreidimensionalen Wirklichkeit des Geist-Ganzen.

Eine Entäußerung der 'Logik' in die phänomenologische Bewußtseinsgestalt, wie dies in der 'Enzyklopädie' angedeutet ist, wäre
ja sonst ein augenfälliger Unsinn, da vorher schon das absolute
Wissen (der 'Phänomenologie') in die Entfaltung des Begriffs, in

---

175   Vgl. STW 6,573; GW 12,253

176   STW 9,537; Enzy. II § 376

177   STW 10,393 f; Enzy. III § 574 f; vgl. zur Interpretation
      dieser 'Schlüsse' M. Theunissen, Hegels Lehre vom absolu-
      ten Geist als theologisch-politischer Traktat, Berlin 1970,
      308 f

die 'Logik' eingegangen ist. Offensichtlich ist hier völlig abzusehen von zeitlichen Vorstellungen eines Vorher oder Nachher, einer zeitlichen Abfolge etwa von 'Logik', Natur und Geistsphäre. Vielmehr bedeutet das Ineinander-Übergehen der unterschiedslos Unterschiedenen ein identisch Ganzes, in dem alle denkbaren Wirklichkeitsweisen: Gedanke, Ding und Geist versammelt sind.

Hat man diese Weise der Gleichzeitigkeit und Konnaturalität der drei Wirklichkeitssphären eingesehen, so vermag man sie am Ende der 'Phänomenologie des Geistes' ebenso deutlich auszumachen. Wie im absoluten Wissen die Bewegung seiner phänomenologischen Gestalten abgeschlossen ist, so ist die Bewegung von Gewißheit und Wahrheit an ihren "unüberwundenen Unterschiede des Bewußtseins"(178) angekommen und "der Unterschied desselben in das Selbst zurückgegangen."(179) Indem es so seinen Begriff gefunden hat, ist der Anfang der Wissenschaft (der 'Logik') geschafft. Die 'Wissenschaft' selbst wieder hat es um ihrer selbst willen nötig, aus dem reinen Begriff ins Bewußtsein überzugehen.(180) Sie schafft so den Anfang der 'Phänomenologie', "das sinnliche Bewußtsein."(181)

Doch zugleich mit dem Übergang in die 'Wissenschaft der Logik' ergibt sich eine weitere Entäußerung des Wissens in seine Selbst-Anschauung in Raum und Zeit, als unmittelbares Werden, als Natur. Dieses Subjektwerden des Wissens in der Natur geschieht zugleich als Werden in Geschichte, das "sich vermittelnde Werden."(182)

Die Einheit all dieser dargestellten Sphären, die sich in ihnen er-innernd aufhält, nennt Hegel den absoluten Geist: Die Versammlung von Wirklichkeit, Wahrheit und Gewißheit.(183)

Damit haben wir ein Beispiel, wie in jedem Übergang, in jedem Entäußern immer alle Wirklichkeitssphären sichtbar werden und

---

178   STW 3,588; GW 9,431

179   STW 3,589; GW 9,432

180   Vgl. STW 3,589; GW 9,432

181   STW 3,590; GW 9,432

182   STW 3,590; GW 9,433

183   Vgl. STW 3,591; GW 9,434

96

jedes falsche Verstehen der Hegelschen Konzeption eines Systems der Gesamtwirklichkeit damit ausgeschlossen sein sollte.

Darüber hinaus sind wir im Bedenken dessen, was eine 'Gotteslogik' bedeuten könnte, ein gutes Stück weitergekommen. Denn die Affinität der so begriffenen Wirklichkeitsweisen der Geist-Wirklichkeit zum theologischen Begriff der Trinität Gottes drängt sich unabweisbar auf. Aus dieser Erkenntnis sollte sich dann auch die Grundlage ergeben, Wirklichkeit und Erfahrung als **trinitarische Begriffe** auszuweisen.

Drittens

DIE LOGIK DER ERFAHRUNG

Nachdem wir an einem Punkt angelangt sind, wo die Möglichkeit oder Unmöglichkeit einer 'Gotteslogik' sich entscheidet, - nämlich an der Selbstbewegung des Begriffs - so scheint sammelnde Einkehr ins bisher Erreichte ratsam.

Wenn auch manchmal die "Erhebung zu Gott" als "das eigentlich Problematische in der Philosophischen Theologie Hegels"(1) angesehen wird, so offenbart diese eben zitierte negativ gemeinte Feststellung dennoch ihre Wahrheit in re. Der Gedanke des Menschen ist notwendig mit dem Gottesgedanken verknüpft und bildet die Grundlage allen Bemühens von Hegel. Wir finden diese Absicht prägend für Hegels gesamtes Werk.

Die Schwierigkeiten, wie sie sich nach Hegels eigenen Notizen darstellen, sind bezüglich des Gottesgedankens vielfach. Sie lassen sich jedoch, praktischer Weise, in Anlehnung an Hegels bekannte Ausführung über die drei Stellungen des Gedankens zur Objektivität (2) in eben drei Haupteinwendungen zusammenfassen:

1. Die obsolet gewordene **alte Metaphysik**:
Ihr wahrer Kern war ihr unbefangener Glaube, "daß das Denken das **Ansich** der Dinge erfasse."(3) Das Denken selbst wurde als wahr erkannt, weil es unendlich ist, d.h. mächtig ist, sich selbst in seinem Denken zu seinem Gegenstand zu verhalten, der es selbst ist. Mit sicherem Blick erfaßt Hegel das scholastische Axiom: intelligens in actu est intellectum in actu als das Zentrum dieser Metaphysik. Doch ist auf Hegel eine After-Metaphysik überkommen, die ihren Inhalt als einen von der Kirche gegebenen aufnahm, aber dabei über das abstrakte Erkennen eines Daseins Gottes nicht hinauskam und Gott nur mehr räsonierend, in äußerlicher Reflexion, Prädikate beilegte. Diese Metaphysik kam über ein Denken im Maßstab der Vorstellung nicht hinaus. Deshalb war

---

1   W. Weischedel, Der Gott der Philosophen, Bd. 1, 375

2   STW 8,93 - 168; Enzy. I §§ 26-78

3   STW 8,94; Enzy. I § 28 Zus.

sie genötigt, sowie sie ihr Ungenügen in der Methode gewahrte, den Widerspruch, endliche Prädikate auf das Unendliche zu übertragen, "durch quantitative Steigerung... ins Bestimmungslose, in den **sensum eminentiorem** zu treiben."(4)

Weil nun die Theologie sich der alten Metaphysik bedient, bleibt sie eine Verstandeswissenschaft von Gott und vermag nicht als Vernunftwissenschaft aufzutreten. Deshalb war sie weithin unfähig, die Wahrheit der Beweise vom Dasein Gottes wahr, d.h. vernünftig darzustellen. Ihr Prinzip war eine abstrakte Identität, weil ihr an sich wahrer Inhalt sich selbst entwerten mußte, als er für den Menschen und seinen Lebensbereich weithin allen Erklärungswert eingebüßt hatte: Dem Glauben an die Existenz Gottes war jeder Bezug auf das Leben des einzelnen Menschen abhanden gekommen. Diese Metaphysik betrieb, gewollt oder ungewollt, die **Selbstausschaltung der Gottesfrage** im wissenschaftlichen Sinn wie im Lebensbereich und forderte die Verherrlichung der revolutionären Göttin der Vernunft als Selbstmächtigkeit des Menschen fast notwendig heraus.

2. Empirismus und Kritische Philosophie:

Die Aushöhlung des Gottesgedankens als Grundlegung aller Wirklichkeit förderte nachgerade im Gegenzug das Bedürfnis nach einem konkreten Inhalt und nach festen Methoden im Umgang mit dem Verstand.

Hier gab zuerst der **Empirismus**, besonders jener von D. Hume, entscheidende Klarstellungen zum Begriff der Erfahrung: **Alles, was in der Wirklichkeit vorkommt und Wahrheit beansprucht muß erfahrbar sein.** Wenn Gott also immer bloß eine ab-solute, von allem menschlichen Erkennen losgelöste Erfahrung bleibt, vermag auch der Glaube diese göttliche Wirklichkeit nicht mehr zu sichern, es sei denn als eine transzendentale Träumerei und Spielerei.

Dieses wahre und große Prinzip des Empirismus findet seine Aporie in den Komponenten seines Erfahrungsbegriffes: Dem Stoff der Wahrnehmung, der in unendlicher, unüberblickbarer Vielheit sich darbietet und der Bestimmung der Form, allgemein und notwendig zu sein.

Das nun nicht mehr wegzuretuschierende Postulat der **Erfahrbar-**

---

4   STW 8,104; Enzy. I § 36

keit von Wirklichkeit ist bis heute das entscheidende Kriterium der Wissenschaftlichkeit geblieben. Der Erfahrungsbegriff ist und bleibt der Theologie unabweisbar aufgetragen, wenn sie je als facultas universitatis ein berechtigtes Dasein führen will. So verschränken sich Gottesfrage und Erfahrung Gottes zu einem Gordischen Knoten, den zu entwirren unsere Aufgabe ist, den zu durchschlagen den Schein der Göttlichkeit nur borgt, und damit das Verkommen des Menschen bedeutet.

Der Frage nach der Allgemeinheit und Notwendigkeit als wesentliche Bestimmungen der Erfahrung galt I. Kants ganzes Bemühen. Er suchte einen Weg zu finden zwischen einer "Metaphysik..., die sich gänzlich über Erfahrungsbelehrung erhebt, und zwar durch bloße Begriffe"(5) und dem Empirismus D. Humes, wo Erfahrung ihre Gewißheit und ihre "Regeln, nach denen sie fortgeht, immer wieder empirisch, mithin zufällig"(6) finden mußte. Kant versucht die Wirklichkeit der Erfahrung, ihre Allgemeinheit und Notwendigkeit, in unserem eigenen Erkenntnisvermögen zu sichern, welches durch die sinnlichen Eindrücke bloß veranlaßt wird. Wenngleich Kant diesen Kampfplatz durch seine Kritik der reinen Vernunft auf wissenschaftliche Fundamente gestellt hat und Hegel nicht müde wird, die Frage nach der Möglichkeit synthetischer Urteile a priori als die ganz große Absicht des Königsbergers zu rühmen, so war der von ihm bezahlte Preis ein hoher, nämlich "die Einschränkung aller nur möglichen spekulativen Erkenntnis der Vernunft auf bloße Gegenstände der **Erfahrung**."(7) Das An-sich der Dinge zu erkennen ist uns verwehrt. Der häufige und schnell bemerkte - so des öfteren auch durch Hegel selbst - Einwand, es gäbe dann eine "Erscheinung ohne etwas..., was da erscheint",(8) begegnet Kant mit der Unterscheidung, daß die Dinge an sich, wenn nicht **erkennbar**, so doch **denkbar** bleiben. Als Kriterium der Erkennbarkeit wird entweder die Erfahrbarkeit als Gegenstand der sinnlichen Wirklichkeit gefordert, oder die apriorische Erfahrung der Vernunft. Das reine **Denken** aber vermag wohl, durch sein Regulativ der Widerspruchslosigkeit, richtige Begriffe und Gedanken zu fassen, jedoch keine Aussage darüber zu machen, ob diesem Begriff eine objektive und nicht bloß logische Wirklichkeit entspricht.

---

5   K.r.V. Vorrede, B XIV

6   K.r.V. Einleitung, B 5

7   K.r.V. Vorrede, B XXVI

8   K.r.V. Vorrede, B XXVI f

Genau dies ist der Punkt, von dem die Kantische Destruktion der Gottesbeweise, besonders des ontologischen, ihr Sagen nimmt. Doch ist ebenso einsichtig, weshalb Hegel immer wieder diesen ontologischen Beweis vom Dasein Gottes ins Zentrum seines philosophischen Bemühens stellt.(9) Denn wenn dem menschlichen Denken eine Kraft der **Synthesis** im vollen Begriff zukommt, dann kann sie nicht ihr Regulativ an sinnlichen Affektionen einerseits und apriorischen Verstandesstrukturen andererseits haben, welche ihre Wahrheit – Allgemeinheit und Notwendigkeit – wiederum auf die **Vollständigkeit** der Erfassung der Urteilsformen, bzw. der vollständigen Deduktion der Kategorien und ihre **Widerspruchslosigkeit** gründen. Deshalb ist für Hegel Kant auf halbem Weg stehengeblieben, indem er schließlich Synthesis, synthetische Identität auf das Prinzip der Widerspruchslosigkeit gründete und sie damit auf die analytische Identität reduzierte.

3. Das **unmittelbare Wissen:**
Während in der kritischen Philosophie Allgemeinheit und Notwendigkeit letztendlich Maßstab wahrer Erkenntnis sind, wird hier das Denken als Tätigkeit des Besonderen verstanden. Das Denken (10) heißt Begreifen von Gegenständen als Bedingte und Vermittelte. Solch verendlichender, in lauter Reihen von Vermittlungen sich fortbewegender Denkprozeß vermag aus sich keinen Zusammenhang zu Unendlichem, Wahrem, Gott aufzuzeigen. So bleibt hier nur mehr der Ausweg ins als bekannt vorausgesetzte Wissen, in den Glauben, in die Anschauung. Geht es aber an die Sicherung der Wahrheit und Wirklichkeit dieser vorausgesetzten Unmittelbarkeiten, dann bleibt bloß ein subjektives **Versichern,** oder eine Art **common-sense-Strategie** des gesunden Menschenverstandes, ein consensus gentium übrig.

Wenn immer Theologie und Philosophie eine gewisse Berechtigung haben sollen, dann gewiß jene, kritisches Gewissen aller Formen, von Ideologien zu sein, denen hier ja Tür und Tor offenstehen.

In diesem Durchgang möglicher Erfahrungsbegriffe ist die Verquickung von Erfahrung und Gottesbegriff deutlich sichtbar ge-

---

9   Vgl. dazu unten S. 238 f

10   Hegel beruft sich besonders (STW 8,148 f; Enzy. I § 61 f) auf F.H. Jakobi, dessen Philosophie er viel ausführlicher schon 1802 in der Schrift "Glauben und Wissen oder die Reflexionsphilosophie der Subjektivität in der Vollständigkeit ihrer Formen als Kantische, Jakobische und Fichtesche Philosophie" (STW 2,287 f) dargestellt hat.

worden. Klarer noch läßt sich dieses Problem an Kants Erfahrungsbegriff und Hegels Kritik daran festschreiben. Dessen innerster Kern wieder ist und bleibt der Prüfstein des ontologischen Gottesbeweises, in dem es nach außen hin um eine Frage bloßen Glaubens zu gehen scheint, dessen Sinn jedoch den Mensch in seiner Wirklichkeitsmacht und in seinem Wirklichkeitsverstehen zutiefst betrifft.

3.1 Erkennen und Erfahren

Das Brennende in der Klarstellung dieser beiden Begriffe sei an zwei Thesen beschrieben:

Einmal ist heute die Säkularisierungsthese unhaltbar geworden, die besagt, daß die Leistungen säkularen Denkens und säkularer Wissenschaft immer aufbauen und nur denkbar sind auf dem Fundament christlichen Denkens. Trotz der heutigen Krise des Glaubens (sic!) an die Naturwissenschaften, gibt es eine rein säkulare Lebenswelt, deren Wirklichkeitsbegriff sich rein innerweltlich-human versteht. In ihr ist die Gottesfrage sinnlos geworden.

Zum anderen tut sich die Theologie selbst weithin schwer, Erfahrung mit Gotteserfahrung zusammenzubringen. Die 'alten' Gottesbeweise sind nutzlos geworden.(11) Billigt man ihnen Erfahrungsbezogenheit zu, dann als "Reflexion und 'Rationalisierung' von Erfahrungen"(12) und bejaht sie als Modelle von Miterfahren an Erfahrungen des Menschen. Die Erfahrung wird dann beschrieben "als ein Wissen, das man sich aus dem praktischen, konkreten Umgang mit Sachen und Personen erworben hat".(13) Ihr Merkmal "ist ihre **Unabgeschlossenheit**"(14) und der **unmittelbar** begegnende, vorreflexive Horizont, wie Welt uns und wir ihr begegnen.

Nachdem Denken und Erfahren im Tun des Menschen als ein Ineinander offenkundig wurden,(15) wird selbst eine "immer schon ...

---

11   Vgl. H. Döring, Gotteserkenntnis oder Gotteserfahrung? In: ThGl 64 (1974), 93

12   Ebd. 93 f

13   Ebd. 96

14   Ebd. 97

15   Vgl. ebd. 99

durch Denken vermittelte Erfahrung"(16) zur Erfahrung. Das Denken selbst wieder läßt sich nicht anders als durch **Intuition, geistige Anschauung** der Sache in Gang bringen. Alles Denken, so auch theologisches Denken lebt "vor aller begrifflichen Artikulation" von der "Intuition, Einblick in das Zu-denkende".(17) Das Denken schafft in einem Vorentwurf, einer Projektion einen Rahmen, indem der Mensch erneut Erfahrungen macht. Folglich macht man Erfahrungen "nur dort, wo man auf Neues trifft und wo bisherige Erfahrungen in einen größeren Zusammenhang gebracht werden müssen".(18) Die Erfahrungen selbst und besonders mögliche Gotteserfahrung ist abhängig von der jeweiligen Interpretation, die gewissermaßen vom Typus des Menschen abhängt.(19)

Wenn nun zu entscheiden ist, welche Erfahrung denn als Gotteserfahrung zu identifizieren ist, dann ist auf die Reflexion über Erfahrung zurückzukommen. Reflexive Gotteserkenntnis, eben das 'Denken' Gottes, ergibt erst, wohl zusammen mit etwas Gegebenem, die kritische Entscheidungsinstanz über eine mögliche Gotteserfahrung.(20) Als vernünftige Gründe dieser Glaubensentscheidung für Gotteserfahrung bieten sich der **Mut zur Freiheit** und das **Ja zum Sinn** an.(21)

Als Resümee gilt dann die Rückführung eines guten Teils der "Krise in der Gotteserfahrung ... auf die Krise der Sprache."(22)

Verdeutlichend sollen folgende implizierte Schritte im Erfassen von Erfahrung herausgestellt werden:
a) Erfahrung ist prinzipiell **unabgeschlossen** und unabschließbar.
b) Erfahrung wird nur an **Neuem** gemacht.
c) Erfahrung wird nur erfahren in einem **vorgegebenen Denkentwurf**, der selbst jedoch durch Reflexion immer tiefer erfahren wird.

---

16   Ebd. 99

17   Ebd. 100

18   Ebd. 108

19   Vgl. ebd. 102

20   Vgl. ebd. 112

21   Vgl. ebd. 113

22   Ebd. 113

d) Erfahrung ist immer Erfahrung an etwas.

e) Mögliche Gotteserfahrung ist eine Frage der Interpretation von Erfahrungen.

f) Gotteserfahrung an etwas Gegebenem und Gotteserkennen im Denken bleiben ineinander verwoben, weil Interpretation und Entscheidung für Gott eines reflexiv-denkenden Gewissens bedürfen, um subjektiv und intersubjektiv irgendwie vertretbar zu sein.

Dazu soll vor allem eines vorgebracht werden: Die Frage nach der Gegenwart Gottes hier und heute – läßt man die Möglichkeit mystischer Gotteserfahrung einmal beiseite – wird hier sehr dunkel und vage. Eine Theologie, die nicht mehr anzubieten weiß als die schriftliche Ermunterung: Wer glaubt, glaubt und wer nicht glaubt, glaubt nicht, bedarf in dieser Weise keiner Vernunft, sondern allein der guten Taten. Ihrer Sprache muß das Salz fehlen, als der Vorgabe Gottes nur mehr die obige tautologische (23) Entscheidung folgen kann. Zum Abspulen gläubiger Wortwolken (24) ist um jedes Theologiestudium schade. Wenn nämlich säkularem Welt- und Selbstverständnis nicht klar und deutlich zu machen ist, daß und wie Wirklichkeit des Menschen in der Welt nur in der Wirklichkeit Gottes zu verwirklichen sind, dann ist nicht bloß die Gottesfrage eine tautologische Geschmacklosigkeit geworden, sondern ebenso der selbstbewußte, emanzipierte neuzeitliche Vernunft-Mensch denunziert. Dann wäre Theologie der grundsätzliche Einwand gegen den neuzeitlichen Menschen, seinen Erfindungsgeist und seine Leistungen, besonders im Bereich von Forschung und Technik. Selbstbewußtsein, Selbstbestimmung und Selbstbesitz des Menschen wären die ständige Negation Gottes.

Wenn wir uns nun der Unterscheidung von **Erkennen** und **Erfahren** zuwenden, dann ist stets die Möglichkeit von **Gotteserfahrung** im Blick. **Gotteslogik** wiederum läßt sich verstehen als die Selbstdarstellung von Erfahrung überhaupt. Denn dieser Gang ist einzuhalten: Erkennen wir etwas, oder erfahren wir etwas? Wie erkennen, erfahren wir? Verlaufen sich Erkennen und Erfahren in der unendlichen Vielzahl von Erkenntnis- und Erfahrungsgegenständen? Wie wirklich sind solche Erkenntnisse und Erfahrungen? Sind Erkennen und Erfahren vielleicht prinzipiell verschiedene Weisen, der Wirklichkeit zu begegnen? Sind beide gleich geeignet, Wirklichkeit zu erfassen? Geht es an, von Gotteserkenntnis und Gottes-

---

23   Tautologisch ist hier in abstrakt-leerem Sinn verstanden.

24   Wir können hier etwa auf H. Albert verweisen; s.o.S. 19

erfahrung als zweier verschiedener Weisen der Gegenwart Gottes
zu sprechen?

Um Klarheit in diese Begriffe zu bringen, bietet sich beispielhaft
Hegels ständige Auseinandersetzung mit I. Kant an. Von dessen
Kritik der reinen Vernunft läßt sich sagen, daß sie eigentlich
die Ausfaltung der Einsicht birgt, daß Erfahrung nicht an etwas,
auch nicht an Erfahrung gemacht wird. Erfahrung wird auch
nicht gemacht innerhalb von Erfahrung derart, daß die Destilla-
tion der Menge von empirischen Erfahrungen eine wesentliche Erfahrung ergäbe.

Darum ist die wesentliche Frage Kants, ob es synthetische Urteile
a priori gibt?. Diese Frage soll zuerst ohne Rekurs auf Hegels
Darstellung und Kritik der Position Kants erwogen werden, um
so den Gedanken Kants möglichst gerecht zu werden.

Damals wie heute war und ist der Begriff der Erfahrung nicht
eindeutig; ja, er wurde geradezu für Gegensätzliches verwendet.
War und ist im alltäglichen Sprachgebrauch ein 'erfahrener'
Mensch ein solcher, der einen reichlichen, persönlichen, einmali-
gen, unwiederholbaren Erfahrungsschatz gesammelt hat, so steht
ihm entgegen der neuzeitliche **homo expertus**. Diese Menschen-
gattung des Experten schöpft ihre Berufung auf experimentelle
Erfahrung, d.h. nachvollziehbare Einsichten, die zu jeder Zeit
und in allen Räumen gelten, also prinzipiell **universalisierbar**
sind. Näherin gründete sich die Kompetenz dieses dominierenden
naturwissenschaftlichen Erfahrungsbegriffes auf die Axiome der
Einheitlichkeit (Einfachheit und Widerspruchslosigkeit) und **Vollständigkeit**. Damit sollte jede subjektive Voreingenommenheit ausgeschlossen bleiben und garantiert werden, daß die Gegenstände
der Erfahrung zu einer **unmittelbaren** und **gewissen** Erkenntnis-
quelle werden.

Doch dieser empiristische Erfahrungsbegriff sah sich der großen
Schwierigkeit gegenüber, daß das in der Anschauung rein und
unmittelbar Gegebene, das im Experiment festgehaltene objektive
Datum einen in sich identischen Dingbereich voraussetzt. Dem
widerspricht jedoch die Feststellung, daß diese Erfahrungsbasis
selbst schwankt. Der universale Geltungsanspruch allgemeiner und
notwendiger Erkenntnisse läßt sich deshalb auch nirgends in der
Natur nachweisen. Das rein Gegebene vermag kein letztes Wahrheitskriterium abzugeben. Es bleibt uns bloß übrig, Wahrheit auf
Gewißheit subjektiver Assoziationen zu gründen, die jedoch als
induktive Erkenntnis des je und je besonderen Gegenstandes niemals ihren Anspruch auf Allgemeinheit und Notwendigkeit verifi-

zieren können. Die Einsicht in den daraus folgenden processus in infinitum verbietet dies endgültig.

Kant, der vor der Hohlheit der Metaphysik stand und andererseits die Unmöglichkeit der nur experimentellen Naturwissenschaften sah, apriorische Einsichten zu gewinnen, wenn unsere Erkenntnis sich allein nach den Gegenständen richten müßte, vollzog die sogenannte 'Kopernikanische Wende': Wir kommen viel besser voran, wenn "wir annehmen, die Gegenstände müssen sich nach unserem Erkenntnis richten."(25) Indem Kant den Gegenständen ihre Geltung ließ und alle mögliche wahre Erkenntnis auf Gegenstände möglicher (empirischer) Erfahrung einschränkte (dies gilt auch für Mathematik und Geometrie), andererseits eine Gegenstandserkenntnis ohne die Formen und Funktionen der reinen Anschauung und des reinen Denkens nicht geben kann, glaubte er die jeweils drohende Aporie vermeiden zu können. Als klassisch gewordene Formel dafür gilt: "Gedanken ohne Inhalt sind leer, Anschauungen ohne Begriffe sind blind."(26)

So versucht Kant das zusammenzudenken, was im Empirismus wie in der Metaphysik auseinander fällt. Sein Anliegen ist es, die Metaphysik als 'Metaphysik der Erfahrung' wieder auf wissenschaftliche Fundamente zu stellen. Für dieses Unternehmen ist die Klärung der Frage, wie synthetische Urteile apriori möglich sind, der adäquate Ausdruck.(27)

Kants kritisches Vorgehen ist charakterisiert durch die Voraussetzung der Gegenstandswelt als solcher, obwohl sie erst aus dem Material der Empfindungen aufgebaut werden soll. Er nimmt also eine Art Reinterpretation der voll entwickelten Erfahrungserkenntnis vor, in der die Faktoren ihres Zustandekommens nach rückwärts zerlegt und logisch erklärt werden. Von diesem Ausgangspunkt her beginnt die kritische Sichtung mit der transzendentalen Ästhetik, der Lehre von Raum und Zeit als den reinen Anschauungen apriori. Ihnen gilt die erste Aufmerksamkeit der Frage nach möglicher synthetischer, apriorischer Erkenntnis, die nicht aus der sinnlichen Erfahrung stammt. Durch diese apriorischen

---

25   K.r.V. B XVI

26   K.r.V. B 75

27   Wenn in dieser Darstellung Kants, ob und wie Wirklichkeit erfahren wird, die Begriffe Erfahrung und Erkenntnis weithin ununterschieden belassen werden, so geschieht dies wegen der bei Kant selbst fehlenden Unterscheidung dieser Begriffe.

Formen der Sinnlichkeit geschieht eine erste Ordnung der Erscheinungen der Gegenstände, die nicht von der sinnlichen Affektion stammt. Dies kann nur deshalb behauptet werden, weil die Mannigfaltigkeit der mich affizierenden Gegenstände darin stets gleich bleibt. Sieht man nämlich von allen formellen und materiellen Unterschieden der Gegenstände ab, wodurch sie sich untereinander unterscheiden mögen, so bleiben immer Raum und Zeit als erste Gliederung der Anschauungswelt übrig.

Schon jetzt gilt es,(28) "die Pointe des Kantischen Erfahrungsbegriffs", nämlich die "These von der absoluten Korrelativität der Allgemeinheit und der Gegenständlichkeit der Erkenntnis überhaupt",(29) festzumachen. Denn wenn Kant auch stets daran festhält, daß wir nur die Erscheinung und nicht die Dinge an sich erkennen können, so ist das Faktum, **daß** wir überhaupt **etwas** erkennen, die erste Voraussetzung eines empirischen Kritizismus, zu welcher noch die einheitsstiftende Aktivität des Ich tritt, die jedes Erkennen begleitet, die sogenannte transzendentale Apperzeption.

Der Nachweis für diese vorausgesetzte Entsprechung von besonderem Gegenstand und allgemeiner Erkenntnis mag erbracht werden in der ambivalenten Verwendung des Ausdrucks **'Anschauung'**: Einmal heißt Anschauung der subjektive Akt des Anschauens.(30) Dann aber kann Anschauung auch den Inhalt, den die sinnliche Struktur des Erkennenden affizierenden Gegenstand selbst bedeuten.(31)

---

28   Dazu muß festgehalten werden, daß hier eine umfassende Kantkritik nicht zu leisten ist.

29   A.S. Kessler, A. Schöpf, Ch. Wild, Erfahrung, in: HPhG Bd. 2, München 1973, 378

30   So etwa in K.r.V. B 34 f: "Ich nenne alle Vorstellungen **rein** (im transzendentalen Verstande), in denen nichts, was zur Empfindung gehört, angetroffen wird. Demnach wird die reine Form sinnlicher Anschauungen überhaupt im Gemüte a priori angetroffen werden, worinnen alles Mannigfaltige der Erscheinungen in gewissen Verhältnissen angeschaut wird. Diese reine Form der Sinnlichkeit wird auch selber **reine Anschauung** heißen."

31   Gleich anschließend (K.r.V. B 36) wird Anschauung nur in diesem Zusammenhang sinnvoll zu verstehen sein: "In der transzendentalen Ästhetik also werden wir zuerst die Sinn-

Nun mag es Kantinterpretationen geben, die sich eben darin un
terscheiden, ob die Gegenstände identisch von uns hervorgebracht
werden, als Projektionen unserer Anschauungsformen und Verstandesbegriffe, oder ob die Gegenstände real gefaßt werden und das
Material unserer Wirklichkeitserkenntnis darstellen. Beide Auffas-
sungen unterscheiden sich in der Festlegung der 'Schaltstelle'
der Korrespondenz von gegenständlicher Außenwelt und subjektivem
Erkennen. Sie kommen aber darin überein, daß beidemal die Dinge
an sich unerkennbar sind: Einmal sind sie durch unsere Empfindung konstituierte subjektive Projektionen. Das andere Mal gelten
sie als bloße Erscheinung möglicher Dinge an sich.

Wie immer dieses Schwanken zu deuten ist, indem es etwa auf
verschiedene zeitliche Vorlagen zur Kritik der reinen Vernunft
zurückgeführt wird, muß Kant eigentlich, um seines Anliegens
willen - den Dogmatismus der alten Metaphysik genauso wie die
Aporie des reinen Empirismus zu überwinden - beide Möglichkeiten
offen lassen. Mehr noch: Für Kants Verfahren der reinterpretie-
renden Zergliederung der Bedingungen der Möglichkeit von wirk-
licher Erfahrung überhaupt muß an diesem Punkt der reinen Sinnlichkeit, bzw. reinen Anschauung, das intensive Korrespondenzverhältnis zwischen anschaulichem Gegenstand und anschauender
Erkenntnis liegen. Je weiter sich also das Erkennen von dieser
Anschauung zu Begriff und Urteil des Verstandes, oder gar zu
den Vernunftideen, also zu höheren Formen der Erkenntnis weiter-
entwickelt, desto weiter fort entwickelt es sich - nach Kants Verständnis - von seiner intensivsten Form der Begegnung von
Gegenstand und Erkennen.(32) Jenseits des kritischen Punktes der
die Wirklichkeit betreffenden Erfahrungen befinden sich jedenfalls
die transzendentalen Ideen der Vernunft, die nur mehr subjektive,
regulative Prinzipien sind ohne Anspruch und Aussicht auf erfahrbare Verwirklichung.

Die nächste Entfaltung des Korrespondenzverhältnisses von Subjekt
und Gegenstand geschieht in der transzendentalen Logik. Nach
den reinen, nicht-empirischen Anschauungsformen apriori, Raum

---

lichkeit **isolieren**, dadurch, daß wir alles absondern, was
der Verstand durch seine Begriffe dabei denkt, damit nichts
als empirische Anschauung übrigbleibe."

32   In Hegels Terminologie würde dies bedeuten, daß die höchste
Form der Identität von Subjekt und Objekt in der reinen
Sinnlichkeit liegt. Das heißt jedoch weiters, daß die Identität dieser Begegnung bloß in ihrer leeren Abstraktheit
gründet.

und Zeit, gilt die Untersuchung den Begriffen des Verstandes. Dabei gilt es vornehmlich zu klären, ob es solche reinen Verstandesbegriffe gibt, die für die Erkenntnis der Wirklichkeit objektive, allgemeine und notwendige Bedingungen bereitstellen. Hier unterscheidet sich eigentlich die Möglichkeit synthetischer Urteile a priori.

Kant trifft dazu eine Unterscheidung, die für unsere Thematik einer 'Logik der Erfahrung' nicht unerheblich erscheint. Ganz allgemein abstrahiert die Logik von allem Inhalt, seien es Verstandeserkenntnisse oder empirische Gegenstände. Sie "hat mit nichts als der bloßen Form des Denkens zu tun", hat "keine empirischen Prinzipien... und alles muß in ihr völlig a priori gewiß sein."(33) Dabei bezieht sich eine **transzendentale** Logik als reine Form des Denkens apriori immer auch auf die Gegenstände der Erfahrung,(34) während die **allgemeine** Logik sich "auf die empirischen sowohl, als reinen Vernunfterkenntnisse ohne Unterschied"(35) bezieht.

Wie sind diese reinen apriorischen Formen des Verstandes zu ermitteln? Die Hoffnung, ein vollständiges und in sich zusammenhängendes System einer Verstandeserkenntnis apriori zu gewinnen, gründet im Verstand selbst als einer absoluten Einheit, deren Begriffe untereinander in einem systematischen Zusammenhang stehen müssen, deren Wahrheit durch Einfachheit und Vollständigkeit ausgewiesen wird.

Wie aber kommt Kant zu dieser Annahme, ohne Untersuchung aller möglichen Klassen von Gegenständen? Wir Menschen werden affiziert durch eine unübersehbare Mannigfaltigkeit von Gegenständen. Der Verstand bringt in diese Mannigfaltigkeit, die dem Chaos vergleichbar ist, eine erkennbare, einheitsstiftende Ordnung durch bestimmte Funktionen. Wenn diese Funktionen aber nicht in ebensoviele unverbundene Weltaspekte zerfallen sollen, sodaß sich unzählige Funktionen ergäben, wodurch eben auch die Einheit des Verstandes und des Subjektes selbst hinfällig würde, dann müssen diese Funktionen untereinander gleichfalls in einem Zusammenhang stehen, und ein einheitliches, vollständig ableitbares System ergeben: "Daher wird der Inbegriff seiner (des Verstandes) Erkenntnis ein unter einer Idee zu befassendes und

---

33   K.r.V. B 78

34   Vgl. K.r.V. B 81

35   K.r.V. B 82

zu bestimmendes System ausmachen, dessen Vollständigkeit und Artikulation zugleich einen Probierstein der Richtigkeit und Echtheit aller hineinpassenden Erkenntnisstücke abgeben kann."(36) Die einheitsstiftende Funktion des Verstandes sind die Begriffe, die der Verstand nur dazu gebraucht, "als daß er dadurch urteilt."(37) So wird aus dem "**Verstand** überhaupt ... ein **Vermögen zu urteilen**",(38) d.h. eine einheitliche Beziehung von Subjekt und Prädikat herzustellen. Wenn Denken als Vermögen zu urteilen aufzufassen ist und alle möglichen Urteilsformen durch die von Kant als abgeschlossen erachtete Logik (39) erfaßbar sind, dann müssen sich aus der 'Urteilstafel' auch die reinen Verstandesbegriffe, die Kategorien des Denkens, ableiten lassen.

Ohne näher auf die Probleme dieser Ableitung einzugehen ist dennoch unübersehbar, daß es sich hier um keinen Nebenschauplatz des Denkens handelt, sondern um ein Grundproblem aller Philosophie: Sind die Logik und ihre Aussageformen wahrhaft anwendbar auf Wirklichkeit?

Diesen Zusammenhang von Vorstellungen in einem Urteil und den Vorstellungen in der Anschauung eines Gegenstandes läßt Kant aus ein- und derselben Funktion entspringen, die nur auf verschiedene Weise angewandt wird, die er Synthesis nennt.(40) Der Grund für diese Entsprechungseinheit von empirischem Inhalt und transzendentalem Inhalt (dem Erkennen des Gegenstandes **als** Gegenstand; die synthetische Einheitsgebung im Mannigfaltigen der Anschauung) liegt wiederum in der vollständigen Erfassung der Funktion des Verstandes in der Kategorientafel: Nur deshalb können wir apriori sicher sein, daß jede mögliche empirische Erfahrung vom Denken erfaßt wird. Weil nun alle mögliche Verstan-

---

36   K.r.V. B 90; der Einschub stammt von mir.

37   K.r.V. B 93

38   K.r.V. B 94

39   Die Logik hat für Kant seit je gegen das bloße Herumtappen einen "sicheren Gang einer Wissenschaft eingeschlagen" (K.r.V. B VII) und hat "seit dem **Aristoteles** keinen Schritt rückwärts ... tun dürfen,... Merkwürdig ist noch an ihr, daß sie auch bis jetzt keinen Schritt vorwärts hat tun können, und also allem Ansehen nach geschlossen und vollendet zu sein scheint." (K.r.V. B VIII)

40   Vgl. K.r.V. B 103 f

deserkenntnis erfaßt wird durch die vollständige Beschreibung der Urteilsformen und diese selbst wieder als der Garant einer vollständigen Ableitung der Kategorien gelten, deshalb vermag der Kanon der Verstandesoperationen apriori die Konstitution aller anschaulich gegebenen Erscheinungen zu einer Erfahrungswelt zu gewährleisten.

Bisher war das einheitsstiftende Vermögen in aller Erkenntnis als 'Synthesis' bezeichnet worden. Doch noch gilt es, auf unserem Wege der Frage nach der Möglichkeit synthetisch-apriorischer Vernunfterkenntnis, eben diese synthetische Funktion näher zu begründen durch die sogenannte transzendentale Deduktion der Kategorien.

Es ist klar geworden, daß es für Kant keine Gegenstände ohne die Formen der reinen Anschauung, Raum und Zeit, sowie der Funktionen des reinen Denkens geben kann. Die Fähigkeit, ein Etwas **als** Etwas auszusagen, ein 'Dieses-da' (41) nicht bloß zu meinen, sondern auszusagen und zu denken, setzt mehreres voraus:

Einmal steht fest, "daß wir uns nichts, als im Objekt verbunden, vorstellen können, ohne es vorher selbst verbunden zu haben."(42) So gesehen ist Synthese allem Mannigfaltigen, Getrennten, wie auch der Analyse vorausliegend.

Zum zweiten kann eben bloß verbunden werden, was unterschiedene Elemente enthält: das Mannigfaltige. Allein, Kant sieht genau, daß mit diesen Konstituenden eine Vielfalt von 'Einheiten' ins Haus steht. Denn jede Vorstellung, jedes urteilende Erkennen aus der einheitsstiftenden Funktion der Denkkategorien schafft eine solche Vielfalt von 'Synthesen'.

Es bedarf daher einer weiteren und höheren, einer ursprünglichen Synthesis. Dieser "Begriff der Verbindung führt außer dem Begriffe des Mannigfaltigen, und der Synthese desselben, noch den der Einheit desselben bei sich",(43) welcher höhere Begriff der Einheit "also nicht aus der Verbindung entstehen" kann, sondern er macht dadurch, daß er "zur Vorstellung des Mannigfaltigen

---

41   Vgl. STW 3,84; GW 9,64: **"Was ist das Diese?"**

42   K.r.V. B 130

43   Ebd.

hinzukommt, den Begriff der Verbindung allererst möglich."(44)
Für Kant heißt dies: "Das: **Ich denke**, muß alle meine Vorstellungen begleiten **können**."(45) Weiters nennt er es "reine **Apperzeption**", "**ursprüngliche Apperzeption**" und "**transzendentale** Einheit
des Selbstbewußtseins".(46) Die Verbindung von Ich und Denken
ist demnach der höchste Punkt, die ursprüngliche Synthese, die
alle Verstandeserkenntnis unter eine auch **einheitliche** und nicht
mehr bloß **vollständige** systematische Synthesis zu bringen vermag. Damit sind jedoch ersichtlich die Bedingungen der Wissenschaftlichkeit möglicher reinen Verstandeserkenntnisse erfüllt:
Einheit und Vollständigkeit.

Über das transzendentale Ich als Selbstbewußtsein ist nichts weiter zu sagen, als daß es die höchste Einheit aller möglichen Vorstellungen ist, welches sich derart über und in allen Erfahrungen findet, selbst jedoch nie abgeleitet werden kann aus einem
noch so großen Meer von Vorstellungen. Es ist kein Ermitteltes
von Assoziationen, sondern selbst stets vorgängiges Prinzip der
Erfahrung selbst. Daher läßt sich schließlich sagen, daß Erfahrung das Integral von Sinnlichkeit, Verstand und regulativen
Vernunftideen ist, weil es "nur **eine** Erfahrung"(47) gibt.

Die Grenze möglicher Erfahrung findet sich aber im Ding an sich.
Alle Erfahrung ist ja das zum Erscheinen-Bringen von Objekten
der Wahrnehmung durch Erkennen in apriori gültigen Kategorien
unter der ursprünglichen Synthese des 'Ich denke'. Doch wenn
Erfahrung immer ein zum Erscheinen-Bringen durch das transzendentale Selbstbewußtsein konstitutiv erfordert, dann hieße ja ein
Erkennen der Dinge an sich, zu wollen, daß etwas erscheine ohne
zum Erscheinen gebracht zu sein!

Dies ist aber unmöglich und unsinnig. Synthetische Sätze apriori
müssen als Erfahrungswissen stets auf objektives Wissen rückführbar sein, welches letztere Korrektiv den metaphysischen Behauptungen gerade fehlt.

Dieser Abriß des Kantischen Erfahrungsbegriffes, mit seiner Ambi-
valenz von subjektivem Denken und objektiver Wahrnehmung unter

---

44   K.r.V. B 131

45   Ebd.

46   K.r.V. B 132

47   K.r.V. A 110

der nicht mehr weiter bestimmbaren Synthesis des 'Ich denke', war und ist als Großtat so rühmenswert wie umstritten.

Hier soll uns nur Hegels Kritik beschäftigen, aus welcher sodann eine mögliche Unterscheidung von Erfahrung und Erkenntnis zu leisten sein wird. Eines soll jedoch vorweg deutlich hervorgekehrt werden: Das Problem der Empiristen, sich rein auf das Gegebene zu stützen, und somit in Kauf zu nehmen, daß die Identität des Faktums immer schon vorausgesetzt werden muß und induktiv – des infiniten Progressus wegen – nie eingeholt werden kann, vermeidet Kant; indem er beides, besonderen Gegenstand und allgemeines Erkennen in den Begriff der Erfahrung integriert.(48) Der Preis dafür ist jedoch die petitio principii, daß das Ich selbst unbestimmbar bleibt, ein X,(49) aus welcher unbestimmbaren, unbestimmten ursprüngliches Synthesis das alles abgeleitet wird, was durch dieses Selbst erst bewiesen werden sollte: Die Einheit und Wirklichkeitskompetenz menschlicher Erfahrung.

Hegels kritisches Befassen mit Kants transzendentalem Idealismus kann gar nicht überschätzt werden. Die Behauptung mag getrost stehen bleiben, daß ohne Kants kritisches Unternehmen Hegels 'Phänomenologie' und 'Logik' weithin unverstanden bleiben müßten.

Das Hauptbesorgnis aller Philosophie muß sein, ob unser Erfahren und Erkennen die Wirklichkeit trifft, wie sie selbst dann auch durch diese wirkende Wirklichkeit betroffen wird? Die Lebendigkeit philosophischen Überlegens hängt eben nicht von der **Richtigkeit** ihres **Erkennens** ab, sondern von ihrer **Wahrheitsfähigkeit**.(50) Ein endlos richtiges Entlangfahren an den Formen der Erscheinungen wird nie ein wahres Erfahren.

So läßt sich sehr bald, trotz manch unterschiedlichem Gebrauch der Begriffe: Erkennen und Erfahren, eine grundsätzliche Unterscheidung angeben: Kants vernunftkritisches Unternehmen bleibt im Erkennen stecken, während Hegel darüber hinausgeht zum Begriff der Erfahrung.

Was bedeutet aber dann **Erfahrung**? Zuerst dürfen wir auf die Formulierung in der 'Einleitung' zur 'Phänomenologie des Geistes'

---

48   Vgl. HPhG Bd. 2,377

49   Vgl. K.r.V. A 104, 105, 109

50   Vgl. STW 5,29

zurückgreifen: "Diese **dialektische** Bewegung, welchc das Bewnßt-
sein an ihm selbst, sowohl an seinem Wissen als an seinem Gegenstande ausübt, **insofern ihm der neue wahre Gegenstand** daraus
entspringt, ist eigentlich dasjenige, was **Erfahrung** genannt
wird."(51)

Daraus soll hier nun klar werden, daß für Hegel Erfahrung wesentlich ein Miteinander von subjektiver Denkform und objektivem
Gegenstand ist. Dazu kommt aber noch die ganz bedeutende Einsicht in den notwendigen Erfahrungs-Weg als "Wissenschaft der
Erfahrung des Bewußtseins."(52) Erfahrung kann dann nie **festgestellt** werden als erkennendes **Vorstellen** (etwa einer sinnlichen
Affektion), dem seine 'Richtigkeit' in einer vorgängigen kritischen Untersuchung des Erkennens selber bescheinigt werden muß.
Vielmehr geht Hegels Erfahrungsbegriff, der ab nun streng geschieden von dem empirischen Verständnis von Erfahrung als
sinnliches Wahrnehmen genommen wird, immer schon von einer ursprünglichen Einheit von subjektivem Bewußtsein und objektiven
Gegebenheiten aus. Für wahrhaft spekulative Philosophie muß das
Diktum: "nihil est in intellectu, quod non(prius)fuerit in sensu"
ebenso gelten wie seine Umkehrung: "nihil est in sensu, quod non
fuerit in intellectu."(53) Damit anerkennt spekulative Wissenschaft
beide Seiten begrifflicher Erfahrung.(54)

Mit diesem ersten Anerkennen des natürlichen Bewußtseins (etwa
als Wahrnehmen) und des gegenständlichen 'Dieses' hat es jedoch
kein Bewenden. Denn das Problem erfahrenden Begreifens besteht
darin, bei diesem Feststellen nicht stehenzubleiben, sondern diesen Standpunkt des Anerkennens als Moment oder Stufe auf einem
immer intensiver werdenden Erfahrungsweg zu begreifen. Dadurch
wird es Hegel möglich, getrost dem natürlichen Bewußtsein und
seinem Gegenstand ihr Recht zuzuerkennen und einen Anfang mit

---

51   STW 3,78; GW 9,60

52   STW 3,80; GW 9,61

53   STW 8,51 f; Enzy. I § 8; der Einschub stammt von mir.

54   Sehr deutlich drückt Hegel (vgl. STW 8,47; Enzy. I §6)
     aus, daß der Inhalt der Philosophie "kein anderer ist als
     der im Gebiete des lebendigen Geistes ursprünglich hervor-
     gebrachte und sich hervorbringende, zur **Welt,** äußeren und
     inneren Welt des Bewußtseins gemachte Gehalt, – daß ihr
     Inhalt die **Wirklichkeit** ist. Das nächste Bewußtsein dieses
     Inhalts nennen wir **Erfahrung.**"

der Philosophie zu machen, indem er sich unmittelbar auf diesen Standpunkt einläßt. Die Einsicht in das Wesen der Erfahrung, die der Weg zur begriffenen Erfahrung (als Resultat) als gleichgültiger Weg der (sich) begreifenden Erfahrung ist, macht einen der Lichtpunkte der Hegelschen spekulativen Methode aus.(55)

Wann immer Philosophie ein Weg der Erfahrung der Wirklichkeit sein will, dann darf sie weder eines der beiden Momente der Erfahrung verabsolutieren, noch führt sie ans Ziel wahrer, begriffener Wirklichkeit, wenn sie vorweg alles Erkennen apriorisch aus einem Prinzip ableiten will. So darf wohl die crux der kritischen Philosophie Kants in eben dieser transzendentalen Deduktion der Kategorien gesehen werden.(56)

Besehen wir mit Hegel dieses Problem näher, so ergeben sich mehrere verschiedene Voraussetzungen der Transzendentalphilosophie. Ein Scheitern in diesen Punkten erzwingt letztlich ein Scheitern dieser transzendentalen Deduktion. Wenn Hegel also eben diese Deduktion wahrhaft zu leisten sich imstande sieht, dann nicht aufgrund einer apriorischen Deduktion der Wirklichkeit, oder eines apriorisch angenommenen Systems.(57) Sein Weg einer Deduktion begriffener Erfahrung von Wirklichkeit mißt sich einmal im Anerkennen der unmittelbar vorausgesetzten Gegensätze von Subjekt und Objekt und ihrer Vermittlung; zum anderen an der "Notwendigkeit..., die absoluten Gegenstände zu erkennen."(58) Dabei

---

55   Denn dies ist wohl Hegels eigentümliche Erkenntnis, daß das Denken sich nur im Vollzuge zu begreifen mag oder nie.

56   STW 5,59; vgl. auch GW 11,31 f: Die transzendentale Logik betrachtet " a) die Begriffe..., die sich apriori auf **Gegenstände** beziehen, somit nicht von allem **Inhalte** der objektiven Erkenntnis abstrahiere, oder daß sie die Regeln des reinen Denkens eines **Gegenstandes** enthalte und b) zugleich auf den Ursprung unserer Erkenntnis gehe, insofern sie nicht den Gegenständen zugeschrieben werden könne. – Diese zweite Seite ist es, auf die das philosophische Interesse Kants ausschließlich gerichtet ist."

57   Dahin zielt Heideggers Kritik (vgl. Holzwege 139; 142), wo er Hegel vorwirft, daß das absolute Wissen der Wissenschaft die Wiederkehr des Seins verkenne und das wahrhaft Seiende als sich selbst wissende Gewißheit nur **beanspruchen** könne, alle Realität zu sein.

58   STW 8,53; Enzy. I § 10

darf nicht übersehen werden, wie Hegels Gebrauch von 'Deduktion' immer ein gedoppeltes Fortbestimmen meint, "ein Vorwärts-
und ein Rückwärts-Weiter",(59) ein aposteriorisch-progressives
Interpretieren und eine apriorische Reinterpretation. Die Gleichzeitigkeit der Erfahrung als Einheit von apriorischem und apo-
steriorischem geistigen Prozeß umfaßt immer ein **Ganzes, das auf
dem Weg zu sich immer schon bei sich selbst ist.**(60)

Als Schlüssel für das Verständnis dieser Aussage, die in sich
aller zweiwertigen Schullogik widerspricht, weil der Teil eines
Ganzen selbst nicht wieder das Ganze sein kann, wird sich der
dreidimensionale, trinitarische Erfahrungsbegriff zeigen.(61)

Nach dieser kurzen Umrahmung lassen sich die markanten Voraussetzungen so angeben:

---

59   STW 8,114; Enzy. I § 41 Zus. 1

60   Hegels bevorzugtes und oft beschriebenes Bild des Ganzen
      ist das eines Kreises von Kreisen. Wenn die Teile der Philo-
      sophie ein Ganzes als ein in sich selbst sich schließender
      Kreis sind, so ist darin die vollbrachte Idee noch bestimmt
      . als in dem jeweiligen Teil-Element und sie schließt sich des-
      halb ebenso auf und begründet den Anfang einer weiteren
      Sphäre. Das ganze System der Elemente bildet dann die
      wahre Idee, das System des absoluten Geistes als einem
      Kreis von Kreisen.

      Dieses Bild – und um mehr handelt es sich nicht – sollte
      jedoch besser als ein Kreisen des (Elementar-)Kreises angese-
      hen werden, wodurch sich die dreidimensionale Ganzheitsge-
      stalt der Kugel ergäbe (vgl. besonders STW 8,60; Enzy. I
      § 15; STW 5,70; GW 11,35; STW 7,30 f; RPh § 2 Zus.).

61   So meint Hegel mit Deduktion mehr und anderes als Kant.
      Er hat jedoch stets im Blick, die wahre Durchführung der-
      jenigen Deduktion zu entwickeln, die bei Kant am unerkenn-
      baren Ding an sich und der Unbestimmtheit und Unbestimm-
      barkeit des obersten synthetischen Vernunftprinzips 'Ich
      denke' scheitert.

      In diesem Sinn ist zum Beispiel das Zitat zu verstehen:
      "Der Begriff der reinen Wissenschaft und seine Deduktion
      wird in gegenwärtiger Abhandlung also insofern vorausge-
      setzt, als die Phänomenologie des Geistes nichts anderes
      als die Deduktion derselben ist" (STW 5,43; GW 11,20).

1. Die Unterschiedenheit von Subjekt und Gegenstand, die schließlich zur irreduziblen Andersheit von Ding an sich und synthetischem Erkennen führt.(62)

2. Trotz dieses Gegensatzes wird an einer **Beziehung** zwischen beiden festgehalten, da sonst überhaupt keine Erfahrung oder Erkenntnis möglich wären. Für Hegel muß die Leistung der Kantischen Deduktion der Kategorien an der unübersteigbaren Subjektivität des Gesamten der Erfahrung scheitern.(63)

3. Der nächste Einwand Hegels ist uns aus der Problematik der Einleitung in die 'Phänomenologie des Geistes' wohl vertraut: Das Erkenntnisvermögen soll vor allem Erkennen untersucht werden.(64)

4. Obwohl Kant den synthetischen Einheitsgrund des 'Ich denke', des Selbstbewußtseins vehement vertritt, spricht er diesem jede Selbstbestimmung als ein völlig Leeres, Unbestimmtes = X ab.(65)

Hegels Kritik an diesen genannten Voraussetzungen der Transzendentalphilosophie wird uns tiefer in den Unterschied von Er-

---

62 So STW 8,113; Enzy. I § 41: "Aber die kritische Philosophie erweitert den Gegensatz so, daß in die **Subjektivität** das **Gesamte** der Erfahrung, d.h. jene beiden Elemente (Allgemeinheit und Notwendigkeit; Einschub von mir) zusammen, fällt und derselben nichts gegenüber bleibt als das **Ding-an-sich**."

63 Vgl. STW 8,113; Enzy. I § 40: "Daß sich in der Erkenntnis die Bestimmungen der Allgemeinheit und Notwendigkeit finden, dies Faktum stellt der Humesche Skeptizismus nicht in Abrede. Etwas anderes als ein vorausgesetztes Faktum ist es in der Kantischen Philosophie auch nicht; man kann nach der gewöhnlichen Sprache in den Wissenschaften sagen, daß sie nur eine andere Erklärung jenes Faktums aufgestellt haben."

64 So STW 3,68; GW 9,53: "Es ist eine natürliche Vorstellung, daß, ehe in der Philosophie an die Sache selbst ... gegangen wird, es notwendig sei, vorher über das Erkennen sich zu verständigen..."; vgl. STW 8,114; Enzy. I § 41 Zus. 1

65 Als Grund dafür hat sich schon das Ausschalten eines sonst unvermeidbaren unendlichen Begründungsprozesses gezeigt.

kennen und Erfahren eindringen lassen und so die Grundlagen und Bedingungen angeben, wie aus der bewußten **Logik der Erfahrung** die reine Wissenschaft des **Selbst-Erfahrens als Logik** sich entwickelt.

Die 'Phänomenologie des Geistes' leistet "die Befreiung von dem Gegensatze des Bewußtseins", während die 'Wissenschaft der Logik' "das reine sich entwickelnde Selbstbewußtsein" ist "und ... die Gestalt des Selbsts" hat, "daß **das an und für sich Seiende gewußter Begriff, der Begriff als solcher aber das an und für sich Seiende ist.** Dieses objektive Denken ist denn der **Inhalt** der reinen Wissenschaft."(66)

Was versucht Hegel mit seiner Kantkritik zu erreichen? Welches Anliegen trägt ihn überhaupt bei seiner Darstellung der drei Stellungen des Gedankens zur Objektivität? Erst in diesem weiteren Rahmen werden die Antworten auf die benannten Voraussetzungen der Transzendentalphilosophie ihre Frucht bringen. Denn Hegels gelassen ausgesprochenes, doch zugleich mit unbeirrbarer Konsequenz im Auge behaltenes Ansinnen ist "die **Wahrheit**, welche der absolute **Gegenstand**, nicht bloß das **Ziel** der Philosophie sein soll."(67)

Die Beantwortung der beiden ersten Voraussetzungen, und insbesondere der dritten, ist im Großen und Ganzen im ersten Teil der vorliegenden Arbeit erfolgt. Denn es war Anliegen und Absicht der 'Phänomenologie des Geistes', gerade mit der **Anerkennung** der Kantischen Voraussetzung der Trennung von Subjekt und Objekt im natürlichen Bewußtsein einzusetzen. Die Erfahrung des Bewußtseins fing an mit der Aufhellung eben dieses Zusammenhanges der beiden **Unterschiedenen**, des Wahrnehmenden und des Wahrgenommenen.

Am natürlichen Bewußtsein selbst ergab sich ein Entwicklungszusammenhang der den vorausgesetzten Gegensatz von Subjekt und Objekt 'aufhob' – im Hegelschen Sinne – zur Wahrheit des absoluten Wissens. Ganz wesentlich ist jetzt die Erinnerung, wie Hegel – nach unserer Analyse – das Beziehen Unterschiedener, noch genauer, wie er das gegenseitige **Vernehmen** darstellt, wie er den Punkt des phänomenologischen unterschiedslosen Unterscheidens erreicht: Beide, Ich und an sich seiender Gegenstand, zeigen die-

66   STW 5,43; GW 11,21

67   STW 8,91; Enzy. I § 25

selbe Weise der Reflexion-in-sich als Sich-Zeigen und Vernehmen.(68) Die zentrale Aussage ist, daß eben auch das Ding an
sich **an ihm selbst sein Ansich zeigt**. Denn hier ist Kants Überlegung unumgehbar, daß das 'Ansichsein' jede Beziehung oder
Relationalität negieren muß, sofern dieses Beziehen ein Erkennen
von dem Subjekt her bedeutet. Das 'Ding-an-sich' darf sich nicht
erkennen lassen, seines 'Ansich' wegen. Deshalb bezieht sich
nach Kant jede Gegenstandserkenntnis bloß auf dessen Erscheinung.(69)

Daraus folgt natürlich die eben genannte irreduzible Andersheit
von Subjekt und Objekt, wie andererseits Beziehung nur mehr in
einer transzendentalen Korrelation von Denken und erscheinendem
Gegenstand möglich ist. Das Gesamt möglicher Erfahrung hängt
so der Subjektivität an. An dieser allein entscheiden sich – nach
der kritischen Philosophie Kants – Gewinn oder Verlust wahrer,
allgemeiner und notwendiger Erkenntnis. Das 'Ich denke', das
Selbstbewußtsein, ist die letzte und höchste Möglichkeitsbedingung
einer bewußten Erkenntnis vom Gegenstand. In der transzendentalen Deduktion der Kategorien soll ja dieser – zuerst einmal vorausgesetzte – Befund der Korrelation begründet werden, dessen
Frage heißt: Wie kann der festgestellte Widerspruch eines von
allem Erkennen unterschiedenen Gegenstandes erklärt werden,
wenn eben dieser Gegenstand-an-sich nur als erscheinender Gegenstand in ein Verhältnis zum erkennenden Bewußtsein zu treten
vermag.

Diese Frage haben wir in Kants Wortgebrauch von 'Anschauung'(70) schon kennen gelernt. Seine Auflösung erfährt dieses
erste, ursprüngliche Korrespondenzverhältnis in der Kritik der
reinen Vernunft schlußendlich in der alles begleitenden Einheit

---

68   Vgl. oben S. 77

69   Die vorausgesetzte Unerkennbarkeit der Dinge an sich heißt
      jedoch nicht, es gäbe nur die Erscheinung und nicht die
      dahinterstehenden Dinge. Dieser Einwand war Kant schon
      bekannt: "Gleichwohl wird, welches wohl gemerkt werden
      muß, doch dabei immer vorbehalten, daß wir eben diesel-
      ben Gegenstände auch als Dinge an sich selbst, wenn gleich
      nicht **erkennen**, doch wenigstens müssen **denken** können.
      Denn sonst würde der ungereimte Satz daraus folgen, daß
      Erscheinung ohne etwas wäre, was da erscheint" (K.r.V.
      B XXVI f).

70   Vgl. oben S. 108

der synthetischen Apperzeption.(71) Die Kosten dieser Lösung sind bekanntlich hoch: Die Unbestimmtheit des Ich, das deshalb aller Selbstbestimmungskompetenz verlustig geht.

Hingegen greift Hegel dieses ursprüngliche Verhältnis auf und erweist es, ohne unser Zutun, als Vernehmen, Reflexion-in-sich und Beiher-Spiel. Für den Gegenstand heißt das, er bringt sich von sich her, um seiner selbst willen, zum Erscheinen; sein Vernehmen ist das 'Ansich-für-es-Sein', d.h. zu sein für das vernehmende Bewußtsein. Einleuchtend wird diese Struktur eines solchen 'um seiner selbst willen sich in sich reflexiv Umkehrens und ein Beiher-Spiel an ihm selbst Gebens', wenn wir uns die Struktur des einfachen Bewußtseins (72) vor Augen halten, Unterscheiden in Beziehung zu sein.(73)

Wenngleich Hegels ständige Kritik an der abstrakten, völlig unbestimmten Einheit des Selbstbewußtseins, von der nichtsdestoweniger die **Bestimmungen** des Ich, die Kategorien abgeleitet werden sollen, wozu Kant es sich – nach Hegels Meinung – sehr bequem macht, indem er die Abgeschlossenheit der Urteilsformen der herkömmlichen Logik als gegeben annimmt,(74) durchaus zurecht besteht, soll darüber doch eine Einsicht Kants nicht verloren gehen: Selbstbewußtsein ist eine Grundbedingung von Gegenstandsbewußtsein. Denn damit, daß der Gegenstand eben nur als ein dem Bewußtsein erscheinender auftritt, ist noch nicht geklärt, wie das Bewußtsein vom Gegenstand **als** bewußtem in ein erkennendes Verhältnis zum Bewußtsein selbst zu treten vermag.

71   STW 8,118; Enzy. I § 42 Zus. 1: "Ich ist somit gleichsam der Schmelztiegel und das Feuer, wodurch die gleichgültige Mannigfaltigkeit verzehrt und auf Einheit reduziert wird."

72   Offensichtlich ist die unaufgeklärte Struktur von Bewußtsein und Selbstbewußtsein ein beständiger Reibungspunkt philosophischer Überlegungen. Dazu soll im Folgenden ein Beitrag geliefert werden, der einmal die Unbestimmtheit und dann die "unverständliche, weil sprachlose Struktur 'Bewußtsein'" (K. Cramer, Zur formalen Struktur einer Philosophie nach Hegel, die als Kritik soll auftreten können, in: R. Bubner, K. Cramer, R. Wiehl (Hrsg.), Hermeneutik und Dialektik II, Tübingen 1970, 179) als alles begrenzende Voraussetzung einer verstehbaren Logik zuzuführen sich anschickt.

73   Vgl. oben S. 56 f

74   Vgl. STW 8,117; Enzy. I § 42

Wenn Erkennen ein Unterscheiden eines Gegenstandes vom Bewußtsein bzw. vom Gegenstand als bewußtem bedingt - mit dieser Anerkennung des Gegenstandes fängt Erfahrung in der Transzendentalphilosophie überhaupt erst an -, dann muß gelten, daß das
Bewußtsein den Gegenstand als bewußten von sich zu unterscheiden weiß. Dazu ist es allein imstande, wenn es gleichzeitig sich
seiner selbst als Bewußtsein bewußt ist. Das Selbstbewußtsein (75)

75   Das Problem des Zirkelschlusses, vom Bewußtsein des Bewußtseins als dem Selbstbewußtsein zu sprechen, war schon
Kant klar. Den Zirkel der Interpretation beschreibt D.
Henrich (Selbstbewußtsein, in: R. Bubner, K. Cramer, R.
Wiehl, Hermeneutik und Dialektik I, 275): "1. Bewußtsein
wird erklärt als Selbstbeziehung eines Subjekts. Da man
am Ende nicht vermeiden kann, auch diesem Subjekt die Eigenschaft zuzugestehen, bewußt zu sein, ist die Erklärung
redundant. 2. Bewußtsein wird erklärt als **wissende** Selbstbeziehung eines Subjektes. Da man es nicht verhindern kann
dem Subjekt dieser Beziehung bereits Kenntnis von sich zuzuschreiben, ohne die es sich niemals **als** es selber finden
könnte, ist auch diese Erklärung zirkulär."

Als vorläufigen Hinweis auf Hegels Verständnis dieses Problems, dem eigentlich die Absicht der ganzen Hegelschen
'Logik' gilt - wie Selbstbewußtsein konstitutiv für Gegenstandsbewußtsein ist - soll seine überaus heftige diesbezüg-
liche Kritik an Kant am Ende der 'Logik' dienen: "Aber
lächerlich ist es wohl, diese Natur des Selbstbewußtseins
- daß Ich sich selbst denkt, daß Ich nicht gedacht werden
kann, ohne daß es Ich ist, welches denkt - eine **Unbequem-
lichkeit** und als etwas Fehlerhaftes einen **Zirkel** zu nennen, - ein Verhältnis, wodurch sich im unmittelbaren empirischen Selbstbewußtsein die absolute, ewige Natur desselben
und des Begriffes offenbart, deswegen offenbart, weil das
Selbstbewußtsein eben der **daseiende**, also **empirisch wahr-
nehmbare**, reine **Begriff**, die absolute Beziehung auf sich
selber ist, sich dadurch zum Zirkel zu machen" (STW 6,490;
GW 12,194).

Als Grundfehler des Vorwurfes der Zirkelstruktur in der Kritik des Bewußtseins muß die Voraussetzung dieses Vorwurfes
selbst aufgedeckt werden: Er postuliert nämlich die Möglichkeit von Tautologie, weil im zirkulären Begründungsverfahren keine Erkenntnis, Erfahrung gemacht werden könne,
sondern nur leeres, sich selbst aufhebendes 'Gerede' stattfinden könne. Doch ist die Darstellung der Tautologie eine
schlechthinnige Unmöglichkeit.

ist deshalb als notwendig und unumgänglich anzunehmen um der Andersheit des Gegenstandes willen.

Die hervorragenden Merkmale – der Begriff der 'Bestimmung' ist nach Kant unzulässig – des Selbstbewußtseins sind die leere, reine Affinität und Spontaneität, sowie seine Einheit, Einfachheit und Identität. Wenn dieses 'Ich' aber als Sicherung wahrer Erkenntnis anzusehen ist, ergibt sich sogleich die große Schwierigkeit, daß dieses an sich leere Ich = X nur tätig wird in einer gegenstandsbezogenen Relation. Deshalb ist dieser "leere Idealismus ... darum zugleich absoluter Empirismus..., denn für die **Erfüllung** des leeren **Meins** d.h. für den Unterschied und alle Entwicklung und Gestaltung desselben, bedarf seine Vernunft eines fremden Anstoßes...".(76)

Die bloß empirische Ableitung der Urteilsformen der Logik ist unzureichend und die wahre Deduktion der Denkbestimmungen noch ausständig. Dieses bemerkt zu haben, ist Fichtes Verdienst. Doch sein Unternehmen der Ableitung der Kategorien aus dem reinen, freien, spontanen, absoluten Ich scheitert ebenso an einem notwendigen äußerlichen Anstoß durch ein Nicht-Ich.(77)

Was ist nun mit dieser Kritik einsichtig geworden? Daß das Bewußtsein nur möglich ist als Selbstbewußtsein, wenn es gilt, daß Bewußtsein immer auch Gegenstandsbewußtsein umfaßt. Das bedeutet weiters ein **Ich-Selbst**, welches nur als dreistellige Relation (78) zu verstehen ist. Damit schließen wir an unsere Ausführungen (79) an, und gewinnen dadurch Klarheit über Hegels Intention in der 'Logik' als dem reinen sich entwickelnden

76   STW 3,184; GW 9,136.
      Noch anders kann das Scheitern der Kantischen Erkenntniskritik deutlich gemacht werden in der Überlegung, daß die unbestimmbare Leere des Dinges an sich andererseits entsprechend die leere Identität des 'Ich denke' bedingt. Diese abstrakte Identität ist jedoch allemal unfähig, die höchste Funktion synthetischer Einheit zu übernehmen.

77   Vgl. STW 8,147; Enzy. I § 60 Zus. 2

78   Vgl. Hinrich Fink – Eitel, Hegels phänomenologische Erkenntnistheorie als Begründung dialektischer Logik, in Ph 85 (1978), 249

79   Vgl. oben S. 89

Selbstbewußtsein:(80) Dieses ist Unterscheiden des Unterschiedenen und Nichtunterschiedenen.

Betrachten wir das Selbst und das Andere des Selbst, welches ebenso das Andere seiner selbst ist, genauer. Einmal ist da das Selbst als es selbst. Zum anderen kann und darf es nicht ein Ich = Ich als leere Identität sein, ohne sich selbst in ein Abstraktum zu verflüchtigen. Es bedarf um seiner selbst willen eines ganz Anderen, eines streng gegensätzlichen, unterschiedenen Gegenstandes. Dieser hat seinerseits an sich – um seinetwillen – dieselbe Struktur der Selbsterhaltung im Anderen seiner selbst. So ist das unterschiedene Anderssein konstitutiv für Selbstbewußtsein.(81)

Wie jetzt das Andere das Andere seiner selbst ist und zugleich das Andere des Selbst, so sind beide, indem sie unterschieden sind, ebenso ununterschieden. Daher ist der Ausgangspunkt, die Anerkennung des natürlichen Bewußtseins als Gegenstandsbewußtsein, eingeholt in diesem Selbst. Beide Unterschiedene sind eben deshalb – um sie selbst zu sein – "Selbstbewußtsein, Reflektiertsein in sich, Bewußtsein seiner selbst in seinem Anderssein."(82) Beide sind somit bestimmt durch das Andere aber so, daß sie sich im Anderen selbst bestimmen und einen Entwicklungsgang antreten, der schließlich zur Aufklärung des gegenständlichen Bewußtseins im absoluten Wissen führt. Das Kantische erkenntniskritische Unternehmen einer Prüfung des Erkennens vor aller Erkenntnis hat sich gerade im Ernstnehmen der transzendentalen Prämisse als **Entwicklungszusammenhang des Bewußtseins** erwiesen. Selbstbewußtsein ist nicht unmittelbar verstehbar als reine Selbstbeziehung, als apriorisches Ansich, sondern nur in einer Darstellung der gegenständlichen Erfahrung des Bewußtseins. Die Notwendigkeit und Unumgänglichkeit dieser 'Phänomenologie des Geistes' bringt es mit sich, an ihrem Ende jede alternative Stellung des

---

80 Dabei ist stets die vorher erbrachte Aufhellung seiner **gegenständlichen** Struktur in der Wissenschaft der Erfahrung des Bewußtseins im Blick zu behalten, gleichwie ihre Gleichursprünglichkeit und Koexistentialität – wie dies schon im Hereinspielen der 'Logik' in die 'Phänomenologie' im 'Wir' nachgewiesen wurde.

81 Wir dürfen hier die Struktur der Liebe herausheben, die sich im christlichen Liebesgebot (Joh 13,34; MK 12,29 f) findet: Liebe deinen Nächsten um deiner selbst willen.

82 STW 3,135; GW 9,101 f

Gedankens zur Objektivität aufgehoben zu haben. Ihr abgeschlossenes, also von ihr aus gesehen unüberbietbares absolutes Wissen ist noch mit einer Unvollkommenheit behaftet, da ihr Gegenstand "darin, daß er in der Beziehung ist, seine völlig Freiheit noch nicht gewonnen hat."(83)

Diese Beziehung des reinen Denkens auf sich ist von der 'Phänomenologie des Geistes' nicht zu leisten, sondern ausgesprochene Leistung und Aufgabe der 'Wissenschaft der Logik', die wohl ihrerseits die phänomenologische Bewußtseinskritik voraussetzt, zugleich jedoch deren Konstruktion erst ermöglicht: Diese 'Logik' ist jener Hegel so oft vorgehaltene spekulative Standpunkt, der sich im 'Wir' schon als das Innerste aller gegenständlichen Bewußtseinsentwicklung etabliert hat.

Nach diesen Ausführungen lassen sich nunmehr für den Anfang und den Aufbau der 'Logik' folgende Prinzipien angeben:

1. Die Logik fängt mit nichts außer sich an. Sie hat keinen Gegenstand mehr. In ihr gilt das Prinzip reiner Entwicklung (welche in der Seinslogik 'Übergehen', in der Wesenslogik 'Scheinen', und in der Begriffslogik eben 'Entwicklung' benannt wird).

2. Der Ansatz zum Verständnis des Logischen ist das Wesen des Geistes als 'Sichwissen', 'reines Selbstbewußtsein', grundsätzliches 'Vernehmen', als 'Vernunft'.(84) Wenn eine Deduktion der Kategorien möglich ist, dann eben nur aus dem reinen Denken als dem Vernehmen von Denken als Denken und Denken des Gedachten.(85)

3. Ungeachtet dieser "immanenten Tätigkeit"(86) der 'Logik', die in ihrer Dimension konkurrenzlos, umfassend und autonom ist,

---

83   STW 3,590; GW 9,433

84   Vgl. STW 5,43; GW 11,21 bes. 27: Hier wird deutlich gegen die Abstraktion des Dinges-an-sich "die Natur des Geistes" als "das Verhältnis nicht nur dessen, was er **an sich** ist, zu dem, was er **wirklich** ist, sondern dessen, als was er **sich weiß**" betont.

85   STW 8,68; Enzy. I § 19

86   STW 5,19

übernimmt sie als Prinzip ihrer Entwicklung die sich selbst bestimmende Negation. Sie knüpft damit an das Ende der 'Phänomenologie des Geistes' an, indem sie den Erfahrungsweg des Bewußtseins als Anerkennung des externen (gegenständlichen) Bezugspunktes, der in seiner Andersheit stets das Selbst des Bewußtseins zu zerstören droht, an dessen höchstem Punkt aufgreift: In der Anerkennung des Negativen des Wissens.(87) Anders formuliert heißt dies, daß die 'Logik' die Selbstdarstellung des Vernehmens in seiner reinsten Struktur des 'ununterschiedenen Unterscheidens' ist, womit der Ansatz der 'Logik' gegeben ist: Nichts als Sein.(88)

Wie lassen sich jetzt **Erkenntnis** und **Erfahrung** unterscheiden, wenn wir besonders auf den schon (89) vorgestellten Erfahrungsbegriff zurückgreifen?

Erkennen bleibt grundsätzlich durch zwei Prinzipien bestimmt: Durch empirische Gegenständlichkeit (die Natur) und rationale Denkstrukturen (der Begriff). Diese Vorgaben ermöglichen erst

---

87   Vgl. STW 3,590; GW 9,433

88   Gleichwohl wird hier der schon erwähnte dreidimensionale Erfahrungsbegriff – in seinen entsprechenden koexistentiellen Sphären von Logik, Natur und Geist – bedeutsam: Denn allein darin besteht die Gewähr, daß das Prinzip der bestimmten Negation keine unbegründete Voraussetzung ist, die Hegels logische Spekulation als ein Fischen im Trüben von Sein und Nichts entlarvte, wie dies Th.W. Adorno (Drei Studien zu Hegel, Frankfurt/M 1974, 132 f) mit aller Gewalt des Wortes versucht: "Seine dialektische Philosophie gerät in eine Dialektik, von der sie keine Rechenschaft ablegen kann, deren Lösung ihre Allmacht übersteigt... Bei allem Nachdruck auf Negativität, Entzweiung, Nichtidentität kennt Hegel deren Dimension eigentlich nur um der Identität willen, nur als deren Instrument."

Wer übersieht, wie sehr die 'Logik' ein autonomes, in sich abgeschlossenes, weil sich selbst darstellendes Ganzes als Denken ist, welches zugleich rückgebunden ist auf die Erfahrung von Bewußtsein, Natur, Geschichte, Religion und Geist, wird nicht um die Feststellung herumkommen, daß mit "dem Erfahrungsrecht seiner Philosophie... zugleich ihre Erkenntniskraft" (ebd. 82) schwindet.

89   Vgl. oben S. 104 f

Erkenntnis. Doch ist damit noch nicht das Problem gelöst, warum die objektiv-empirischen und die subjektiv-rationalen Strukturen einander derart entsprechen, daß sie in einer Aussage, einem Urteil, zusammen erfaßbar sind. Daher muß dieser Begriff des Erkennens stets unter dem Vorbehalt des **Abbildens** bleiben. Dies auch dann, wenn etwa bei Kant der Versuch unternommen wird, alles vorliegende Mannigfaltige – sei es die Vielfalt der Gegenstände oder die Verschiedenheit der kategorialen Denkmechanismen – aus dem **einen** Prinzip des 'Ich denke' zu deduzieren. Auf die Selbstexplikation des reinen Denkens muß hier verzichtet werden einmal, um den infiniten Selbstbegründungsprozeß zu vermeiden – denn das herkömmliche Reflexionsmodell vermag das 'Ich selbst' nur im Subjekt-Objekt Schema zu beschreiben und läuft so einer vollständigen Beschreibung unendlich nach. Zum anderen enthält die absolute Selbstbegründung der Vernunft keinen Erfahrungsgehalt mehr und verliert damit jeden Lebensbezug.

Es bleibt unbestreitbar, daß blanker Rationalismus und strikter Empirismus ohne einander aporetisch werden: Ohne Vernunft kann es keine Erfahrung geben. Umgekehrt gilt, daß jede Vernunft auf Erfahrung beruhen muß, will sie von Bestand sein.

Genau dieses Beziehen **und** Unterscheiden der subjektiven und objektiven Komponenten wahrer Erfahrung vermag das Erkenntnismodell nicht zu erbringen: Es bleibt ein Abbilden der Wirklichkeit, desses vorläufiger Wahrheitsanspruch allein durch die Transzendentalität des 'Als ob' zu sichern ist.

Genau diese Problematik versucht auch die sogenannte 'evolutionäre Erkenntnislehre' (90) zu lösen. Diese nimmt ihren Ausgang vom naturwissenschaftlichen Evolutionsmodell und überträgt es auf das Erkennen. Dieses fängt schon im Präbiotischen an als "Strategie im Einfangen des Zufalls und in der Bewahrung der

---

90   Hierzu mag der Verweis auf das grundlegende Werk von R. Riedl (Biologie der Erkenntnis, Berlin Hamburg 1980) genügen, darin in umfassender Weise alle entscheidenden Mitstreiter und Vordenker wie K. Lorenz, I. Eibl-Eibesfeldt, K. Popper, D. Campbell, M. Eigen, G. Vollmer, E. Oeser u.a. erfaßt werden. Wir erwähnen sie hier deshalb, weil sie das Gegenüber von Apriori und Aposteriori in ein gegenseitiges Bestimmungsverhältnis bringt. Ihre Begrenzung durch ihre Reduktion der Vernunft auf ihre biologischen Entwicklungsstrukturen sollte dagegen Hegels Leistung für seinen Erfahrungsbegriff noch deutlicher machen.

daraus resultierenden Strukturgesetze".(91) Das Leben selbst stellt sich als erkenntnisgewinnender Prozeß dar. Nur bleibt eben die alte (philosophische) Frage, ob wir nicht unendlich nur unseren Denkmustern nachfahren, die wir in die Natur projizieren?

Diese Erkenntnislehre versucht eine Antwort auf die 'Isomorphie' von objektiver Natur- und subjektiven Erfahrungsmustern durch den Aufweis der phylogenetischen Entwicklung der angeborenen Erkenntnisstrukturen zu erbringen. Die Auflösung der Kantischen Frage nach der Möglichkeit synthetischer Urteile a priori heißt dann: "Die Kategorien sind also gewiß a priori für jedes Individuum, sie sind aber zugleich a posteriori, durch Erfahrung erworbene Erkenntnis seines Stammes."(92)

Durch diese Einsicht sei eine Kopernikanische Wende eingetreten. Denn der Geist wurde nicht irgendwann durch den Eingriff einer außenstehenden Macht dem Menschen verliehen. Des Geist ist vielmehr ein Ergebnis der Evolution. Was wir Geist nennen ist Teil des stammesgeschichtlich entwickelten Weltapparates des Menschen. Der ist entstanden durch zufällige Mutationen, die ein je richtiges Bild der Welt ermöglichen. 'Geist' ist das angepaßte Produkt eines Lebensprozesses. Unsere subjektiven Erkenntnisstrukturen passen auf die Welt, weil sie sich im Laufe der Evolution in Anpassung an die reale Außenwelt herangebildet haben. Sie stimmen mit den realen Strukturen soweit überein, als ja nur eine derartige Übereinstimmung das Überleben ermöglichte. Der 'Anpassungscharakter' erstreckt sich nicht nur auf die physischen, sondern gleicherweise auf die logischen Strukturen der Welt.

Ganz entschieden nennt aber dann H. Albert die "Vernunft in jeder Gestalt... ein sozial-kulturelles Zuchtprodukt auf vitaler Grundlage".(93) Der Standpunkt der 'evolutionären Erkenntnislehre' ist der eines kritischen, hypothetischen Realismus – sofern man es überhaupt unternimmt, den vielfältigen Vertretern eine allen gemeinsame Grundlinie ihrer Theorie zuzubilligen. Wenngleich eben die verschiedenen Autoren differente Modelle vertreten mögen, so ist unübersehbar, daß Wahrheitserkenntnis bloß eine Frage der richtigen Verrechnung der natürlichen Welt durch den subjektiven Weltbildapparat ist. Die Absicherung der Richtigkeit der Erkenntnisse in diesem hypothetischen Realismus vollzieht

---

91   R. Riedl, Biologie der Erkenntnis 13

92   Ebd. 182

93   H. Albert, Traktat über kritische Vernunft 93

sich durch die Bewährung im Überleben des Menschen.

Also bleibt **Erkennen** jedesmal beim **Modell**-Charakter stehen. Erkennen bemißt sich schließlich immer an seiner empirischen Überprüfbarkeit. Ja, es ist geradezu gekennzeichnet durch "den Anspruch, an der Erfahrung scheitern zu können."(94) Die "Idee der kritischen Prüfung",(95) die auf K. Popper zurückgeht, besteht in ihrem erkenntnistheoretischen Kern in einer grundsätzlichen und konsequenten **Falsifizierbarkeit** aller Erkenntnisse. Der Anspruch, das Wesen der Dinge, die Wirklichkeit menschlichem Erfahren zugänglich zu machen, ist hier aufgegeben zugunsten der stetigen und eigentlich notwendig unendlichen Falsifizierbarkeit erkannter Fakten.

Der Begriff von Erfahrung, der hier jedoch mit Hegel entworfen werden soll, hält demgegenüber daran fest, daß Erfahrung **mehr** ist als bloße Beschreibbarkeit im Verhältnis von Subjekt und Objekt.

Erfahrung ist die ursprüngliche Identität allen Wahrnehmens, Vorstellens und Denkens. Ihre Wahrheit ist immer schon die Gegenwärtigkeit des Ganzen als maßgebendes Maß, als Messendes und Bemessenes. Wenn die Bewegung des Begriffs bei Hegel 'Methode' benannt ist und die 'Struktur' die Bestimmtheit in den verschiedenen Entwicklungsstufen dieser Bewegung meint, dann ist Erfahrung die Einheit beider als immer intensiveres Sich-Vernehmen: Vernunft.

Die verschiedenen Sphären des Entwicklungsganzen tragen ihre unterschiedliche inhaltliche Kennzeichnung als 'Bewußtsein', 'Geist', 'reines Denken'. Ihnen entspricht je eine Form des Gegensatzes: In der 'Phänomenologie' ist dies der Subjekt-Objekt Gegensatz; in der Geistsphäre etwa die Überwindung des Theorie-Praxis Gegensatzes als Selbstbefreiung des Geistes. In der 'Logik' ergibt sich allerdings die Schwierigkeit, daß in ihr ja die innerste Struktur des Vernehmens selbst untersucht wird – der reine Gedanke. Ihr Prinzip ist das absolute Wissen, die konkrete Einheit, in der "der Gegensatz des Bewußtseins von einem subjektiv **für sich Seienden** und einem zweiten solchen **Seienden**, einem Objektiven, als überwunden"(96) gewußt wird. Die Form des 'Gegen'

---

94   R. Riedl, Biologie der Erkenntnis 192

95   H. Albert, Traktat über kritische Vernunft 35

96   STW 5,57

ist in der 'Logik' tatsächlich 'aufgehoben', überwunden, d.h. den anderen beiden Sphären aufgegeben. Dennoch ist die 'Logik' ganz spezifisch mit der Form des Gegensatzes befaßt: nämlich mit dem Begriff des unterschiedenen Unterschiedslosen.(97) Diesen beschreibt Hegel näher als die beiden untrennbaren und doch zugleich unterschiedenen Momente des Logischen: Das "Sein als reiner Begriff an sich selbst und der reine Begriff als das wahrhafte Sein".(98)

Erfahrung ist nie inhalts- oder bestimmungslos. Weder die Seite der reinen Gegenständlichkeit noch die abstrakten Denkformen allein ermöglichen eine Deduktion des wahren Erfahrungsbegriffes. Ebensowenig vermag eine Analyse des Gegebenen aposteriorisch Wirklichkeit aus der Empirie aufzunehmen, wie eine apriorische Ableitung aus einem obersten Prinzip, über alles Geschichtliche hinweg, nie zur reinen Wirklichkeitserfahrung führt. Vielmehr ist Erfahrung der das Apriorische wie Aposteriorische, Form und Inhalt, Allgemeines und Besonderes, Substanz und Subjekt als eine Einheit erweisende Prozeß. In ihr und mit ihr vollzieht sich eine ständig intensiver werdende Selbstenthüllung des Wahren, wobei jede neue Stufe des Außersichgehens ebenso ein Insichgehen, jede größere Extensivität eine höhere Intensität bedeutet. Jeder Erkenntnisfortschritt umfaßt zugleich eine reinterpretierende Begründung des Anfangs jeder Sphäre von **Bewußtsein, Gedanke** und **Geist**.(99)

97   Zur Unterscheidung der Begriffe: Unterschied, Verschiedenheit, Gegensatz und Widerspruch vgl. STW 6,36; GW 11, 258

98   STW 5,57; vgl. GW 11,30. Mit dieser Bezüglichkeit von Sein und Begriff wird schon die wesentliche Affinität Hegels zum ontologischen Argument ausgedrückt, daß der Gottesgedanke keine bloße Beliebigkeit des Begriffs ist.

      Die hier vorgelegte Arbeit versteht Hegels 'Logik' darum als konsequente Ausführung des Anselmischen Argumentes.

99   Diese Überlegung muß eine ganz entscheidende Auswirkung auf Hegels Geschichtsverständnis und Prozeßdenken haben. Denn jede Interpretation der Geschichte durch ein reines Prozeßprinzip auf eine absolute Zukunft hin, wie umgekehrt von einem rein archäologischen, absolut vorgegebenen Seinsstandpunkt her, verfehlen Absicht und Inhalt der Hegelschen Philosophie. Vgl. dazu M. Theunissen, Hegels Lehre vom absoluten Geist als theologisch-politischer Traktat, Berlin 1970, 366 f

Erfahrung meint im 'Zugleich' die Gleichursprünglichkoit dieser
drei Sphären des Geist-Ganzen, die selbst wieder in ihrem jeweiligen Teil-Ganzen ein unüberbietbares Ganzes darstellen, aber
nur verstanden werden und bestehen können in einem gegenseitigen Begründungszusammenhang, der im Geist-Ganzen dieselbe
Struktur zeigt, die wir schon (100) im Ich-Selbst als einer drei-
stufigen Relation entdeckt haben.

Begriffene Erfahrung – Hegel spricht eher und häufiger nur vom
'Begriff' als dem übergreifenden 'Selbst' (101) – läßt sich als-
dann Selbstvergegenwärtigung des Geist-Ganzen nennen, welches
aber nicht ein unangebbar abstraktes Ansich ist, sondern sein
Wesen zeigt indem es 'um-seiner-Selbst-willen' dies ist: Vernunft-
Vernehmen.

Es ist im Höchstmaß des Anderen bei sich selbst, wobei die beiden 'Endpunkte' dieser absoluten Beziehung – seien es ihre
Selbstdarstellungen in der 'Logik', der 'Phänomenologie' oder
der Geistsphäre – ebenso als Mitte dieser Beziehung, als absolute
Vermittlung und Vermitteltsein zu begreifen sind. Eben weil jede
der drei Dimensionen des Geist-Ganzen in sich selbst wieder dieselbe Struktur des Ganzen als Erfahrungs-Begriff artikuliert,(102)
sozusagen eine Abbreviatur des Geist-Ganzen (103) bietet. Deshalb
ist Erfahrung von Wirklichkeit und Wahrheit stets möglich für
denjenigen, der sich auf den Weg des Begriffes einläßt und die
Mühen der Begrifflichkeit nicht scheut.

Auf dem Weg einer 'Logik der Erfahrung' sind wir nun an einem
kritischen Punkt angelangt. Bisher haben wir die Bedingungen
und die Aufgabe der Logik selbst festgestellt. Sie darf dabei

---

100   Vgl. oben S. 123

101   Eine gute Beschreibung desselben bietet STW 3,137 f; GW
       9,103: "Ich ist der Inhalt der Beziehung und das Beziehen
       selbst; es ist es selbst gegen ein Anderes, und greift zu-
       gleich über dies Andere über, das für es ebenso nur es
       selbst ist."

102   Sei dies in der 'Logik': Sein-Wesen-Begriff; oder differen-
       zierter auf der Ebene des Begriffs: subjektiver Begriff, ob-
       jektiver Begriff und absolute Idee; anders wieder in der
       'Phänomenologie des Geistes' als Bewußtsein, Selbstbewußt-
       sein und Vernunft (absolutes Wissen).

103   STW 5,29

rechtens auf das Ergebnis der phänomenologischen Bewußtseinskritik des sich vollbringenden Skeptizismus zurückgreifen, um darin ihr lebendiges Erfahrungsrecht zu beanspruchen.

Ausständig ist aber noch die Selbstexplikation des Gedankens in sich und die darin implizierte fundamentale Frage nach dem Wesen der Negation, welche ebenso die Frage nach der wahrhaften Methode ist. Denn diese ist das "Bewußtsein über die innere Form der Selbstbewegung ihres Inhalts."(104) In der Phänomenologie des Geistes konnte die Methode als bestimmte Negation am Bewußtsein, an einem eben anerkannten Gegenstande nachgewiesen werden.

Die Schwierigkeit der 'Logik' besteht nun darin, ein System der Begriffe rein, ohne von außen etwas hereinzunehmen, aus dem Denken des Gedankens, aus der reinen Struktur anerkennenden Denkens, zu bilden.

3.2 Der reine Gedanke

Wenn sich die vorliegende Arbeit 'Gotteslogik' nennt, so geschieht dies mit guten Gründen, wenn auch die Gegenfrage 'Logik Gottes?' auf die Fraglichkeit des Anliegens hinweist. Denn einmal ist schwerlich zu übersehen, daß Hegels 'Logik' das Zentrum der philosophischen Wissenschaft darstellt. Zum anderen legt Hegel derart gehäuft Zeugnis davon ab, daß seine 'Logik' eine neue, wahre Metaphysik (105) und Ontologie ist, die damit auch die Frage nach Gott als ihre stets gegenwärtige Mitte betrachtet. So verstehen und begrenzen sich die folgenden Ausführungen am Leitgedanken des ontologischen Gottesbeweises. Dieser stellt in seiner anfänglichen, reinen Gedanklichkeit die erste Definition des Absoluten dar, wie "alle weiteren Bestimmungen und Entwicklungen nur bestimmtere und reichere Definitionen dieses Absoluten"(106) sind.

---

104   STW 5,49; vgl. GW 11,24

105   Genauer heißt dies: "Die objektive Logik tritt damit vielmehr an die Stelle der vormaligen **Metaphysik,...**" (STW 5, 61; GW 11,32).

106   STW 5,74; GW 11,36. Näher grenzt dies die 'Enzyklopädie' ein (STW 8,181; Enzy. I § 85), daß "immer nur die erste einfache Bestimmung einer Sphäre, und dann die dritte, als welche die Rückkehr aus der Differenz zur einfachen Bezie-

Die Bedeutsamkeit und die Weise, daß und wie Hegel Gott, das Absolute ins Zentrum seiner Philosophie stellt, kann gar nicht genug unterstrichen werden. Wenn nämlich Philosophie das Begreifen der Wahrheit ist und nicht eine bloß halbherzige Annäherung an die Wahrheit meint, dann heißt dies, daß "die wahre Philosophie aber zu Gott"(107) führt.

Weiters darf angenommen werden, die theologische Interpretation der 'Logik' nötige dazu, ebenso ihren Anfang und nicht erst ihr Ende, ihr Resultat, mit Gott – in seiner wohl noch abstrakten Absolutheit – zu machen. Darin erscheint wohl erneut die Voraussetzungsproblematik, in der Hegel damals wie heute vorgeworfen wird, die Setzung des Absoluten als erstes und anfängliches lasse den logischen Zug in eben die vorbestimmte Bahn laufen. Wenngleich dieser Einwand sicher nicht einfach dadurch zu entkräften ist, daß alle möglichen anderen Denkansätze, wie sie jedenfalls zu Hegels Zeit bekannt waren,(108) ebenso ihre Voraussetzungen machen müssen. Nur galten diese als derart unbefragt bekannt und einsichtig, daß Hegel recht sehr beklagt: "Die Bewußtlosigkeit hierüber geht unglaublich weit;...".(109)

Ganz besonders gilt dies für die 'Logik' und ihre Kategorien. Denn all jenes, das uns als allzu bekannt, alltäglich, normal und selbstverständlich anmutet, ist darum eben nicht gleich erkannt.(110) Die Auflösung dieses Voraussetzens, das Hegel mehrmals und dann ganz gezielt in der 'Logik' der Lehre vom Sein voranstellt in der Frage: "Womit muß der Anfang der Wissenschaft gemacht werden?",(111) kann als Beispiel, sozusagen als Abbreviatur des System-Ganzen dienen, daß nämlich "das Vorwärtsschreiten in der Philosophie vielmehr ein Rückwärtsgehen und Begründen sei, durch welches erst sich ergebe, daß das, wo-

---

hung auf sich ist" als wahrhaft metaphysische Definition Gottes angesehen werden können.

107   STW 7,27

108   Hegel stellt sie exemplarisch wie exzellent in den 'Drei Stellungen des Gedankens zur Objektivität' seiner enzyklopädischen Logik vor (STW 8,93 f; Enzy. I § 26 f).

109   STW 5,31 f

110   Vgl. STW 5,22 und parallel dazu STW 3,35; GW 9,26

111   STW 5,65-79; GW 11,33-40

mit angefangen wurde, nicht bloß ein willkürlich Angenommenes,
sondern in der Tat teils das **Wahre**, teils das **erste Wahre**
sei."(112)

Wenn nun deutlich gemacht ist, daß "Gott allein... die wahrhafte Übereinstimmung des Begriffs und der Realität"(113) ist, dann
beginnt aller Anfang mit Gott,(114) oder alles ist nichtig. Aber
dieses Anfangen läßt sich nun schon genauer ausdrücken, wie
dies im christlich-theologischen Bekenntnis allzu bekannt und
doch unerkannt alltäglich geschieht: Als Anfangen im Namen des
Vaters und des Sohnes und des Heiligen Geistes; d.h. eben:
Aller Anfang, alles Ende, jede Wahrheit und Wirklichkeit sind
nur verständlich als Weise der Trinität.

Dieser trinitarische Charakter des Ganzen, des Absoluten in den
Dimensionen, in den jeweiligen Sphären und kleinsten Bestimmungen umfaßt eigentlich die Gotteslogik. Nur darin ist die wahrhafte Gegenwärtigkeit des Absoluten im Endlichen, im Teil denkbar
und wirklich. Er ist das Maß, Maßstab und Gemessenes in einem,
wie wir in der Untersuchung der 'Phänomenologie des Geistes'
gesehen haben.(115)

Damit läßt sich eine vorläufige Antwort auf die Frage erteilen:
"Wie kommt der Gott in die Philosophie?":(116) Ohne Gott bleibt
die Philosophie unverwirklicht, ohne wahres philosophisches Erkennen aber bleibt Gott der unbekannte, also unerfahrene Gott.
Wie immer es gewendet wird, unbestreitbar bleibt, daß alle Versuche und Bemühungen um das ontologische Argument, wenn sie
nicht schon selbst verwässert waren, einen allzu hohen Preis zu
bezahlen hatten: den Verlust des Lebensbezuges. Die Ableitung
des Seins Gottes aus seinem Begriff erfolgte stets in einer – sozusagen – unitarischen Logik, deren Ergebnis Gottes Sein war, welches Hegel als das Erste des Denkens erkannte, aber zugleich

---

112   STW 5,70; GW 11,34

113   STW 8,86; Enzy. I § 24 Zus. 2

114   Vgl. STW 5,79; bemerkenswert ist, daß dieser wesentliche
       Einschub in der ersten Ausgabe der 'Wissenschaft der
       Logik' (GW 11,40) fehlt.

115   Vgl. oben S. 72 f

116   M. Heidegger, Identität und Differenz, Pfullingen 1957, 4.
       Aufl., 64

als das Leerste und Abstrakteste. Dieser Gott traf und betraf den
Menschen so herzlich wenig, daß zwischen Gotteslehre und Gottes-
leere allenfalls ein grammatischer Disput sich lohnte.

Daß es Hegels ureigenste Absicht war, seine 'Logik' auch als
Theologie zu entwickeln, ist klar belegt. Wie diese Durchführung
gelingen kann, ist noch auszuführen. Festzuhalten gilt es "das
Absolute" als "gerade das ganz Gegenwärtige, das wir als Den-
kendes... immer mit uns führen und gebrauchen."(117)

Deshalb ist der Schritt in den reinen Gedanken, in die reinen
Denkbestimmungen zu wagen.

3.2.1 Die Deutlichkeit des Gedankens: Sein und Nichts

Wenn ein Kontroversthema bei Hegel zu nennen wäre, dann böte
sich ohne langes Zögern der Anfang der 'Logik' an. Handlicher
als hier in diesen kurzen (ohne die vier langen Anmerkungen)
Ausführungen zu Sein, Nichts und Werden läßt sich Hegels Denken
oder Denkfehler, seine Behauptung, seine willkürliche Konstruktion, die Fragwürdigkeit seines Unternehmens, sein Denken als
Gasuhr-System – je nach dem eigenen Standpunkt des Kriti-
kers – wohl kaum sonst kritisieren. Deshalb scheint es angezeigt,
die entscheidenden Einwendungen gegen Hegels Lehre von Sein und
Nichts darzulegen.(118)

Ein erster Einwand sieht Sein und Nichts als einander bloß entgegengesetzte Aspekte ein und desselben Gedankens der 'unbestimmten Unmittelbarkeit' an. In diesem Gedanken erweisen sie
sich als bestimmt, da sie von dieser unterschieden werden können
und zugleich damit von ihr verschieden sind.

Klar tritt die Schwierigkeit zutage, die allen Einwänden gegen
den Übergang von Sein in Nichts und des Nichts ins Sein gemeint
sind: Die bestimmte Unmittelbarkeit des Anfangs macht um ihrer
selbst willen jede Unterscheidung von Sein und Nichts unmöglich.
Wird dennoch an einer Unterscheidbarkeit festgehalten, wie dies
Hegel anscheinend tut, so tritt, nolens volens, eine Bestimmtheit
auf. Sein und Nichts wären unmöglich mehr unbestimmte Unmittelbarkeit, sondern bestimmte Momente der Reflexion. Doch dieses

---

117 STW 8,85; Enzy. I § 24 Zus. 2

118 Vgl. im folgenden D. Henrich, Hegel im Kontext, Frankfurt/
     M 1975, 2. Aufl., 75 f

war nicht Hegels Gedanke. Sehr treffend charakterisiert heißt das: "Sein soll die **ganze** unbestimmte Unmittelbarkeit denken. Und sofern sie als Nichts gedacht wird, ist sie ebenso als **ganze** gedacht. Deshalb kann man nicht sagen, daß Sein sich näher als Nichts bestimme oder daß Sein in seinen **Gegensatz** übergehe, welcher das Nichts ist. Sein und Nichts sind nicht einander entgegengesetzt. Sie sind dasselbe, und sie sind ebensosehr verschieden, aber absolut verschieden, das meint: ohne Beziehung aufeinander. Wäre an ihnen eine solche Beziehung aufzuweisen, so wären sie nicht nur keine Bestimmungen der unbestimmten Unmittelbarkeit, sondern selbst gar keine unmittelbaren Bestimmungen. Jedes von ihnen wäre vielmehr durch sein Anderes vermittelt."(119)

Ein zweiter Einwand, der die unbestimmte Unmittelbarkeit als Oberbegriff von Sein und Nichts betrachtet, unterliegt sichtlich demselben Fehler. Indem Sein und Nichts, sowie die unbestimmte Unmittelbarkeit voneinander unterschieden werden können, so bestimmen sie sich aneinander und sind dadurch vermittelt.

Der dritte Einwand zielt darauf ab – sozusagen als Folge des Versagens der beiden vorhergehenden –, daß der anfängliche Gedanke: 'Sein-Nichts' gar nicht unterschieden ist, sondern nur ein Unterschied von leeren Worten ist. Sein und Nichts sind ein und dasselbe und ihr Unterschied ein bloß behaupteter.

Dagegen läßt sich schnell einwenden, man möge die unbestimmte Unmittelbarkeit anders denken als durch den Gedanken von Sein und Nichts. Schon die Wortbedeutung von 'unbestimmter Unmittelbarkeit' enthält offensichtlich ein affirmatives und ein negatives Element. So hält Hegel in der zweiten Auflage der 'Wissenschaft der Logik',(120) da ihm schon vielfache Kritik an eben diesem Anfang der 'Logik' bekannt war, diesen Kritikern vor, doch einen Unterschied zwischen Sein und Nichts anzugeben, der nicht bloß gemeint ist: **"Die welche auf dem Unterschiede von Sein und Nichts beharren wollen, mögen sich auffordern, anzugeben, worin er besteht."**(121) Alle jedoch, die glauben, sich an die logischen Regeln der alten Wissenschaft halten zu müssen, mögen "eine

---

119   Ebd. 77 f

120   STW 5,95 f Anm. 2; diese unterscheidet sich natürlich gänzlich von der Anm. 2 der 1. Auflage 1812/13 (GW 11,50 f).

121   STW 5,95

136

Definition vom Sein und Nichts aufstellen und zeigen, daß sie richtig ist."(122)

Mit der Abweisung der Kritik am anfänglichen Gedanken: 'Sein-Nichts' ist jedoch längst noch keine unfehlbare Begründung desselben gegeben. Bekanntlich galt Hegels Aufmerksamkeit vor seinem Tod der Überarbeitung und Neuausgabe der 'Logik' von 1812/13. Dabei fällt auf, daß er sich außerstande sieht – bis auf kleine Korrekturen –, das erste Kapitel 'Sein' grundsätzlich zu ändern aufgrund der ihm bekannt gewordenen Kritik.

Im Bedenken, ob Hegels erster logischer Gedanke des Anfangs tragfähig ist, können wir auf einige Überlegungen zurückgreifen.(123) Was nun die Möglichkeit eines absolut voraussetzungslosen Anfangs in der 'Logik' so schwer macht, zeigt sich folgendermaßen:

Eine erste Schwierigkeit ergibt sich schon in der 'Bestimmung' des Seins als unbestimmtes Unmittelbares. Diese Formulierung spiegelt deutlich wieder, daß jede Bestimmung oder Vermittlung das anfängliche reine Sein um eben seinen Charakter des Anfangs brächte, und es daher schlichtweg unmöglich erscheint, das Sein anders als durch negatives Abgrenzen zu beschreiben.

Darin tritt bereits ein nächstes Problem auf, wie denn überhaupt reines Sein angebbar und beschreibbar sei, wenn prinzipiell zugestanden werden muß, daß in der Entwicklung der logischen Kategorien kein Vorgriff auf noch gar nicht entwickelte Begriffe und Bestimmungen geschehen darf. So sind 'Verschiedenheit', 'Gleichheit', 'Ungleichheit' Reflexionsbestimmungen, die erst in der Wesenslogik ihre Darstellung finden. So bietet sich tatsächlich der Weg schlichtweg an, den D. Henrich als These so formuliert: "Die Logik des reinen Seins läßt sich überhaupt nur via negationis explizieren, in der Unterscheidung von der Logik der Reflexion."(124) Denn die Alternativen zu dieser Überlegung haben sich gerade (125) als unzulänglich erwiesen: Es ist ihnen unmöglich, ohne eine Bestimmung des Anfangs auszukommen.

---

122 STW 5,96

123 Vgl. oben S. 125 f

124 D. Henrich, Kontext 79 f

125 Vgl. oben S. 135 f

Damit scheint es jedoch um die Autonomie der Vernunft geschehen
zu sein. Sie vermag ihren Anspruch, Wissenschaft des reinen Gedankens zu sein, nicht weiter aufrecht zu erhalten. Noch anders
und einfacher ausgedrückt erscheint die crux der 'Logik' im Anfang darin zu bestehen, daß sie ihrer hervorragenden Stellung
im System, die voraussetzungslose Wissenschaft des reinen, sich
zum Verstehen bringenden Gedankens zu sein, verlustig geht,
wenn sie nicht als unbestimmte Unmittelbarkeit beginnt.

Ist dies jedoch eingesehen und anerkannt, so scheint ein Weiter-
gehen, ein Übergehen und Entwickeln verunmöglicht. Deshalb gilt
gerade diesem Punkt des **Übergehens** zurecht das Hauptaugenmerk
und der Kern aller diesbezüglichen Kritik.(126) Hegel müsse das
Ende der 'Logik' voraussetzen, um überhaupt den Anfang als Etwas denken zu können. Denn ohne sich etwas Bestimmtes zu denken, eben auch beim Sein und Nichts, läuft die 'Logik' sinnlos
und leer dahin, und vermag nie das erfüllte Ganze der absoluten
Idee zu werden. Es ist ja "auch nicht mehr als dies Gasuhr-System. Wo sollte auch mehr herkommen?"(127)

Um dieses ganz entscheidende 'Mehr', das aus dem reinen Gedanken selbst entspringen soll, geht es auch D. Henrich in einer
späteren Abhandlung. Er verneint darin die Möglichkeit, in der
'Logik' eine Selbstdarstellung der objektiven Vernunft zu sehen:
"Was sich aus übersehbaren Gründen durch die Verschiebung der
Bedeutung natürlicher Operationen und Begriffe gewinnen läßt,
das hat seinen Ursprung offenbar in dem konstruktiven Wissen
eines Theoretikers."(128)

Als ebenso kärglich kritisiert W. Röd die "Fragwürdigkeit dieses
Übergangs" von Sein in Nichts. Denn daraus, "daß der Ausdruck
'Sein' keinen Inhalt bezeichnet, kann nicht gefolgert werden, daß
er das Nichts zum Inhalt hat...".(129)

---

126   So schreibt etwa W. Bröcker (Formale, transzendentale und
      spekulative Logik, Frankfurt/M 1962, 19), "daß eine absolu-
      te Unbestimmtheit so undenkbar ist wie eine absolute Identi-
      tät."

127   Ebd. 21

128   D. Henrich, Formen der Negation in Hegels Logik, in: R.-
      P. Horstmann (Hrsg.), Seminar: Dialektik in der Philosophie
      Hegels, Frankfurt/M 1978, 226

129   W. Röd, Dialektische Philosophie der Neuzeit 1, München
      1974, 192

Den Gedanken, wie in der 'Logik' überhaupt eine Bewegung entstehen kann, wenn der Anfang nichts voraussetzen darf und sich
nur als erstes Unmittelbares zeigt und er trotzdem nur Anfang
ist, wenn er Anfang eines Fortgangs ist, also durch ihn vermittelt ist, bezeichnet H.G. Gadamer als eigentliches Problem der
Hegelschen Logik und ihren meistdiskutierten Punkt: "Woher soll
aber in der 'Logik', dort wo es lediglich um die gedanklichen
Inhalte, und gar nicht um die Bewegung des Denkens geht, eine
Bewegung entstehen und ein Weg durchlaufen werden?"(130)

Wenn wir nun mit Hegel versuchen, dieses Problem zu klären,
dann gilt es vor allem festzuhalten – darin läßt Hegel keinen
Zweifel –, daß keine Reflexionsbestimmungen in den Anfang 'hin-
ein-gemeint' werden dürfen. Der Anfang ist als ein "Nichtanalysierbares"(131) zu nehmen. Deshalb müssen aber auch Sein und
Nichts in ihrem gegenseitigen Übergehen als Unanalysierbare in
ihrer reinen Unmittelbarkeit genommen werden, denn die "Art der
Beziehung kann nicht weiter bestimmt sein, ohne daß zugleich
die bezogenen **Seiten** weiter bestimmt würden."(132)

Die daraus folgende Schwierigkeit, daß Hegel "am Anfang der
Logik nur die Evidenz eines reinen Gedankens beanspruchen"
kann, "macht es unmöglich, Einwände durch direkte Gegengründe

---

130 H.G. Gadamer, Hegels Dialektik, Sechs hermeneutische Stu-
     dien, Tübingen 1980, 2. Aufl., 74

131 STW 5,75; GW 11,38

132 STW 5,109; GW 11,54 f. In dieser bedeutsamen Anmerkung 3,
     die Hegel ebenfalls völlig neu gestaltet hat, gegenüber der
     ersten Ausgabe der 'Logik', tritt er einem Mißverständnis
     bezüglich jenes Übergehens entgegen, welches das "Nichts"
     als **Grund** vom Sein" und das "Sein" als den **Grund** von
     Nichts" ansieht, oder "das Nichts" als **Ursache** vom Sein"
     (STW 5,109) versteht. Deshalb verbietet es die Kategorie
     'Grund' (als Reflexionsbestimmung) nach Hegels ureigenstem
     Verständnis, die 'Logik' als eine solche 'Onto-Logik' zu
     verstehen, wie dies M. Heidegger tut: "Weil Sein als Grund
     erscheint, ist das Seiende das Gegründete, das höchste Sei-
     ende aber das Begründende im Sinne der ersten Ursache.
     Denkt die Metaphysik das Seiende im Hinblick auf seinen
     jedem Seienden als solchem gemeinsamen Grund, dann ist
     sie Logik als Onto-Logik" (Ders.. Identität und Differenz
     63).

zu entkräften und ist deshalb eine Quelle unaufhebbarer Zweideutigkeit."(133)

Dem ist zuzustimmen, jedoch mit der entscheidenden Einschränkung, daß Henrichs These der einzig möglichen Darstellung der
'Logik' via negationis – aus der Reflexionslogik – nicht zielfüh-
rend sein kann. Dies schon aus dem einen Grund, als ihm der
Zusammenhang von Autonomie der 'Logik' und deren gleichzeitiges
Verstehen als eine Dimension des ganzen Systems verschlossen
bleibt.(134) Zum anderen kann es nicht gelingen, weil er Hegel
grundsätzlich unterstellt "ganz nach dem Reflexionsmodell, das
bereits alles voraussetzt"(135) zu verfahren. Daher bleibt grundsätzlich auch am Schluß des Systems "die Einsicht in die Notwendigkeit eines Anfangs von unaufhebbarer Unmittelbarkeit."(136)

Hegel ist sich der einzigartigen Schwierigkeit des Anfangs der
'Logik' durchaus bewußt. Aus diesem Grunde dürfen wir davon
ausgehen, er versuche in seinen Ausführungen eine genügende
Erklärung oder Beschreibung dieses Problems zu geben. Dabei mag
die zweimalige, auffällige Verwendung des Begriffs 'Paradox' wei-
terhelfen.

Das erste Zitat findet sich in der Anmerkung 1:(137) "Wenn das
Resultat, daß Sein und Nichts dasselbe ist, für sich auffällt oder
paradox scheint...".

Die zweite Stelle, in der Anmerkung 3, lautet: "Das Umschlagen
des Nichts durch seine Bestimmtheit... in ein Affirmatives er-

133   D. Henrich, Kontext 90

134   Vgl. ebd. 92 f

135   D. Henrich, Selbstbewußtsein, in: R. Bubner, K. Cramer,
      R. Wiehl (Hrsg.), Hermeneutik und Dialektik, Aufsätze I,
      Tübingen 1970, 281.

      Vgl. ebenso D. Henrich, Fichtes ursprüngliche Einsicht,
      Frankfurt/M 1967, 50: "Hegel denkt die Einheit der Gegen-
      sätze nur dialektisch, also aus ihrem Resultat. Das Phäno-
      men des Ich verlangt aber, sie als ursprüngliche Einheit
      zu fassen."

136   D. Henrich, Kontext 93

137   STW 5,85; GW 11,45

scheint dem Bewußtsein, das in der Verstandesabstraktion fest-
steht, als das Paradoxeste".(138)

a) Die Schwierigkeit, das **Sein** als **Nichts**, **Nichts** als **Sein**, sowie
ihr Übergehen als **Werden** zu denken:

Hegel war überzeugt, daß kein Anfang im Denken zu machen ist,
der schon bestimmt oder vermittelt ist. Der Anfang darf weder
eine Bestimmung gegen Anderes, noch eine in sich haben: "Der
Anfang ist also das **reine Sein**."(139) Solch voraussetzungsloses
Anfangen mit dem reinen Gedanken als reinem Sein erscheint, wie
Hegel selbst treffend bemerkt, als "der Entschluß, den man auch
für eine Willkür ansehen kann."(140)

Wie ist diesem, uns schon bekannten Vorwurf eines konstruktiven,
theoretischen Kraftaktes des Philosophen Hegel zu begegnen? Einzig der Hinweis auf den **Ansatz** der 'Logik' aus dem Resultat der
'Phänomenologie des Geistes' bietet hier ein Weiterkommen an.
Denn der Einsatz des reinen Denkens mit dem reinen Sein und reinem Nichts erschiene tatsächlich als ein willkürlicher, unbegrün-
deter und unbegründbarer Sprung, dem aus seiner abstrakten
Leerheit nur durch dialektische Erpressung lebendige Konkretheit
abzulisten sei.

Wenn nun der Ansatz der 'Logik' im reinen Wissen Geltung hat,
und sich so als Ergebnis der Bewußtseins- und Erkenntniskritik
der 'Phänomenologie des Geistes' versteht, und deshalb sich als
die einzig wahre Stellung des Gedankens zur objektiven Wirklichkeit erwiesen hat: dann ist jedenfalls der Schein von Willkür im
anfänglichen reinen Gedanken der 'Logik' entfernt. Die 'Logik'
kann sich deshalb darauf berufen, allen Gegensatz, alle Unterschiede überwunden zu finden. Sie findet "alle Beziehung auf ein
Anderes und auf Vermittlung aufgehoben."(141) Deutlicher heißt
dies, das Resultat der Erfahrungsgeschichte des Bewußtseins als
absolutes Wissen ist wohl kein Ein- oder Vorgriff in die Autonomie der 'Logik'. Es hat jedoch in seiner Dimension alles dem reinen Gedanken Entgegenstehende aufgehoben und somit dem Gedanken den Weg frei gemacht zum reinen, sich verstehenden Denken.

---

138   STW 5,108

139   STW 5,69; vgl. GW 11,34

140   STW 5,68

141   STW 5,68; vgl. GW 11,33

Die nun entstehende Frage ist, was dieses 'Aufheben' des Gegensatzes und der Unterschiedenheit im absoluten, reinen Wissen für das reine Denken der Wissenschaft besagt? Darauf läßt sich (nur) antworten, daß der Anfang der 'Logik' in sich ebenso unabhängig, voraussetzungslos, d.h. unmittelbar und unbestimmt zu nehmen ist. Dabei zeigt sich eine unaufhebbare Zweideutigkeit (142) des Anfangs der 'Logik', der einerseits gänzlich unabhängig, unmittelbar und andererseits doch nicht willkürlich ist.

Was ergibt sich daraus, wenn man das Gespräch mit Hegel nicht schon hier unterbricht und ihm dialektische Überlistung unterstellt? Wir begegnen hier dem Gedanken in seiner ganzen Reinheit als **absolut unterschiedener Ununterschiedenheit.**(143) Dies ist sozusagen der Ur-Gedanke der Hegelschen Logik, der nicht mehr weiter auf anderes zurückzuführen ist, der unmittelbar an sich selbst ist.(144)

Wodurch läßt sich jetzt, ohne Rückbezug auf den Ansatz der 'Logik' als reines, absolutes Wissen der Gedanke der reflexionslosen, unbestimmten Unmittelbarkeit als gerade nicht beliebiger, sondern als wahrer Gedanke erweisen? Dies zeigt sich im **Gedanken als Deutlichkeit.**

Damit soll einmal einsichtig werden, daß die Aussagenlogik in der Form des Urteils, als Beziehung von Subjekt und Prädikat ungeeignet ist "spekulative Wahrheit auszudrücken."(145)

---

142   Vgl. D. Henrich, Kontext 90

143   Vgl. STW 5,83; GW 11,44

144   Eine bemerkenswerte Korrektur der ersten Auflage durch die zweite Auflage der 'Logik' bestätigt dieses. Heißt es zuerst: "diß Reflexionslose Seyn ist das Seyn, wie es unmittelbar **an und für sich** ist" (GW 11,43), so liest man später: "Dies reflexionslose Sein ist das Sein, wie es unmittelbar nur **an ihm** selber ist" (STW 5,82; beide Hervorhebungen sind von mir). Über die Bedeutsamkeit dieses **'an ihm'** hat uns schon die Analyse der Erfahrung als dem neuen, wahren Gegenstande in der Einleitung zur 'Phänomenologie des Geistes' hinreichend aufgeklärt.

145   STW 5,93; GW 11,49

Desgleichen zeigt sich, daß es keinen Gedanken gibt, der nicht
als Gedanke eine **Bedeutung** (146) an ihm selber ist. Die **Deutlichkeit** des reinen unmittelbaren Gedankens tritt aber stets als
Sein und Nichts hervor. Denn es muß gesagt werden, "**daß es nirgends im Himmel un auf Erden etwas gebe, was nicht beides, Sein
und Nichts, in sich enthielte.**"(147) Bezüglich des logischen Anfangs als dem Ansatz im reinen Wissen heißt die entsprechende
Textstelle: "Hier mag daraus nur angeführt werden, daß es Nichts
gibt, nichts im Himmel oder in der Natur oder im Geiste oder wo
es sei, was nicht ebenso die Unmittelbarkeit enthält als die Vermittlung, so daß sich diese beiden Bestimmungen als **ungetrennt**
und **untrennbar** und jener Gegensatz sich als ein Nichtiges
zeigt."(148)

Was ist Denken? Der Gedanke als Deutlichkeit. Diese ist der un-
sagbare,(149) unterschiedslose Unterschied, dessen Darstellung
der ursprüngliche, reine Gedanke **als** Sein, Nichts und Werden
ist. Daraus folgt, daß jede Interpretation der 'Logik', welche
die erste Sphäre 'Sein' als eine Abfolge, oder als Ableitung einer
Bestimmung aus der anderen versucht, scheitern muß und den
spekulativen Gedanken des Anfangs verfehlt. Denn der reine Gedanke **als** Deutlichkeit bedeutet unmittelbar an ihm die Abbreviatur des dreidimensionalen Ganzen. Kein einziger Gedanke vermag
gefaßt zu werden, ohne diese Deutlichkeit. Die Darstellung (oder
das Sich-Zeigen) dessen ist der einzige, aber auch einzigartige
Sinn der Sphäre des Seins: Ohne Vorgriff auf Reflexionsbe-

---

146   "Nichts Anschauen oder Denken hat also eine Bedeutung"
      (STW 5,83; GW 11,44). Zum Sinn von 'Bedeutung' findet sich
      bei L. Wittgenstein (Vermischte Bemerkungen 38) ein erhel-
      lender Gedanke: "Das Unaussprechbare (das, was mir ge-
      heimnisvoll erscheint und ich nicht auszusprechen vermag)
      gibt vielleicht den Hintergrund, auf dem das, was ich aus-
      sprechen konnte, Bedeutung bekommt."

147   STW 5,86

148   STW 5,66

149   "Man **meint**, das Sein sei vielmehr das schlechthin Andere,
      als das Nichts ist, und es ist nichts klarer als ihr abso-
      luter Unterschied, und es scheint nichts leichter, als ihn
      angeben zu können. Es ist aber ebenso leicht, sich zu
      überzeugen, daß dies unmöglich, daß dies unsagbar ist"
      (STW 5,95).

griffe (150) und ohne Voraussetzen des Begriffs des dreidimensionalen Systemganzen an ihm unmittelbar trinitarisches Bedeuten
zu sein.

b) Im Paradox des Umschlagens des Nichts in Affirmation bricht
die Schwierigkeit des reinen Gedankens als Übergehen erneut hervor. Denn die Deutlichkeit des Gedankens als trinitarische Unmittelbarkeit ('Sein-Nichts-Werden') vermag ja vorerst nicht zu
erklären, warum sie sich gegenseitig nicht aufheben und in Null
auflösen, sondern als Momente eines Denkprozesses sich fortbestimmen und zugleich diesen Denkprozeß einleiten.

Die Beantwortung dieser Frage führt tief ins Wissen dessen, was
bei Hegel die logische Methode überhaupt ist. Daher kann es
nicht ausbleiben, daß sich etliches erst in den nächsten Überlegungen zu Methode und Modus aufhellen wird.

Setzte man nun, wegen der unbestritten schwierigen Denksituation,
worin denn das Wesen des Hegelschen Negationsbegriffes und weiter der 'Reflexionsfigur' der Negation der Negation besteht, beim
ersten hierfür geeigneten Abschnitt der 'Logik', dem Dasein als
dem quantitativen Etwas (151) ein, so wäre man gerade dieser
Unbekömmlichkeit aus dem Weg gegangen.(152)

Wenngleich hier noch von keiner 'Entwicklung', sondern besser
vom 'Übergehen' zu sprechen ist, so ist eben damit schon alles
vorausgesetzt. Dann hilft es auch nicht weiter, Hegels Auffassung
zu zitieren, "daß das Nichts (in der Entgegensetzung!) nicht das

---

150 Denn es gilt hier "nichts zu tun, als das zu betrachten
oder vielmehr mit Beiseitsetzung aller Reflexionen, aller
Meinungen, die man sonst hat, nur aufzunehmen, was vorhanden ist" (STW 5,68).

151 STW 5,115; GW 11,59

152 Diese Darstellungsweise ist bei Christofer Frey (Reflexion
und Zeit, Gütersloh 1973,309) nachzuweisen, wenn er etwa
schreibt: "Der erste hier zur Verdeutlichung (dessen, was
Negation und Negation der Negation eigentlich bedeuten;
Einschub von mir) geeignete Abschnitt handelt vom 'Etwas'.
Hegel hat das Dasein entwickelt und will es nun bestimmen.

144

leere Nichts, sondern das Nichts des anderen (und sei es des anderen als es selbst!) ist."(153)

Ohne Hegels eigene Beispiele (154) anzuführen, wird Hegels Dialektik des Nichts – trotz gegenteiligen Beteuerns – in ein formales Schema gefügt, um schließlich die christologische Lösung anzuhängen: "Hegels Nichts wird aus dem reinen Nichts, der 'einfachen Gleichheit mit sich selbst', der 'vollkommenen Leerheit, Bestimmungs- und Inhaltslosigkeit', zum Nichts von irgendetwas und geht in die Bewegung der Negation ein, in der es sich mit der Bewegung des Gedankens verändert und als Negation der Negation schließlich eher konkret gefüllt sein kann: als die Kraft des Lebens, die sich auch im Nichten bewahrt. So kann die Negation der Negation schließlich in der Überwindung des Todes durch das Leben in der Gestalt Christi auftreten."(155)

Zu diesem christologischen Modell der Negation der Negation, der Überwindung des Todes durch die Auferstehung, soll hier nur einmal angemerkt werden, wiesehr eine historische, sinnliche Real-Person Jesus von Nazareth ungeeignet sein muß, den fundamentalen Kern des Hegelschen spekulativen Systems zu begründen. Darin liegt wohl einer der Gründe, die Hegel veranlaßt haben, eher auf das Versöhnungsmodell der Schöpfung (also eher die Schöpfungstheologie zu bevorzugen) zurückzugreifen.(156)

Die unverzichtbare Bedeutung der positiven Negation,(157) daß das Nichts nicht zum leeren Nichts führt, stellt Hegel außer Zweifel: "Das Einzige, **um den wissenschaftlichen Fortgang zu**

---

153   Ch. Frey, Reflexion und Zeit 310

154   Vgl. etwa STW 5,85.95.96.108.111; GW 11,45.51.53.54.56

155   Ch. Frey, Reflexion und Zeit 311

156   Wie eben in STW 5,85; GW 11,45

157   Hierzu sei wieder Th.W. Adorno erwähnt, der gerade in seiner äußersten Abgrenzung von Hegel – daß das Ganze das Negative, Unwahre sei – zugesteht, daß wie "fast eine jegliche der Hegelschen Kategorien... auch die der negierten und dadurch positiven Negation einigen Erfahrungsgehalt" hat "für den subjektiven Fortgang philosophischer Erkenntnis. Weiß der Erkennende genau genug, was einer Einsicht fehlt oder worin sie falsch ist, so pflegt er kraft solcher Bestimmtheit das Vermißte bereits zu haben" (Negative Dialektik 161).

gewinnen - und um dessen ganz **einfache** Einsicht sich wesentlich
zu bemühen ist -, ist die Erkenntnis des logischen Satzes, daß
das Negative ebensosehr positiv ist oder daß das sich Widersprechende sich nicht in Null, in das abstrakte Nichts auflöst, sondern wesentlich nur in die Negation seines **besonderen** Inhalts,
oder daß eine solche Negation nicht alle Negation, sondern die
Negation der bestimmten Sache, die sich auflöst, somit bestimmte
Negation ist; daß also im Resultate wesentlich das enthalten ist,
woraus es resultiert, - was eigentlich eine Tautologie ist, denn
sonst wäre es ein Unmittelbares, nicht ein Resultat... In diesem
Wege hat sich das System der Begriffe überhaupt zu bilden und
in unaufhaltsamem, reinem, von außen nichts hineinnehmendem
Gange sich zu vollenden."(158)

Der Gedanke der positiven Negation ist jedoch zudem untrennbar
verbunden mit der Frage nach dem 'Woher?' des Fortganges, der
Initiation eines Prozesses, der als reine Wissenschaft "... das
reine sich entwickelnde Selbstbewußtsein" in der "Gestalt des
Selbsts"(159) ist. So besehen ist H.-G. Gadamer zuzustimmen, wenn
er darin "das eigentliche Problem der 'Logik' und in Wahrheit"
den meistdiskutierten "Punkt in dem ganzen systematischen Entwurf Hegels"(160) sieht.

Wie kann alsdann aus einem reinen Anfang, der nichts voraussetzen darf, also unmittelbar und unbestimmt sich zeigt, der Anfang
zu einem Anfang eines Übergehens, Durchscheinens, einer Entwicklung werden, von der aus er selbst wieder bestimmt, eben
auch vermittelt ist? Wenngleich diese Frage öfter schon angeklungen ist und an ihrem Ort auch zu lösen versucht wurde - etwa
in der Voraussetzungsproblematik -, so stellt sie sich hier erneut
und radikal. Dabei wird sich zeigen, daß es keine **ein**-schlägige,
alles befriedende Antwort geben kann. Vielmehr sind einzelne,
wirksame Denkschritte zu unternehmen, die in ihrem Zusammen
erst ein logisches Bild ergeben können.

Den ersten Denkschritt haben wir getan, da der erste, reine Gedanke sich als Deutlichkeit, als Bedeutung gezeigt hat. Dies unterschiedslose unterschiedene 'Sein-Nichts' welches als Übergegangensein von Sein in Nichts und Nichts in Sein als Eines und als

---

158   STW 5,49; GW 11,25

159   STW 5,43; vgl. GW 11,21

160   H.-G. Gadamer, Hegels Dialektik 74

146

Allgemeines zu nehmen ist.(161) Denn es fällt auf, wie sehr Hegel darauf bedacht ist, von Sein und Nichts in der Singularität zu sprechen und die **Einheit** von Sein und Nichts als **Einfachheit** auszudrücken. Deshalb darf über die Anstößigkeit, das Paradox des Satzes: "**Das reine Sein und das reine Nichts ist also dasselbe**"(162) nicht vergessen werden, daß Hegel tunlichst vermeidet zu sagen, 'sie sind dasselbe'.(163)

Daraus folgt eine zweite Überlegung, die sich ebenso an unser obiges,(164) ausführliches Zitat aus der 'Logik' fügt: Ist nicht, bei gegebenem Sein als Übergegangen-Sein, der Fort-Gang des Gedankens eine bloße Tautologie?

Daß diese Frage nach einer tautologischen Selbstverunmöglichung des anfänglichen Gedankens von Hegel nicht marginal abgetan wird zeigen nicht nur die häufigen Zitate.(165) Hegel stemmt sich ja vehement gegen alles scheinwissenschaftliche Erklären, welches tautologische Gerede (166) – Hegel nennt vornehmlich die physikalischen Wissenschaften, denen heute wohl die empirischen Wissenschaften entsprechen – nie zum Kern der Sache dringt, weil es für das physikalische Phänomen der Bewegung der Planeten um die Sonne "**die anziehende Kraft** der Erde und Sonne gegeneinander"(167) angibt.

---

161 Da wir uns im Reich des reinen Gedankens befinden, mag nochmals einem häufig vorgebrachten Einwand entgegengetreten werden, der "diese erste Bestimmung von Werden unter der Voraussetzung des Unterschieds von Sein und Nichts, und das hieße von dem bestimmten Sein, das Hegel 'Dasein' nennt" (H.-G. Gadamer, Hegels Dialektik 78) denkt.

162 STW 5,83; GW 11,44

163 Vgl. auch STW 5,85; GW 11,45

164 Vgl. oben S. 145 f; STW 5,49; GW 11,25

165 Für uns sind hier von besonderer Bedeutung: STW 5,49.85 und 102; GW 11,25.45.52.54; vgl. auch die obigen Überlegungen zur tautologischen Gleichheit (oben S. 83), die als Gleich-Gültigkeit ihr Wesen zeigt.

166 Vgl. STW 6,98 f; GW 11,304 f

167 STW 6,98; GW 11,304

Doch die Frage nach der Tautologie,(168) der einfachen Gleichheit mit sich selbst, der gleichgültigen Leerheit und Gehaltlosigkeit, zielt wesentlich tiefer. Denn Tautologie ist das gerade nicht Selbstverständliche (n.b. im umgangssprachlichen Sinne!), da sie als reine Gleichheit mit sich ihre eigene Unmöglichkeit ist: Es ließe vom Sein sich gar nicht sagen oder denken: 'Sein ist Sein', vom Nichts genausowenig: 'Nichts ist Nichts' oder weiters, ein Stein ist ein Stein, ein Haus ein Haus... So ist der Satz: **"Ex nihilo nihil fit** ...Nichts ist Nichts... oder... indem nur **Nichts** aus **Nichts wird"**(169) einmal eine gehaltlose Tautologie und wesentlich ein abstrakter Pantheismus, dessen Prinzip ein abstrakter Identitätsbegriff ist.

Genau diese abstrakte Einheit legt Zeugnis von ihrer eigenen Unmöglichkeit ab: Die abstrakte Einheit als Eines schließt alle Vielheit und Mannigfaltigkeit aus und vermag sich deshalb nur als Unterschiedsloses und Unbestimmtes zu erhalten. Da diese abstrakte Einheit höchstens noch als bloßes, reines, ins Unendliche fortgehendes Wiederholen denkbar ist, taugt sie nie als Erklärungsprinzip für irgendetwas. Ihre Hohlheit hat sie um jede Denk- und Lebensbedeutung gebracht: Die abstrakte Einheit ist ihre eigene Nichtigkeit.

Das bedeutet, daß jetzt die Tautologie an sich ein Übergehen vom Eins–Sein zum **Nicht–Sein** zeigt. Anders ausgedrückt heißt es, das unmittelbare, unbestimmte, abstrakte Sein als das Allgemeine, Eine ist übergegangen in Nichts, so daß das Allgem–Eine eine Einheit von Sein wie von Nichts ist. Beide gehen ineinander über und "paralysieren"(170) sich gegenseitig. Die Frage dabei ist, ob hier ein Fortschritt, ein Denkprozeß eingeleitet wird, oder wiederum bloß ein unendlich sich wiederholendes Palaver sich abspielt. Wie Sein–Nichts als Werden reine Bedeutung, unterschiedsloses Unterscheiden und doch aller Bestimmung und Vermittlung bar sein müssen, so zeigt sich nun erneut ein **Bedeuten**, jedoch **als Resultat:** Sein und Nichts haben als Werden, als Über-

---

168 Dagegen wendet sich Th.W. Adorno (Negative Dialektik 163), indem er die Gleichheit mit sich, die Formel der reinen Identität, das Wissen als Positivität, als Gaukelei zu entlarven meint, "weil dies Wissen gar nicht mehr das des Objekts ist, sondern die Tautologie einer absolut gesetzten νόησις νοήσεως."

169 STW 5,85; GW 11,45

170 STW 5,112; GW 11,57

148

gehen eine je verschiedene Herkunft, sie kommen aus "unterschiedenen Richtungen",(171) so daß sie ohne äußere Bestimmungen sich als **Moment** des Anderen vorfinden. Der alles entscheidende Fehler dabei ist die Vorstellung, wenn Sein in Nichts und Nichts in Sein übergehen, so sei alles gleich geblieben, es könne sich kein 'Mehr', kein Fortschritt darin erkennen lassen. Doch gerade darin deckt Hegel ein äußerliches Vorstellen auf. Vielmehr "heben sie sich nicht gegenseitig, nicht das eine äußerlich das andere auf, sondern jedes hebt sich an sich selbst auf und ist an ihm selbst das Gegenteil seiner."(172)

Damit drängt sich ein dritter Denkschritt auf, daß nämlich jede Negation das Resultat dessen ist, woraus es resultiert. Es ist nicht so, daß Sein-Nichts als Werden leer und sinnlos ein endlos sich totlaufendes Wechselspiel betreiben, sondern das "Werden enthält also Sein und Nichts als **zwei solche Einheiten,** deren jede selbst Einheit des Seins und Nichts ist; die eine das Sein als unmittelbar und als Beziehung auf das Nichts; die andere das Nichts als unmittelbar und als Beziehung auf das Sein."(173)

Was ist also hier geschehen? Beide sind zu Momenten einer Einheit herabgesunken, die dadurch **bestimmte** Einheit wurde, aber nicht durch ein äußerliches Drittes, sondern an ihnen selbst. Die **Momenthaftigkeit** der ineinander übergehenden Seiten ist eine Weise der reinen, unmittelbaren **Selbstbestimmung.** Der eminente Ausdruck dafür ist **Aufhebung.** Auf den Doppelsinn und die Bedeut-

---

171   STW 5,112; GW 11,57. Diese Richtungsänderung hat für uns schon eine große Bedeutung gewonnen. Sie war (vgl. oben S. 77 f) als Rückfrage der 'Logik' in die 'Phänomenologie des Geistes', wie umgekehrt dieser in die 'Logik' entdeckt worden, worin der entscheidende Hinweis auf das 'Zugleich' – ihre Gleichzeitigkeit, Gleichursprünglichkeit und Koexistentialität – zu erblicken ist.

Dasselbe muß natürlich für die weiteren Übergänge, wie sie am Ende der 'Phänomenologie' und in der Schlußlehre der 'Logik' dargestellt werden, zutreffen. In der Gestalt des enzyklopädischen Systems sind diese Wirklichkeitsdimensionen bekanntlich als Logik, Natur- und Geistphilosophie entwickelt.

172   STW 5,112; GW 11,57

173   STW 5,112; vgl. GW 11,56 f

samkeit dieses Begriffs macht Hegel auch sogleich aufmerksam.(174) In dieser Darstellung kommt aber auch unübersehbar zum Vorschein, wie sehr Aufhebung mit dem ursprünglichen 'Bedeuten' verquickt ist. Wenn nämlich für Hegel gilt, daß der erste und reine Gedanke nur als Sein und Nichts, als unterschiedsloses Unterscheiden denkt oder gedacht werden kann, so steht für ihn ebenso fest, daß darin allein der Gedanke seine unabhängige, unmittelbare und unbestimmte (d.h. nicht mehr weiter zerlegbare, ableitbare Bestimmung) Bedeutung hat. Da er selbst unverlierbare Bedeutung hat, ist jede weitere Bestimmung **Selbstbestimmung: Der Gedanke bedeutet in sich selbst die Sinnhaftigkeit seiner Selbstbestimmung.** Der Weg, der Fortgang dieses Prozesses zeigt sich dann tatsächlich als ursprüngliche Wortbedeutung von Sinn: sinnan-reisen, streben, gehen.

Der springende Punkt jedoch, weshalb dieses Fortbestimmen keine hohle Tautologie, kein leeres Hin- und Herspringen, auch kein bloßes Fortzählen einer Gasuhr ohne Sinn ist, besteht im Wesen des Aufhebens als gleichzeitigem Fortbestimmen und Rückwenden zum ersten Unmittelbaren. Das **Fortbestimmen** ist nur möglich und sinnvoll als **gleichzeitiges Refundieren seiner Herkunft.** Erst diese **Rücksicht,** diese Behutsamkeit des Gedankens wird sich als Möglichkeit erweisen, das wahrscheinlich tiefste Problem des Denkens zu lösen: **Anfang und Ende zusammen zu denken.**(175) Dieser Rückbezug vor allem garantiert, daß in der Negation das Unmittelbare aufgehoben, aufbewahrt bleibt und zu einem Moment des Prozesses emporgehoben wird, sein Bedeuten in den Fortgang einbringt, wie es selbst seine Bedeutung aus diesem Weggang empfängt, sich dadurch also **bestimmt.** Allein deshalb erweist sich die Negation als **bestimmte Negation.**(176)

---

174   Vgl. STW 5,113 f; GW 11,58

175   Vgl. Parmenides, Vom Wesen des Seienden. Die Fragmente, griechisch-deutsch. Herausgegeben, übersetzt und erläutert von Uvo Hölscher, Frankfurt/M 1969, 15 Fr.5: "Es ist für mich das Gleiche, von wo ich anfange; denn dahin kehre ich wieder."

176   Zum Wesen des Negativen bei Hegel, besonders in der Hinsicht auf das Problem der Theodizee, das Böse und die Sünde, ist viel gesagt und geschrieben worden. Im Vorblick auf die noch zu behandelnde scholastische Methode soll hier eine Überlegung angestellt werden zu Thomas von Aquins Begriff des Nichtigen und Bösen und dieser mit Hegels Negationsverständnis verglichen werden.

Für den Aquinaten gibt es ein eindeutiges Seinsgefälle vom Guten zum Nichtigen, Bösen. Dies darzulegen genügen wenige Hinweise aus einer Flut von Belegen: "Omne malum fundatur in aliquo bono et omne falsum in aliquo vero" (S.th. 1q17a4 ad 2: Alles Böse wurzelt in einem Guten und alles Falsche in einem Wahren); "Negatio neque ponit aliquid neque determinat sibi aliquid subjectum" (S.th. 1q17a4 c: Weder setzt die Verneinung etwas, noch bestimmt es ein zugrundeliegendes Etwas aus sich). Thomas stellt also deutlich die Priorität des Positiven, Guten im Sein heraus gegen das Negative und Böse.

Wenn nun Hegel vorgeworfen wird, er stelle das "Negative ... unzulässigerweise mit dem Positiven auf ein und dieselbe ontologische Ebene..., ja es wird sogar 'für das Tiefere und Wesenhaftere' genommen im Vergleich zum Positiven" (B. Lakebrink, Studien zur Metaphysik Hegels, Freiburg 1969, 224), dann sind Position und Negation – wie Hegel sie versteht – in ihrem Wesen verkannt. Immer hat hier Hegels klares Wort beachtet zu werden: "Nur das Sichaufheben der Einseitigkeit **beider an ihnen selbst** läßt die Einheit nicht einseitig werden" (Enzy. I § 242; STW 8,392). Noch dazu wurde das Zitat aus dem Zusammenhang von Widerspruchsprinzip und dem Satz der Identität gerissen. Hegel meint dort (STW 6,75; GW 11,286) wohl zurecht, daß die (analytische) Identität nur als "Bestimmung des einfachen Unmittelbaren, des toten Seins" tauge. Der Widerspruch hingegen wäre "für das Tiefere und Wahrhaftere zu nehmen" weil er "die Wurzel aller Bewegung und Lebendigkeit" (ebd.) ist.

Für uns ist jedoch die Einsicht in die Bedeutung des **Anderen** entscheidend. Auch Hegel kehrt dies unermüdlich hervor in der Darstellung des absoluten Unterschiedes (STW 6,46 f; GW 11,265 f) und der Verschiedenheit (bes. STW 6,54; GW 11,271). Besonders eindringlich wird die Bedeutung des Anderen dann in der Bestimmung des Gegensatzes von Positivem und Negativem: "Jedes ist so überhaupt **erstens, insofern das Andere ist;** es ist durch das Andere, durch sein eigenes Nichtsein das, was es ist; es ist nur **Gesetztsein. Zweitens:** es ist, **insofern das Andere nicht** ist; es ist durch das Nichtsein des Anderen das, was es ist; es ist **Reflexion-in-sich.** Dieses beides ist aber die **eine** Vermittlung des Gegensatzes überhaupt,..." (STW 6,57; GW 11,274).

Als das Wesentliche darin offenbart sich ein Kernstück der Hegelschen Methode, daß beide zusammen den Unterschied,

Der Gewinn der bestimmten Negation, die Aufhebung als ständige Rücksicht, vermag nur so ausgedrückt zu werden, wie sich dies als eine der grundsätzlichen Einsichten ins Wesen der logischen Methode zeigt: Weil das Übergehen kein bloßes Auswechseln der Stellungen . - etwa ein beliebiges Ändern des positiven oder negativen Vorzeichens - ist, sondern zwei komplementäre Einheiten ergibt, die wieder selbst jede die Einheit des Seins und des Nichts sind. Dabei bleiben sie als unterschiedene ebenso ungetrennt und untrennbar ein einheitliches Ganzes, weil ihre Komplementarität die Einheit als Einseitigkeit verhindert. Deshalb hat das Übergehen ein Resultat, indem "ein allgemeines Erstes, **an und für sich betrachtet**, sich als das Andere seiner selbst zeigt."(177)

Wir sind damit zur Grundformel der hegelschen Methode und der 'Logik' überhaupt gestoßen. Sie allein vermag der Garant dafür zu sein, die 'Wissenschaft der Logik' als **die** Formel des Wirklichkeits-Ganzen auszuweisen.

3.3 Methode und Modus

Über die Voraussetzungslosigkeit des reinen Gedankens, über die Negation als bestimmte Negation und die wesentliche - schon angedeutete - Erweiterung der Bestimmung der Negation zum Anderen seiner selbst, haben wir entscheidende Einblicke gewonnen, die uns instande setzen, den inneren und äußeren Duktus der **Methode als Modus des Ganzen** zu begreifen.

Es ist ja explizites Ziel dieser Arbeit, Bedingung und Möglichkeit einer 'Gotteslogik' bei Hegel aufzuzeigen. Bis hierher sollte nun auch deutlich geworden sein, daß eine solche Logik allein in der - sozunennenden - trinitarischen Verfassung der Wirklich-

---

die Verschiedenheit, den Gegensatz und Widerspruch ausmachen, wobei dennoch gilt: der Unterschied "ist das Ganze und sein Moment" (STW 6,47; GW 11,266).

Ebenso kurz greifen F. Hogemann/W. Jaeschke (in ihrer sonst gediegenen Ausführung in: Die Wissenschaft der Logik, in: O. Pöggeler (Hrsg.), Hegel, Freiburg/München 1977, 86): "... indem andererseits alle Realität Negation ist, wird der Inbegriff aller Realitäten - durch den die Metaphysik den Gottesbegriff dachte - zum Inbegriff aller Negationen, das ens realissimum zugleich zum Nichts."

177   STW 6,561; GW 12,244

keit und der Erfahrung zu suchen ist. Deshalb wird auch der vierte und eigentlich letzte Abschnitt der vorliegenden Arbeit dem Wesen der Trinität auf der Spur bleiben. Denn über das gläubige Bekenntnis zum 'Einen Gott in Drei Personen' ist die intellektuell-begriffliche Durchdringung der Dreifaltigkeit Gottes, als einem der größten und strengen Geheimnisse, Mysterien des Glaubens, noch stets ungenügend geblieben.

Zudem wird der Lebensbezug, die Bedeutung, ob der Ein-Gott-Glaube in sich nur eine, drei, vier oder beliebig viele Personen, Ausfaltungen besitzt, als gar nicht vorhanden empfunden, oder als unnütze Theologenspekulation beiseite geschoben.

Deshalb ist es, eingestandener Weise, wahrlich schwierig, außer dem Versuch der Kirchenväter und der scholastischen Philosophie, Wesentliches zu diesem Thema zu erfahren. Dieser scheinbaren Lebensferne gegenüber läßt sich jedoch sehrwohl eine Beziehung, ein Berufen auf eine der drei göttlichen Personen innerhalb der bekennenden Christenheit feststellen. So dürfte der Geist-Vergessenheit heutiger Tage das verstärkte Auftreten pfingstlich-charismatischer Bewegungen entsprechend entgegen treten, wie andererseits die Aufteilung, Trennung der Christenheit in die drei großen Glaubensgemeinschaften – katholisch, evangelisch und orthodox – eine gewisse Präferenz der jeweiligen Theologie zum Einen-Vater, Allein-Erlöser-Sohn und Gott-Vereiner aufweisen. Nicht unerwähnt soll auch eine immer wiederkehrende, immer wieder versuchte Einteilung der Weltzeiten in eine trinitarische Abfolge bleiben, unternimmt sie es doch sehr vehement, durch das Beschwören endzeitlicher Stimmung, auf den Lebenswandel der Menschen einzuwirken.

Welche Bedeutung dementgegen einer trinitarischen Gotteslogik zukäme, sollte sich noch weisen. Dazu aber könnte die Darstellung einer sozunennenden 'unitarischen' Gotteslogik einen ganz beträchtlichen Erkenntniszugewinn abwerfen.

3.3.1 Die scholastische Methode

Die scholastische Philosophie, der sich Hegel in seinen "Vorlesungen über die Geschichte der Philosophie"(178) widmet, wird von ihm weithin verkannt und als "eine ganz barbarische Philosophie des Verstandes, ohne realen Stoff, Inhalt"(179) abgetan.

---

178   STW 19,524-600

179   STW 19,587

Gleichwohl mildert sich dieses harte Urteil durch seine Geschichts-
auffassung eines in geschichtlichen Abschnitten sich erst realisie-
renden Geistes. Für Hegel ist hier nämlich die höchste, absolute
Wahrheit in der christlichen Religion ausgesprochen, aber an die
(Selbst-)Bewußtseinslosigkeit des knorrigen Verstandes "der nor-
disch-germanischen Natur"(180) verschwendet.

Diese Zeit war reich an Gegensätzlichkeiten besonders zwischen
monastisch-jenseitigem und herrisch-diesseitigem Bereich. Diese
Unterschiedlichkeit drückt sich in "theologischer Form" so aus,
daß "das Mittelalter... im allgemeinen die Herrschaft des Sohnes,
nicht des Geistes"(181) ist. Dieses Denken im "Unterschiede, ohne
die Identität zugleich zu setzen", so daß "der Sohn das Andere"(182) ist, führt zu einem "Philosophieren mit einer Voraussetzung; es ist nicht die denkende Idee in ihrer Freiheit, sondern
mit der Form einer Äußerlichkeit oder Voraussetzung behaftet".(183) Die Subjektivität, das Fehlen der Einsicht in die Bedeutung des Selbstbewußtseins, bedingte das Ausgeliefertsein (wie
anders das Anerkanntsein) des einzelnen Menschen an eine jensei-
tige Welt, den jenseitigen Gott. Deshalb mußte aller Inhalt und
alle Wahrheit ohne Begriff der Vernunft, ohne den Begriff der
Gewißheit seiner selbst aus einer anderen Welt bezogen und garantiert werden. Die scholastische Philosophie blieb als Wissenschaft somit "der endlosen Beweglichkeit der bestimmten Begriffe
preisgegeben", ihr Tun konnte keinen Inhalt, nichts Festes selbst
erreichen, sondern einzig reine Bewegung sein.(184)

Mit dieser Beschreibung hatte Hegel wohl zwei gewichtige Punkte
scholastischer Methode entdeckt: die absolute Voraussetzung der
inhaltlichen Quiddität – signifikant in den "auctoritates
patrum"(185) – und die daraus folgende, einzig mögliche Methode
der analytischen Identität A = A, einem endlosen Ausgleichsverfahren von sic et non "**argumenta pro** und **contra.**"(186) Die aber

---

180   STW 19,588

181   STW 19,542

182   STW 19,542

183   STW 19,542

184   STW 19,545

185   STW 19,552

186   STW 19,583

"entscheiden nicht, helfen nichts; Voraussetzungen sind solche sinnliche und endliche Bestimmungen, - also unendliche Unterscheidungen."(187)

Um diesem drohenden regressus in infinitum zu entgehen, muß die Reflexion des Ich ausgeschaltet bleiben, womit jedoch wieder die Innigkeit des Gedankens, der Begriff fehlt. So kommt der scholastische Verstand etwa zu richtigem "Beweis", aber "nicht Begreifen des Daseins Gottes."(188)

Als Hauptgedanke und vornehmliches Interesse scholastischer Philosophie verbleiben dann ihr Programm, welches Hegel nach Scotus Eriugena zitiert: "Die wahre Philosophie ist die wahre Religion, und die wahre Religion ist die wahre Philosophie";(189) weiters "der Streit zwischen Nominalismus und Realismus" und "die Beweise vom Dasein Gottes, - eine ganz neue Erscheinung."(190)

Mit den letzteren Beweisen ist notwendig auch der Mann Anselm von Canterbury zu nennen, der in Hegels Gewichtung des mittelalterlichen Denkens einsam herausragt.(191) Bei ihm findet Hegel im Traktat 'Cur Deus homo' das Programm, welches Hegel seinen philosophierenden und theologisierenden Zeitgenossen vorhält: "Es erscheint mir eine Nachlässigkeit zu sein, wenn wir im Glauben fest sind und nicht suchen, das, was wir glauben, auch zu begreifen."(192)

---

187   STW 19,583

188   STW 19,591 f

189   STW 19,553

190   STW 19,553

191   Allein die ihm gewidmete Anzahl der Seiten sticht alle anderen Denker aus: Sind ihm sieben Seiten zugebilligt, so muß Thomas von Aquin mit einer Seite vorlieb nehmen. Überhaupt entsteht der berechtigte Eindruck, daß sich Hegel nur aus den angeführten Philosophie- und Weltgeschichten und Werkauszügen informiert hat über die Scholastik (vgl. STW 19, 541).

192   STW 19,554; zitiert nach 'Cur Deus homo' I,2. Ph.d.R. I 1,45 zitiert lateinisch: "cum ad fidem perveneris, negligentiae mihi videtur non intellegere quod credis."

Nun ist tatsächlich Anselm von Canterbury, neben Abaelards 'Sic et non'-Methode, ein Wegbereiter scholastischen Denkens gewesen und wird zurecht 'Vater der Scholastik' genannt. Seine programmatische Losung (193) heißt: 'Credo, ut intelligam', sowie 'fides quaerens intellectum'.

Damit ist das Feld scholastischer Erkenntnisbemühung abgesteckt: das Verhältnis von auctoritas und ratio, von Glauben und Wissen. M. Grabmann nennt dazu folgende Bestimmungen der scholastischen Methode: "Die scholastische Methode will durch Anwendung der Vernunft, der Philosophie auf die Offenbarungswahrheiten möglichste Einsicht in den Glaubensinhalt gewinnen, um so die übernatürliche Wahrheit dem denkenden Menschengeiste inhaltlich näher zu bringen, eine systematische, organisch zusammenfassende Gesamtdarstellung der Heilswahrheit zu ermöglichen und die gegen den Offenbarungsinhalt vom Vernunftstandpunkte aus erhobenen Einwände lösen zu können. In allmählicher Entwicklung hat die scholastische Methode sich eine bestimmte äußere Technik, eine äußere Form geschaffen, sich gleichsam versinnlicht und verleiblicht."(194)

Der Schlüssel zum speziellen Verständnis der scholastischen Methode, die ihren Denkimpuls aus der möglichen Vereinbarkeit von ratio und fides, Vernünftigem und Geoffenbartem, Natur und Übernatur bezieht, liegt in der Aufklärung des Verhältnisses von Methode und Inhalt. Dabei erscheint eine uneinholbare Differenz von Form und Inhalt. Dieses, andererseits, schier unauflösbare Verhältnis ist letztlich nicht ausmittelbar – aber weshalb?

Den Ausgangspunkt der Frage bildet die Identität des Inhalts, der Wahrheit: Ist der Inhalt mit sich identisch ohne Methode oder braucht er um seiner selbst willen die Methode, oder sind Inhalt und Methode die untrennbar unterschiedenen Momente der wahren Identität schlechthin? Die Kurzformel dieser entscheidenden philo-

---

193 Sie findet sich beinahe wörtlich bei Augustinus und hat durch Anicius Boethius in dessen Brief an den späteren Papst Johannes I ihre klassische Prägung erfahren: "fidem, si poteris, rationemque conjunge" ('Verknüpfe, soviel du vermagst, den Glauben mit der Vernunft').

194 M. Grabmann, Die Geschichte der scholastischen Methode Bd. 1, Berlin/Graz 1956, 36 f

sophischen Frage lautet dann: "Ist die Identität Methode oder nicht?"(195)

In der Bestimmung eines vorerst vorausgesetzten wissenschaftlichen Inhaltes erwiesen sich Wert und Notwendigkeit einer Methode. Denn ohne einen bereits methodisierten Inhalt wäre kein wissenschaftlicher Inhalt erkennbar, wie andererseits jede Methode ohne Inhalt in Bedeutungslosigkeit zerrönne. Daraus läßt sich schon eine gewisse Einheit und Korrelation (196) ablesen. Also bedeutet schon die einfachste Identität des Inhalts, ausgedrückt als A = A, eine Weise der Methode. Das Feld der Methode als näherbringendes Erkennenlassen des Inhalts ist durch diese Formel umschrieben. Es findet hier ein immer stärkeres und intensiveres formelles Durchdringen des Inhalts statt, so daß der Grad dieser Durchdringung als ein Maßstab für die "noetische Intensität"(197) des wissenschaftlichen Inhaltes angegeben werden kann. Verbunden damit ist ein fortschreitend intensiveres Erkennen des Inhalts und zugleich ein ständig wachsendes Angleichen der Methode selbst an den Inhalt.

Die Folge davon ist für das Verständnis der scholastischen Methode von nicht zu unterschätzender Auswirkung. Wenn nämlich die Methode ihren Inhalt als bestimmten voraussetzen muß - näherhin der Inhalt von sich aus in der analytischen Identität steht und nur als solcher verstehbar ist, ansonsten er in sich, in wiederum unerkennbare Einzelteile, zerfiele - dann ist mit dieser anfänglichen Identität, A = A, auch durch ein unendlich-unzählbares Durchdringen von Methode und Inhalt, über diesen reinen Ausgleich nicht hinaus zu gelangen. Darum "findet im Verlauf der ständigen Wechselwirkung von Inhalt und Methode nur ein ständiger **Ausgleich** statt, der nichts anderes als die fortwährende Erneuerung der Ausgangsposition zum Ziele hat."(198) Dieser Präferenz des Inhalts zufolge, der selbst wohl alle möglichen Inhalte zu erfassen vermag, bleiben Methode und Inhalt in der scholastischen Methode unvereinbar. Die Methode ist bloße Funktion reiner Bewegung.

---

195 K. Krenn, Die scholastische Methode als anthropologische Austragung der Wahrheit, 2. Teil, in: ThGl 65 (1975), 102

196 Ebd. 103

197 Ebd. 103

198 Ebd. 104

Mit dieser Grundgleichung ist jedoch noch nicht festgestellt, wie Erkenntnis des Inhalts nun tatsächlich möglich ist. Die Methode ist allein ein Fortschritt in der Wesenserkenntnis (quidditas) eines Dinges. Dabei bleibt die Methode dem Rahmen analytischer Identität verhaftet. Ihr Wert wird demnach nicht nach der inneren metaphysischen Gültigkeit, unabhängig vom Inhalt bewertet, sondern zeigt sich in der Nützlichkeit und Richtigkeit der begrifflichen (n.b. nicht im Sinne Hegels!) Durchdringung des Gegenstandes.(199) Die Methode bewirkt eine immer intensivere Ordnung der wissenschaftlichen Inhalte, eine immer aktivere Ordnung ihrer selbst. Sie ist dadurch als dynamische (Selbst-)Explikation des Inhalts anzusprechen, der sich an sich selbst entfaltet und in Beziehung zu anderen gegenständlichen Inhalten tritt. Das bedeutet auf der Seite des menschlichen Wissens eine immer intensivere noetische Wirksamkeit der inhaltlichen Identität und zugleich eine immer stärkere Angleichung der Methode ihrerseits an den Inhalt. Doch bleibt sie stets Wißbarkeit, wissensmäßige Wirksamkeit des wissenschaftlichen Inhaltes. Diese Methode weist ihre sekundäre Bedeutung – weshalb dem philosophischen Bemühen eben bloß der Charakter einer 'ancilla theologiae', wie dies zuerst Petrus Damiani tat, zugesprochen wurde – durch eben diesen Nutzen und die Richtigkeit als reine Bewegung nach.

Durch die Richtigkeit werden wir auf eine weitere Eigentümlichkeit der Methode aufmerksam: Diese kann ja erst beim Vorhandensein von zwei oder mehreren Erkenntnisinhalten angegeben werden; nur dann hat die Methode die Möglichkeit, eine gewisse Notwendigkeit dieser Nützlichkeit zu behaupten aus Gründen einer Gleich-Gerichtetheit methodischen Erkennens. Derart ist eine Weise von Reflexion in die Methode hineingetragen, die ihre Nützlichkeit vor Beliebigkeit schützt. Ihre Gültigkeit bleibt wohl immer der quidditativen Dimension vereignet, doch haftet nunmehr ihrer reflexiven Gestalt eine Koextensivität (200) mit dem Inhalt an. Sie hat sich als reflexive Methode eine eigene Logik verschafft.

Dies führt uns weiter zu einem Eigenbereich der Methode als Methodologie, indem sie den unendlichen Umfang noetischen Ausgleichs verläßt und einen "substantiellen Absolutheitsanspruch"(201) entwickelt in den obersten Prinzipien der Logik, den 'prima principia intellectus'. Schlechthin unbeweisbar, aber auch

---

199   Ebd. 105

200   Ebd. 107

201   Ebd. 106

158

nicht weiter auf einen übergeordneten Begriff oder Grund rückführbar, beweisen sie selbst ihre Geltung unmittelbar im Vollzug. Eben in dieser Eigenheit möglichen Substantiell-Werdens der Methode als Methodologie erweist sich bei genauerem Hinsehen die Prinzipalität des Inhalts auch vor diesen absoluten Formen des Intellekts, nämlich des Identitätsprinzips und des Kontradiktionsprinzips. Denn ihrer absoluten Geltung zum Trotz gelten sie nur, "wenn am Anfang und am Ende dieselbe Konstellation für Inhalt und Methode gegeben ist: A = A."(202)

Der nächste und zentrale Schritt, die Notwendigkeit der Methode zu erweisen, wird in der scholastischen Definition als der Bezeichnung der Wesenserkenntnis eines Dinges getan. Sie ist Ausdruck der Gerichtetheit und Ordnung der Erkenntnis auf die Quiddität des Inhalts hin. Ihr Bewegungsschema ist die Darstellung des spezifischen (species!) Inhalts aus übergeordnetem Genus und der Differentia specifica.

Wohl ist damit eine äußerliche Bezeichnung gewonnen, aber noch keine Sicherung der Notwendigkeit der Methode als Definition. Denn nun drängt sich die wahrheitskritische Frage auf, wie ein regressus in infinitum aufzuhalten sei, wenn der Definition das Bedürfnis eignet, "die im Genus angezeigte quidditativ fortschreitende Denkbewegung" stets neu als "Größe **außerhalb** des Genus, um entweder das Genus als **Genus** (in der aufsteigenden Richtung zum Allgemeineren) überhaupt zu erweisen oder (in der absteigenden Richtung) den quidditativen Ursprung des Genus durch die Differentia specifica in der **Definition** nachzuweisen."(203)

Genau hier zeigen sich Notwendigkeit und Umfang der **Subsistenz**, ohne welche die Definition der wahrheitskritischen Frage nicht standzuhalten vermöchte. Deren Aufgabe ist es, das Bestehen der quidditativen Denkbewegung in der Definition zu sichern, der sonst unendlich fortschreitenden spezifischen Wesensbestimmung Halt zu geben, also die Subsistenz der Species zu garantieren. Sie allein vermag die entscheidende 'Erweiterung' der analytischen Methode, ihren Fortschritt über Richtigkeit, Gerichtetheit der wissenschaftlichen Erkenntnis auf Wirklichkeit hin zu leisten. Allein durch sie trifft die Definition die Dingheit (res) und vermag im quidditativen Erkenntnisfortschritt bei der selben Sache (idem res) zu bleiben. Die Verwirklichung der definitiven, identischen

---

202   Ebd. 106

203   Ebd. 108

Methode verdankt sich der **Subsistenz als Modus:**(204)

Sie ist einmal **Maßgabe** des inhaltlichen Wissens. Zum anderen gibt sie das **Schrittmaß** der gerichteten Definition an und bewahrt sie so vor einer bloßen Formgesetzlichkeit reiner Denkbewegung.

Als drittes Kennzeichen verfügt sie über den substantiellen Inhalt im 'per se esse': Sie ist erschöpfend umfassende metaphysische **Maßeinheit** nicht nur der inhaltlichen Seinsweise einer Substanz, sondern eher noch der Denkbewegung.

Diese Unüberbietbarkeit des substantiellen Verhältnisses begründet sich eben nicht mehr "in einem **Dritten außerhalb** jenes Verhältnisses, d.h. das metaphysische Verhältnis wird im 'per se' der Substanz selbst **wißbar** und **wissenschaftlich erfaßbar.**"(205)

Durch diese drei Leistungen ist das Wesen dessen festgelegt, was oftmals als rein ästhetischer, hierarchischer Stufenbau scholastischer Denkordnung verkannt wird: die Dimension des **'ordo'.**

Dieser 'ordo' als substantielles Maß ist damit zunächst ausreichend gekennzeichnet. Eine ganz wesentliche Einsicht in sein Wesensmaß als Totalität harrt jedoch noch ihrer Entdeckung. Es droht nämlich der eine 'per se', substantielle Inhalt (etwa eines existierenden Seienden) gegen eine andere Subsistenz 'per se' zu stehen, womit sie einander begrenzen, verendlichen würden und daraus folgend nach einem vereinheitlichenden Dritten **über** ihnen verlangten. Der 'ordo' als subsistentielles Maß hätte dann die

---

204   Darin erkennen wir unschwer dasselbe Problem der neuzeitlichen erkenntniskritischen Frage, wie sie Hegel beispielhaft in der Einleitung der 'Phänomenologie des Geistes' behandelt hat. Wenn bei I. Kant letztlich Inhalt und Methode absolut auseinander fallen und ihr Korrespondenzverhältnis eine vernünftig nicht zu erweisende Voraussetzung des Denkens bleibt, so denkt Hegel gewissermaßen – die Frage des Selbstbewußtseins, als wahrheitskonstitutiv oder nicht, einmal ausgeklammert – wieder scholastisch: Die methodische Erkennbarkeit des Wesens der Wirklichkeit und Wahrheit ist grundgelegt im 'an ihm' sich verstehenden und so sich vernehmenlassenden (phänomenologischen) Inhalt-Gegenstand, sowie in der entsprechenden (logischen) Deutlichkeit des reinen Denkens als Allgemein-Sein.

205   Ebd. 111

entscheidende Sicherung vor dem unendlichen Regreß gerade nicht geschafft.

Nimmt man jedoch das scholastisch geordnete Denken ernst, dann zeigt sich notwendig die Hinordnung des subsistentiellen Verhältnisses auf die **Unendlichkeit**. Durch diesen Begriff der Unendlichkeit ist das Wesen der Metaphysik erst einsichtig: Wissenschaft zu sein ohne unendlich zählbare Begründungen zu liefern, die je und je außerhalb ihres Geltungsbereiches liegen. So kann die Hinordnung der metaphysischen Verhältnisse auf die Unendlichkeit als notwendige Umkehr der 'per se' Einmaligkeit und Einzigartigkeit aller wißbaren und wirklichen Inhalte gelten. Der 'ordo' fügt als Subsistenz-Maß jede einzelne Existenz 'per se' mit der Unendlichkeit und **definiert** sie zugleich als **Unüberbietbarkeit**. Diese Konzeption bedarf folglich keines geschichtlichen Austrags von Endlichkeit und Unendlichkeit, Teil und Ganzem, Vielheit und Einheit. Ganz im Gegenteil verlangt ihr Wesen als 'Unüberbietbarkeit' in sich geradezu nach einer geschichtslosen Auffassung, in welcher die "Einmaligkeit des geschichtlichen Augenblickes... nichts anderes als ein uniformes Moment jener Bewegung vom Impliziten zum Expliziten des A = A."(206)

Wenn wir nun die Ein-Kehr der Unendlichkeit in die Einmaligkeit jedes Einzelnen als Quiddität geortet haben, und die Definibilität des Inhalts als Hingeordnetsein des wissenschaftlichen Prozesses auf die subsistentielle Unendlichkeit erkannt haben, so stellt sich für unsere Arbeit natürlich die Frage nach dem Verhältnis dieser definiblen Unendlichkeit (das 'infinitum secundum quid' – die Einmaligkeit jeder einzelnen Quiddität) zu Gott, dem Unendlichen, dem 'esse subsistens' (das 'infinitum simplex').

Dabei eröffnet sich eine höchst bedeutsame Einsicht in die unendliche Vollkommenheit Gottes als der absoluten Einheit von Sein und Wesen (esse und essentia). Für die scholastische Philosophie gilt nämlich die Aussage: Gott sei 'esse per essentia', was nichts anderes bedeutet als ein 'esse per definitionem',(207) so daß auch Gott in der Wirklichkeitsstruktur der Quiddität aussagbar wird, welche so "das **absolute Gleichnis aller Wahrheit**"(208) ist.

---

206   Ebd. 116

207   Vgl. ebd. 117

208   Ebd. 118

Daraus lassen sich zwei wesentliche Fragen ableiten: Was bedeutet die Einzigartigkeit Gottes in der **definierbaren** Struktur 'esse per essentiam'?

Der andere Problemkreis ist befaßt mit der Sicherung der Wirklichkeit des Existentiellen vor der reinen Möglichkeit (possibile). Denn die Gerichtetheit (der Definition) als 'esse per essentiam' (und nicht 'essentia per esse') scheint das Wirklich-Sein nur als zufälligen Modus (als bloßes possibile) der Essenz zu verwahren.

Näherhin ergibt sich daraus die Frage nach einem Gottesbeweis, der aus der definiblen Struktur der Quidditas ein Wirklich-Sein, eine 'Existenz' Gottes verstehbar und begreifbar macht.

3.2.2 Das Unum als 'Kraft' der Identität

Auf dem Weg zu einer 'Gotteslogik' sind wir zur Darstellung des Begriffs des 'Ganzen als Maß' gelangt. Entscheidend wird sein, an der Wegmarke der denkerischen Durchdringung des Unum nicht vorüber zu gehen. Nicht zuletzt deshalb haben wir der Hegelschen Methode, der Logik des Begriffs, eine Ausführung der scholastischen Methode vorangestellt, weil hier, wie kaum sonst, subjekt- und reflexionslos gedacht wird, worin ja explizit eine Grundannahme des reinen Denkens in der 'Wissenschaft der Logik' besteht.

Nun vermag kein philosophisches Denken, welches sich nicht unerschöpflich im unzählbar Faktischen aufhält, dessen Fortschreiten ein Schritt fort von sich, vom Sinn seines Fragens ist, welches sich also einzig aus dem negativen Lebensgefühl der fortschreitenden Entfremdung von sich selbst und von den Gegenständen allein im Widerstand und als Widerständiges zu sichern sucht, am Thema des Einen und der Einheit vorbeizugehen.

Wenn Hegel die Negation, die Negativität der Denkbestimmungen als den innersten Kern, den "Quell aller Tätigkeit, lebendiger und geistiger Selbstbewegung, die dialektische Seele, die alles Wahre an ihm selbst hat"(209) beschreibt, oder das Axiom Spinozas: 'Omnis determinatio est negatio' als "Satz... von unendlicher Wichtigkeit"(210) preist, dann gab und gibt dies steten Anlaß zu Mißdeutungen und Kritik. Wird nämlich der Blick strenger,

---

209   STW 6,563; GW 12,246

210   STW 5,121; vgl. GW 11,76

so läßt sich begründet behaupten, daß Hegels Denken wesentlich in der Selbstentfaltung der Dynamik des Einen besteht. **Das Eine ist die Deutlichkeit der unendlichen Einmaligkeit des Seins**, welches nach Hegel als das Allgemeine, das gemeine Eine zu benennen ist.

Da im scholastischen Denken der 'ordo' die beständige, ungeschichtliche, uniforme Sicherung ist von Denken und Sein in der subsistentiellen Unendlichkeit des 'esse per se' als 'esse per essentiam', welches konvertibel ist dem 'esse per definitionem', dann bedarf es zur Klärung des – prinzipiell vorhandenen – strukturellen Verhältnisses des metaphysischen Denkens zur Unendlichkeit darüber hinaus des eminenten Gedankens einer noch unvollendeten Teilhabe (participatio) jeder einzelnen Wahrheitserkenntnis an der absoluten Wahrheit.(211) Hegel wird diese, als Schöpfung festgelegte, geordnete Ausrichtung in eine notwendige Bewegung der Einheit des Einen aufheben, indem das Eine sich als Allgemeines erweist, sich 'an ihm' selbst als Modus und Methode bestimmt: Das eine, anfängliche, unendlich leere Sein-Nichts bedeutet ebenso seine Bestimmung als Begriff.

Zuvor ist jedoch den Hinweisen nachzugehen, die sich bei Thomas von Aquin über das transzendentale Unum finden.

In seinen 'Questiones disputatae de veritate' untersucht er das Wesen des Unum als einem ausgezeichneten transzendentalen Attribut des Seins. Dieses bezeugt eine äußerste Nähe zum Sein, da es diesem nur eine Negation anfügt. Genauer zeigt sich die Negation auf eine zweifache Weise im Einen. Der allgemeine Modus des Einen, der jedem Seienden zukommt,(212) wird auf zweierlei Art maßgeblich: Einmal drückt die Negation eine **Ungeteiltheit** aus, die jedem Seienden absolut, unabhängig von jedem anderen, eigen ist.(213) Diesem absoluten In-sich-Sein – ens in se – als Ungeteiltsein entspricht zum anderen die Hinwendung, Hinordnung des Unum auf ein anderes Seiendes (214) als **Unterschiedenheit** des

---

211   Vgl. K. Krenn, Die scholastische Methode 2,116

212   Ver 1,1c: "modus generaliter consequens omne ens".

213   Ebd.: "Negatio autem, quae est consequens omne ens absolute, est indivisio... nihil enim est aliud **unum** quam ens indivisum".

214   Ebd.: "secundum quod consequitur unumquodque ens in ordine ad aliud".

Einen vom anderen, dadurch es ausdrücklich wird als ein
Etwas.(215)

Für das scholastische Denken darf mit Thomas von Aquin daraus
gefolgert werden, daß die Erkennbarkeit des quidditativen Inhaltes (216) im zweifachen Modus des Unum verankert liegt. Der
Identitätscharakter des Unum zeigt in sich ein Zweifaches, welches je in einer Negation sich ausdrückt. Damit scheint die Er-
schließung des Unum in der Negation zu liegen. Gezielter läßt
sich sagen, daß die zweifache Negation im Einen das **Ausdrück-
lichwerden des Einen** ist und somit zum unentbehrlichen Möglich-
keitsgrund der Verstehbarkeit des Einen und in weiterer Folge
auch der anderen Transzendentalien – verum, bonum... –
wird.(217)

Ohne das Verständnis des Einen gibt es kein vernünftiges Verstehen. Jedes Verstehen hinwieder besteht in einem Unterscheiden
von einem anderen.(218)

Durch das vorliegende Verständnis des Einen sollte der Schritt
zum Selbsterschließungscharakter des Einen – worin Hegels logische Methode ihren Entschluß und Schlußpunkt birgt – vernünftig
getan werden können. Die "Kraft des Einen"(219) zeigt sich in
der Verstehbarkeit als absolute Ununterschiedenheit in sich und
ebenso als absolute Unterschiedenheit von allem anderen. Für
Hegel ist dies die nicht weiter rückführbare Deutlichkeit des ersten, einen Gedankens – ununterschiedenes Unterscheiden.

---

215   Ebd.: "unde sicut ens dicitur unum, in quantum est indivi-
      sum in se, ita dicitur aliquid, in quantum est ab aliis
      divisum".

216   Ebd.: "aliquid quasi aliud quid".

217   Vgl. K. Krenn, Vermittlung und Differenz? Roma 1962, XIV

218   Met 4,7; 615: "Si non intelligitur unum, nihil intelligitur;
      quia oportet quod qui intelligit ab aliis distinguat".

219   K. Krenn, Vermittlung und Differenz XV. Nur in diesem
      Sinne der Selbsterschließung ist auch das 'Werden' und der
      fortschreitende Antrieb im Denken des Einen als Allgemeinem
      bei Hegel zu verstehen!

Überblicken wir (220) nochmals kurz den Charakter des scholastischen Denkens, so ergab sich einmal die quidditative Vorgabe
jeden Inhalts, der dem Denken als Methode immer nur ein analy-
tisches Ausgleichsverfahren zugestehen konnte. Die Macht des Denkens, das sich selbst reflexiv etwa einen wissenschaftlichen Eigenbereich in den prima principia intellectus verschaffen wollte,
bleibt stets gebunden an ein inhaltliches Veranlassen. Dies Vor-
Gestellte heißt der repräsentative Charakter des Denkens.

So gilt es, die spezifische Einmaligkeit jedes Quid (als Substi-
stenz, esse per se) zu wahren. Dazu ist ein rein repräsentatives
Denken gerade nicht imstande, weil es die Einheit des einen Quid
auch durch die Vorstellung eines unendlich-unzählbaren Ausgren-
zens gegen alle anderen Quidditäten (aliud quid) nicht zu sichern
vermag. Folglich schlittert es notwendig in einen progressus in
infinitum, der es selbst zerstört. Rein vorstellendes Denken ist
in sich haltlos, ohne In-sich-Stand, ohne Identität.

In diesem Sinne ist dies bekanntlich die Unselbständigkeit der
Tautologie des A = A, die an sich nichts erklärt. Dieser Leere
entkommt man ebensowenig durch die Einführung des entsprechenden negativen Erklärungskriteriums: A ist nicht B. Denn dieses
ist offenkundig bloß das negative Spiegelbild des repräsentativen,
unendlichen Fortgangs. Immerhin bleibt bemerkenswert, daß sich
in diesem Nichts als Nicht-B wenigstens die Möglichkeit des Denkens ansagt, das repräsentativ-unendliche Denken am Nichts zu
begrenzen: A ist nicht Nichts. Darin kündigt sich die affirmative,
synthetische Kraft des Denkens an, das "durch sich selbst ist
und außerhalb seiner selbst nur mehr das 'Nichts'"(221) hat. So
wird das Denken im Vollzug des Seins mächtig.

An diesem Punkt des Zusammengehörens von Denken und Sein zeigt
sich letztlich und einzig das Wesen der synthetischen Identität,
welche als "Sein der Grund der Konsistenz gegen das Nichts ist",
und die als "Denkvollzug die das Nichts einer repräsentativen
Irre auslöschende Kraft"(222) zeigt.

Wenn bisher absichtlich eine Form der Darstellung gewählt wurde,
die eine möglichst hohe Affinität zu Hegels logischem Begriff auf-
weist, dann soll jetzt nochmals der entscheidende Unterschied
zwischen beiden Systemen betont werden.

---

220   Vgl. dazu besonders K. Krenn, ebd. 11-17

221   Ebd. 12

222   Ebd. 13

Auch das scholastische Denken bedarf einer synthetischen Identität. Das Denken muß um seiner selbst willen in einer Einheit mit
dem Sein (223) stehen. Würde diese Einheit jedoch allein unser
Denken bestimmen – als eine Art intuitive, autonome Identität –
so wäre es "mit der ganzen Fülle der Seinsidentität erfüllt... und
so das Sein schlechthin selbst... oder aus eigener Kraft der
Seinsschaffung fähig".(224) Dieser Auffassung einer reinen, intui-
tiven, sich selbst begründenden Identität des menschlichen Denkens widerspricht allerdings seine nicht wegzuleugnende Endlichkeit und Kreatürlichkeit.

Wir sind damit wieder an eine Schaltstelle gelangt, wo Hegelsche
Logik und scholastisches Denken ihre Unterschiedlichkeit schauen
lassen: Die intuitive Verfügungsmacht menschlichen Denkens bleibt
in der Scholastik nämlich stets leer, ohne die Veranlassung zum
Selbstvollzug durch ein außen liegendes Objekt (bzw. durch zwei
oder mehrere Gegenstände). Erst in der Vorgabe eines quidditativen Inhaltes kommt die – wohl unabdingbare – synthetische Kraft
des Denkvollzuges zum Tragen. Darin erst entzündet sich die
Wahrheitsfrage als eine Korrespondenz von res und intellectus.(225) Dieses notwendige Verhältnis unseres Denkens zum Objekt
weist es als **kreatürliches** Denken aus, dem sein DASS (Sein) nur
im Maße des WAS (Wesen) zur Verfügung, zum Vollzug gegeben
ist.

Einem möglichen Einwand,(226) wie das Denken sich dieser Objektverwiesenheit dennoch zu entziehen vermöchte, ist noch nachzugehen:
Wenn nämlich das Denken sich eines Objekts von unendlicher
Seinfülle zu versichern vermöchte, dann würde das Denken selbst
(trotz oder gar wegen der Objektverwiesenheit) absolut und un-

---

223 Dieses darf eben nicht mit Hegels abstrakt-leerem Seinsbe-
griff verwechselt werden.

224 K. Krenn, ebd. 14

225 Ver 1,1c: "Prima ergo comparatio entis ad intellectum est
ut ens intellectui correspondeat: quae quidem corresponden-
tia, adaequatio rei et intellectus dicitur".

226 Damit ist zugleich, sozusagen aus einer umgekehrten Warte,
der – für das scholastische Denken – einsichtige Grund gegeben, weshalb unser Denken der Vorgabe des Objekts bedarf und warum das Objekt selbst dieselbe intentionale
Struktur aufweisen muß.

endlich. Als Folge davon ergabe sich aber, daß ein derart un
endliches Objekt - wäre es überhaupt von einem aufs Objekt gerichteten, intentionalen Denken erfaßbar - das denkende Subjekt
"in seiner Existenz (die Identität des Denkenden würde absurder-
weise vom Objekt her aufgehoben) und Intentionalität völlig zerstören und in sich aufheben".(227)

Gerade diese Kluft der Kreatürlichkeit (228) aufzuheben, die noch

---

227   K. Krenn, ebd. 15

228   Was hier als Kreatürlichkeit, kreatürliches Denken darge-
      stellt wurde muß deutlich unterschieden werden von einem
      Denken, das im Umkreis der 'Pannenberg-Schule' eine pro-
      testantische Theologie entwirft. Es sei gestattet, dies am
      Beispiel von T. Koch (Differenz und Versöhnung, Gütersloh
      1967) zu belegen.

      Allein schon durch die vielsagende Äußerlichkeit des Buch-
      titels, der im Gegensatz etwa zu K. Krenns 'Vermittlung und
      Differenz?' die Differenz an erster Stelle betont, ergibt
      schon den entscheidenden Hinweis. Konnten wir bisher im
      scholastischen Denksystem die Geschöpflichkeit des Menschen
      als Mitte und Vermittlung von Endlichkeit und Unendlich-
      keit, die das intuitive Denken im Vollzug (exercitium) als
      synthetische Identität von Denken und Sein stets bewahrt
      - in aller objektverwiesenen Intentionalität -, so tritt bei
      T. Koch, guter Lutherischer Tradition (sola fides, sola
      gratia, solus Deus) folgend, die Einheit Gott-Mensch, Unend-
      lichkeit-Endlichkeit, Transzendenz-Immanenz, Sein-Denken
      völlig auseinander. Deshalb mußten für T. Koch fast
      zwangsläufig Anfang und Ende der Hegelschen 'Wissenschaft
      der Logik' in der Unkenntnis "der Schärfe und Radikalität
      des Stehens in der Differenz" (ebd. 71) verbleiben. Hegel
      nämlich "faßte die Verendlichung nicht als Geschick unseres
      Denkens und Redens, sondern als Tat des Unendlichen"
      (ebd., 71).

      Damit haben wir T. Kochs erste Grundannahme vor uns, daß
      alle differente Bestimmtheit allein unser Denkprodukt sei.

      Die zweite These folgt daraus, daß Gott nur gedacht ist als
      "das versöhnende Eine..., wenn es das über alle differente
      Bestimmtheit Erhabene ist" (ebd. 174). Dieser so verstandene
      Gott erweist sich als das 'Unvordenkliche' Schellings: Mit
      der angenommenen uranfänglichen Differenz mußte die

bei Kant ersichtlich ist in der vorausgesetzten Korrelativität von Allgemeinheit und Gegenständlichkeit des Erkennens, sowie der Unerkennbarkeit des 'Dings an sich', beseelt letztlich Hegels Anliegen, welches der 'Wissenschaft der Logik' zugrunde liegt. Als Folge dessen ergibt sich dann, aus notwendigen und einsichtigen Gründen, daß die 'Logik' als eine einzige Ausfaltung des ontologischen Gottesbeweises anzusehen ist.

3.3.3 Der Ursprung der Methode als Denken des Denkens

Mit Flug darf behauptet werden, daß wir nun in das philosophische Heiligtum nicht nur der Hegelschen Logik sondern des ganzen Systems treten. 'Methode' bedeutet hier nämlich nicht mehr und nicht weniger als den innersten Kern des Zusammenhaltes, des Zusammen-Denkens (dialegein) von Ganzem und Teil, Unendlichkeit und Endlichkeit, Idealität und Realität, Gott und Mensch, Anfang und Ende. Scheitert Hegels Unternehmen, dann entzündet sich hier der Scheiterhaufen seines Systems. Vermag es zu bestehen, so liegt der Schlüssel im Begriff der Methode.

Die Schwierigkeit – die in einer heftigen Verlockung besteht – zeigt sich darin, der unerhört strengen und andererseits äußerst flexiblen Bewegung von Hegels logischem Denken zu folgen, ohne im reinen Nachvollzug von Zitat und Begrifflichkeit stecken zu bleiben. Deshalb ist unzweifelhaft die Notwendigkeit gegeben,

---

'Logik' Hegels ebenso an der unvermittelbaren Unmittelbarkeit scheitern.

Wenn nun dies menschliche Denken in Bestimmungen notwendig so ist und als solches stets "die Verkehrung der **ganzen** Identität zu ihrem genauen Gegenteil" (ebd. 68) bleibt (hier kann und soll nur auf den von T. Koch unverstandenen Begriff der **Verkehrung** hingewiesen werden, welchen Hegel als notwendiges Moment etwa des Selbstbewußtseins auf seinem Weg zur Selbst-Identität setzt; vgl. dazu H.G. Gadamer, Hegels Dialektik, 31–47: Hegel – Die verkehrte Welt), dann wird jedoch vollends uneinsichtig, worauf (s)ein Denken fußt, dem sich das Absolute "in seiner unbegreiflichen Absolutheit" dennoch "vermittelt" (T. Koch, ebd. 174). Denn das scheint eine doch arge Zumutung ans Denken zu sein, sich seines Eigentlichen, des Begriffes, zu entledigen, um die "letzte, unaufhebbare Differenz", diese "Wahrheit als das uns Unbegreifbare zu denken und zu denkender Erfahrung zu bringen" (ebd. 174).

Hegels Gedanken im eigenen Gedanken zu denken.

Ein erstes flüchtiges Hinsehen offenbart schon, daß wir dadurch das strikte Postulat des Philosophierens verletzt haben, nur im 'reinen Zusehen' der Verwirklichung der Wahrheit Raum zu geben. Dies geschah auch tatsächlich im Verlaufe der phänomenologischen Bewußtseinsanalyse, deren Voraussetzung sich zweifach gestaltete: Als subjektives Absehen von aller Zutat (unsere Zutat als dennoch bedeutsames Lassen), wie anders im Vorgeben-Lassen des Gegenstandes (kein Gegenstandsbewußtsein ohne Selbstbewußtsein).

Aus dieser Sicht der 'Phänomenologie des Geistes' ließe sich die uneinholbare Voraussetzung einer inhaltlichen Vorgabe, wie sie die **scholastische Methode** auszeichnet, noch einigermaßen vereinbaren. Aber das 'Ergebnis' der Wissenschaft des Bewußtseins, das absolute Wissen, ist ja die erklärte Überwindung der Subjekt-Objekt Struktur nicht nur unseres bewußten Erkennens, sondern ebenso der Wirklichkeit. Damit ist die unendlich bedeutsame Wahrheits- und Wirklichkeitsmächtigkeit unseres Bewußtseins und unseres Erkennens festgeschrieben. Doch mit der Aufhebung der Subjekt-Objekt Gespaltenheit von Wahrheit und Gewißheit ist nur eine Weise des Geistes (im Sinne des enzyklopädischen Systems) verwirklicht, welche Antwort auf die Frage gibt, wieso kein Selbstbewußtsein ohne Gegenstandsbewußtsein denkbar ist.

Wenn nun die von Hegel so oft ausgeschriebene Behauptung, daß das Ende sich "ebenso unbefangen von vorn"(229) in seinen unmittelbaren Anfang schlingt; wenn das Bild vom sich in sich zusammenschließenden Kreis von Kreisen nicht unbegreifbare Metapher bleiben will; wenn also das Geist-Ganze sich ebensowohl vom Ende als vom Anfang her verstehen läßt, dann muß gelten, was Hegel oft als Ungenügen der Aussagestruktur des herkömmlichen Satz-Urteils moniert hat, nämlich die Einsicht ins Wesen des spekulativen Begriffs zu geben: Die grundsätzliche und umfassende Möglichkeit sowohl der Interpretation des Anfangs aufs Ende hin als auch der Reinterpretation des Endes auf den Anfang zu.(230)

---

229   STW 3,591; GW 9,433

230   Diese, für die vorliegende Arbeit zentrale These, ohne die m.E. Hegels Gesamtsystem, ebenso der Sinn seiner Dreidimensionalität, nicht begriffen werden können, liegt natürlich jede Menge Sprengsatz, der vor allem in der Bewertung des Sinnes der Geschichte seinen Niederschlag findet.

In bezug auf das phänomenologisch zu sich selbst gekommene absolute Wissen heißt das, die unausweichliche Frage zu stellen, wieso kein Gegenstandsbewußtsein ohne Selbstbewußtsein möglich und denkbar ist. Aber genau diese Frage begründet als die Reinterpretation der 'Phänomenologie des Geistes' den Ansatz (231) der reinen, logischen Wissenschaft. Indem die Umkehr des genannten Satzes, seine Reinterpretation, einerseits nie absehen darf von seiner vorgängigen (recht verstanden!) Interpretation (der 'Phänomenologie des Geistes'), andererseits eben zum Ausgang einer neuen Wissenschaft des reinen Gedankens wird, so haben wir den Punkt der Differenz (hier zwischen der Wissenschaft des reinen Denkens′ als Selbstbestimmung und der Wissenschaft der Bildung des Bewußtseins zum Selbstbewußtsein) in der Identität der Gesamtwirklichkeit des Geistes geortet.

Eben diese Differenz ist einer der Drehpunkte im Verständnis des spekulativen Denkens, weil mit ihr und ihrer jeweiligen Bewertung Sinn, Aufgabe und Wirkmächtigkeit der logischen Methode umschrieben ist. Dies läßt sich überaus einprägsam an der Auffassung von M. Theunissen nachweisen:

Dieser Autor versucht Hegel vor den Angriffen zu schützen, er habe differenzlos gedacht, um der Aufrechterhaltung seines Identitätssystemes willen. Nun sei dies bei Hegel gerade nicht der Fall. Die Identität von Sein und Denken, die scheinbar Anfang und Sinn der 'Logik' ausmacht, zeigt bei genauem Hinsehen einen unausdenkbaren Grund als Sein, "das Unvordenkliche..., welches das Erste **für** das Denken und nicht bloß **in** ihm (232) ist. Das reine Sein ist das unbestimmte Unmittelbare, das als solches stets unvermittelt bleibt, jenseits aller Vermittlung, die nur dem Etwas eignet.(233) Da der Anfang der 'Logik' absolut, also voraussetzungslos ist, kann und darf er weder vermittelt sein, noch sich in eine Vermittlung begeben. Das Erste im Gange des Denkens ist nicht ausmittelbar, analysierbar. Es bleibt ein unzerlegbares Axiom, ein unsagbares Prius gegenüber allem Denken.(234)

---

231   Vgl. den oftmals (etwa oben S.125 f) beschriebenen Unterschied von Anfang und Ansatz der 'Wissenschaft der Logik'.

232   M. Theunissen, Hegels Lehre vom absoluten Geist als theologisch-politischer Traktat, Berlin 1970, 45

233   Vgl. ebd. 43

234   Vgl. ebd. 46

Als die große Crux in Theunissens Konzept erscheint dann eben diese unausdenkliche Unmittelbarkeit des Seins, die sich aller Vermittlung entziehen muß, um sie selber zu bleiben: Unmittelbarkeit. Zudem berührt sonderbar, wenn zur Rettung der Unvordenklichkeit Formulierungen gebraucht werden, die das Denken zur zerstörerischen, tödlichen Bedrohung gegen die Unmittelbarkeit des vorgesetzten Seins stilisieren.(235) Mag allem Denken Bescheidenheit eine Zier sein, so scheint doch die Behauptung, "alle große Philosophie seit Hegel" habe "gegen Hegel geltend gemacht", daß die "Unmittelbarkeit... im Prozeß ihrer Aufhebung immer auch unaufgehoben",(236) sehr kurz gegriffen zu sein. Dies läßt sich daselbst demonstrieren: Theunissens denkerischer Standpunkt geht aus von einer absoluten Unvermittelbarkeit von Sein und Denken. Die Vermittlung tritt erst auf am Etwas. Da das "reine Sein jedoch" nichts ist, "das es gäbe",(237) so folgt daraus, daß alles, was es gibt, beides – Unmittelbarkeit und Vermittlung – in sich trägt (wie Hegel ja oftmals betont), jedoch niemals das Sein ist.

Schon hier muß ein ganz wesentlicher Punkt moniert werden, da die spezifische Differenz von 'Wissenschaft der Logik' und 'Phänomenologie des Geistes' nicht begriffen wird. Denn nach unserer Analyse unterscheiden sich beide Ansätze in der phänomenologischen 'Voraussetzung' der 'Logik': kein Selbstbewußtsein ohne **Gegenstandsbewußtsein**; wie umgekehrt in der logischen 'Voraussetzung' der 'Phänomenologie': kein Gegenstandsbewußtsein ohne **Selbstbewußtsein**. Übersieht man diesen Unterschied (der ebenso komplementär, koextensiv und gleichursprünglich zur dreidimensionalen Wirklichkeit sich entfaltet) im Ansatz, dann ist eine scheinbar konsequente, die These der Unvordenklichkeit des reinen, unmittelbaren Seins stützende Schlußfolgerung unausweichlich: Der Anfang der 'Phänomenologie des Geistes' wird unbeschaut zum Beleg, daß das Wissen eben seinen unmittelbaren Gegenstand in einem **Seienden** findet und nicht im reinen Sein.(238)

Von dieser Position aus muß der Schritt zur "Angewiesenheit des Begriffs auf die Vorstellung" (239) – diese These kann als einer

---

235   Vgl. ebd. 54

236   Ebd. 55

237   Ebd. 44

238   Vgl. ebd. 43 f

239   Ebd. 52

der Grundsätze von M. Theunissen angesprochen werden, die ihn jedoch schließlich in einen Prozessualismus und eine politische Emanzipationsphilosophie der Praxis treiben (240) – als zwingend angesehen werden, aber zu ebenso konsequenten Schwierigkeiten im Begreifen dessen, was Hegel mit 'Übergehen' meint, führen. Symptomatisch für das, solchem Denken sich sperrende, 'Übergehen' mag der Satz stehen: "... wenn sie (die Unmittelbarkeit des Seins; Einschub von mir) den Übergang in das Nichts übersteht ...".(241) Hier wird mit leichter Hand über Sinn und Bedeutung des Werdens als stetes Übergegangensein hinweggesehen.

Dieser Denkrichtung muß nun eine der ganz zentralen Einsichten in die Methode der Hegelschen Logik ein Stachel in ihrer Vorstellung sein. Theunissen sieht sich hier auf der Höhe einer Kritik, wo eine "Korrektur des Organs der Spekulation ansetzen müßte".(242) Darunter versteht er eben den Gedanken, der "aber auf einem Trugschluß"(243) beruht, **daß das endgültige Ganze des Systems seinen 'vorausgesetzten' Anfang begreifend einholt.** Die Mißlichkeit und Schwierigkeit solch kritischer Korrektur offenbart sich – fast zubald – einige Zeilen tiefer, als der Autor eben die Grundeinsicht Hegelschen Denkens zur Begründung seines eigenen Standpunktes der Priorität und prinzipiellen Uneinholbarkeit des Seins ins Denken gebraucht; denn wie sonst "sollte die Priorität des Seins gegenüber dem Denken am Ende wiederkehren, wenn der absolute Geist nicht vorauszusetzen wäre?"(244)

Folglich läßt sich für unsere Arbeit und die Untersuchung des Wesens der Hegelschen Methode einiges von Bedeutung ausmachen. Wenn Hegels Gedanke als Methode von logischer Stringenz sein will, dann kann kein Weg an der Frage nach der Einheit von

---

240   Vgl. ebd. 408, 437
      Sehr aufschlußreich ist auch die Kritik von R. Maurer, Rezension zu: M. Theunissen, Hegels Lehre vom absoluten Geist als theologisch-politischer Traktat, Berlin 1970. Die Verwirklichung der Vernunft. Zur Theorie-Praxis-Diskussion im Anschluß an Hegel, PhR (1970) Beiheft 6, in: Hegelstudien Bd. 8 (1973), 285

241   M. Theunissen, Hegels Lehre 54

242   Ebd. 53

243   Ebd. 53

244   Ebd. 53

Denken und Sein vorbeigehen, ohne dabei Hegels Logik als Horz des Systems zu desavoiren. Genau dies tut - oder muß er tun - M. Theunissen. So geistreich seine Untersuchungen, seine Exegese des Textes der Enzyklopädie §§ 553 f sind, die Einheit oder Vereinbarkeit von Denken und Sein, somit der beinahe alle Werke Hegels durchziehende, sie prägende Gedanke des ontologischen Arguments, ist für ihn kein Thema.

Damit ist jedoch einmal das Wesen der 'Logik' verkannt und andererseits ihr Scheitern notwendig vorgesehen. Dann aber fällt auf Theunissen zurück, was er der Offenbarungstheologie und ihrer Philosophie vorhält: Man könne etwa "zum Inhalt der Hegelschen Spekulation 'im großen und ganzen' ja sagen und gleichzeitig an bestimmten Stellen herumflicken; weder die eine noch die andere kann umgekehrt das Ganze verwerfen und sich dennoch Passendes heraussuchen. Denn das Einzelne ist immer schon das Ganze, und das Ganze ist nur im Einzelnen gegenwärtig".(245)

Noch aber können wir den Autor nicht aus der Kritik entlassen, die uns den Blick für die Tiefe, wie für die Schwierigkeiten der Methode der 'Logik' schärfen soll. Die Behauptung der Unvermittelbarkeit von Denken und Sein trägt jedoch den ganz realen Sinn, die Wirklichkeit und Wirkmächtigkeit der Geschichte zu besorgen. Ohne diese Differenz, die in dieser unaufhebbaren Unmittelbarkeit ihren Ursprung nimmt, geschähe nämlich der Austritt aus der faktischen Geschichte,(246) welche nichts anderes als die Kehrseite der Unvordenklichkeit des Seins darstellt. Erst diese vermag faktisch-weltliche Geschichte, politische Praxis in ihr Recht einzusetzen und sie vor der "Herrschaftstheologie" der Hegelschen Religionsphilosophie zu bewahren, die die Gestalt "der niederfahrenden Bewegung der Apage"(247) angenommen habe.

Als eine weitere Folge dieses Ansatzes ergibt sich im theologischen Bereich eine "Radikalisierung des christologischen Ansatzes, mit dem Hegel selber steht und fällt".(248) Dieser christologische

---

245   Ebd. 52

246   Vgl. ebd. 55

247   M. Theunissen, Begriff und Realität. Hegels Aufhebung des metaphysischen Wahrheitsbegriffs, in: R.-P. Horstmann (Hrsg.); Seminar: Dialektik in der Philosophie Hegels, Frankfurt/M 1978, 355

248   M. Theunissen, Hegels Lehre 58

Ansatz, den Hegel selbst als "die Angel, um welche sich die Weltgeschichte dreht",(249) bezeichnet, hat eine lange (250) und eine
- soweit dies in der Flut von Literatur zu überblicken ist -
offenbar unbestrittene Tradition. Weil jedoch deutlich abzusehen
ist, wiesehr diese Christologie als Brücke der schlußendlich unentbehrlichen Vermittlung, eines Übergehens vom Sein, oder
- besser Hegelisch - vom absoluten Geist in Welt und Geschichte
dienen muß, verschreibt sich die vorliegende Arbeit der notwendigen Aufschließung des nur **christologischen** Verständnisses von
Vermittlung auf einen **trinitarischen Wirklichkeits- und Gottesbegriff** hin. Das deutliche Resultat solchen Denkens bezüglich der
Christologie könnte sich dann im Begriff der 'ewigen Menschwerdung Gottes' erweisen.

Anders ausgedrückt heißt dies die notwendige Umkehr der Bloch-
schen "Aufhebung alles Oben, worin der Mensch nicht vorkommt"(251) in eine Erhebung alles Unten, worin Gott - als Menschensohn - nicht vorkommt.

Nach diesem Ausblick, durch den die Bedeutung und Stellung des
Begriffes der Differenz hinsichtlich der 'Logik', der Geschichte
und Religionsphilosophie klarere Konturen gewonnen haben sollte,
wartet nun eine weiterführende Darlegung des Wesens der 'Logik'
auf uns.

Wie immer die Sache gedreht und gewendet wird, so führt keine
Explikation des Hegelschen spekulativen Gedankens am zentralen
Begriff der Methode vorbei. Dies geschieht allein schon aus dem
äußerlichen Grund, da die entscheidende und entschiedene Dar-
stellung, die Summe der 'Logik', am Ende derselben im Kapitel
'Die absolute Idee'(252) erfolgt. Erst hier, wo die Idee selbst
sich ihr Eigenstes bestimmt hat,(253) zeigt sie ihr Wesen als
Methode.

---

249   STW 12,386

250   M. Theunissen, Hegels Lehre, 440 f. Der Autor verweist hier
       richtiger Weise auf F. Rosenzweig.

251   E. Bloch, Atheismus im Christentum. Zur Religion des Exo-
       dus und des Reichs. Frankfurt/M 1968, 98

252   STW 6,548 f; GW 12,236 f

253   Dabei ist stets zu erinnern, wie Hegel schon in der 'Phäno-

Schon im Hinblick auf die Wertigkeit des ontologischen Argumentes innerhalb der 'Wissenschaft der Logik' empfiehlt sich, eine grundlegende Unterscheidung zu treffen, wie dies Hegel gleich anfangs des Kapitels über die absolute Idee tut. Denn hier geht er auf das Verhalten der 'Wissenschaft der Logik' ein, welche, für sich betrachtet, sehr wohl ein Ganzes darstellt, und trotzdem sich zu den anderen Wissenschaften, wie etwa Natur und Geist, verhält. Zusammen machen sie die verschiedenen Gestaltungen des Geist-Ganzen aus, womit sie zugleich – als bestimmte Gestalten – unterschieden sind. Insofern die 'Logik' unter diesem Gesichtspunkt gesehen wird, kann das "**Logische** der absoluten Idee... auch eine **Weise** derselben genannt werden".(254)

Die Differenziertheit des Geist-Ganzen in die drei Dimensionen seiner Selbstverwirklichung ist hier deutlich angesprochen, worin eben die Begründung liegt, in dieser Abhandlung von einem trinitarischen Erfahrungs- und Wirklichkeitsbegriff zu sprechen. Sogleich muß jedoch vor einem additiven Ganzheitsbegriff gewarnt werden, der das Ganze erst als Gesamt-Ganzes von drei Einzelteilen zustandezubringen vermag. Richtig ist daran, daß das Ganze als Geist nur begriffen ist in seiner Selbstdarstellung als dreifache Verwirklichung von Selbstbewußtsein ('Phänomenologie des Geistes'), Selbstbestimmung ('Wissenschaft der Logik') und Selbstbesitz (Natur, Geschichte, Religion...: die Realsystematik), welche, für sich genommen, ganz in sich bestehende, besondere Verwirklichungsformen der Wissenschaft schlechthin sind. Aber **als** Wissenschaften stehen sie ebenso in einem unaufhebbaren, unabdingbaren, ursprünglichen Zusammenhang, der auf sie selbst zurückscheint in der Weise der **Vollendung**. In diesem Sinn allein mag von einem **reflexiven** Charakter des **Ganzen als** (vollendete Idee des) **Selbst** gesprochen werden.

---

menologie des Geistes' davor warnt, Weg und Resultat auseinander zu reißen. Dort wie hier in der 'Logik' gilt, daß das Wahre das wirkliche Ganze nur als ein Resultat zusammen mit seinem Werden ist (vgl. STW 3, 13.25; GW 9,10 f. 18 f). Besonders eindringlich stellt Hegel dies in der Enzyklopädie (STW 8,389; Enzy I § 237 Zus.) vor Augen: "Wenn von der absoluten Idee gesprochen wird, so kann man meinen, hier werde erst das Rechte kommen, hier müsse sich alles ergeben. Gehaltlos deklamieren kann man allerdings über die absolute Idee in das Weite und Breite; der wahre Inhalt ist indes kein anderer als das ganze System, dessen Entwicklung wir bisher betrachtet haben."

254   STW 6,550; GW 12,236 f; vgl. auch STW 5,18, GW 11,8

Worauf aber unsere Aufmerksamkeit sich zu richten hat ist die Frage, ob Differenz und Zusammenhang der Wissenschaft – ihre Gleichursprünglichkeit, Koextensivität und Komplementarität – einfache Behauptung, höchstes Postulat des Denkens, unableitbares Axiom allen Wirklichkeitsverständnisses bleiben müssen,(255) oder sich begreifender Vernunft öffnen.

Demnach kehrt hier die Problematik wieder, ob und wie die 'Wissenschaft der Logik' einmal eine besondere Abteilung der Wissenschaft schlechthin sein kann und zugleich für die Seele und das Innerste des wissenschaftlichen Ganzen zu gelten vermag? Anders gewendet ist damit noch deutlicher die Eigentümlichkeit und herausragende Bedeutung der 'Wissenschaft der Logik' im Gesamtsystem angesprochen. Dies meint natürlich den rein logikimmanenten (256) Sachverhalt, dem wir als 'Inhaltlichwerden der Methode', oder als Frage nach dem Verhältnis von Inhalt und Methode, schon begegnet sind. Das Gelingen der Darstellung des reinen Gedankens als sich selbst verwirklichende Selbstbestimmung erhält und behält seine unverlierbar herausragende Stellung im Gesamtganzen aus dem einen und einfachen Grund, weil hier und nirgends sonst die **Selbst-be-Sinnung des Ganzen** stattfindet oder niemals erreicht wird.

Wiewohl die Schwierigkeit des Denkens ausgedrückt werden mag als die 'Angst' des Gedankens vor dem Wort,(257) seinem Aus-

---

255 Solche blieben sie etwa aus dem einfachen Grunde, da unser Denken die 'Schwelle' der Reflexion, der Vorstellung und Wahrnehmung (entsprechend den ausgeführten Verwirklichungsdimensionen des Ganzen) nicht zu übersteigen vermag; vgl. dazu etwa STW 10,209; Enzy III § 420, wo die Kantische Philosophie als Beispiel genannt wird für einen wissenschaftlichen Standpunkt, der sich in der Wahrnehmung aufhält und das gewöhnliche Bewußtsein als letztlich un-verläßlichen (für Kant in der wörtlichen Bedeutung!) Boden betrachtet.

256 Vgl. STW 5,51; GW 11,26: "Außerdem aber muß die **Notwendigkeit** des Zusammenhangs und die **immanente Entstehung** der Unterschiede sich in der Behandlung der Sache selbst vorfinden, denn sie fällt in die eigene Fortbestimmung des Begriffes."

257 Dies gemahnt vor allem an das Problem allen anfänglichen Denkens, notwendigerweise irgendwie ausdrücklich zu werden, ohne ausgedrückt, erdrückt auf der Strecke zu blei-

druck, so erhält der reine Gedanke seine einzigartige Bedeutung für das Ganze, weil er die "Abbreviatur"(258) aller übrigen Systemteile, eben auch aller realen Verwirklichungen ist.

Damit stehen wir am Punkt von Skylla und Charybdis des philosophischen Weges: der Identität von Denken und Sein.(259) Einzig sie selbst vermag die angesprochene ursprüngliche Abbreviatur des Wirklichkeitsganzen abzugeben, von der Hegel nur zu gut weiß, wie sehr sie zum Stein des Anstoßes gegen sein spekulatives Denken geworden ist: "Diejenigen, welche von der Philosophie nichts verstehen, schlagen zwar die Hände über den Kopf zusammen, wenn sie den Satz vernehmen: Das **Denken** ist das **Sein.** Dennoch liegt allem unserem Tun die Voraussetzung der Einheit des Denkens und des Seins zugrunde. Diese Voraussetzung machen wir als vernünftige, als denkende Wesen".(260)

Wann immer uns das Problem der Identität von Sein und Denken begegnet ist – in dem Voraussetzungsbegriff Hegels, im Problem des Anfangs als Sein-Nichts-Werden, in der Reinterpretierbarkeit des Anfangs vom Ende her und in der Gestalt des Anselmischen Argumentes noch zu explizieren sein wird –, jedesmal erweist es sich als unumgehbar und unhintergehbar, folglich auch den weiteren Verlauf des Denkens sowie seinen jeweiligen systematischen

---

ben. Hegel beschreibt diese Not des **Gedankens** in seiner Verwiesenheit auf das notwendige **Wort** – wobei eine Affinität zum 'Logos'-Begriff des Johannesevangeliums als sicher angenommen werden darf – in bestechender Weise so: "Die Logik stellt daher die Selbstbewegung der absoluten Idee nur als das ursprüngliche **Wort** dar, das eine **Äußerung** ist, aber eine solche, die als Äußeres unmittelbar wieder verschwunden ist, indem sie ist; die Idee ist also nur in dieser Selbstbestimmung, sich zu **vernehmen,** sie ist in dem reinen Gedanken,..." (STW 6,550; GW 12,237).

258   STW 5,29

259   Von alters her taucht dieser Gedanke der Komplementarität dieser Mühlsteine der Identität ins Bewußtsein der Menschen im geflügelten Worte: Incidit in Scyllam qui vult vitare Charybdim – Wer eines von beiden zu meiden sucht, eines gegen das andere auszuspielen versucht, der verfällt der Einseitigkeit und geht an ihr zugrunde.

260   STW 10,284; Enzy III § 465 Zus.

Aufbau prägend. Also muß die Darstellung der Methode auch die Wahrheit, Begreifbarkeit und Begrifflichkeit abgeben können für die Vernünftigkeit, für die 'Logik' des ontologischen Gottesbeweises.

Die **Bestimmung als Methode** und die **Bestimmtheit als Maß** des logischen Ganzen, welche die Mittel seiner Darstellung sind, lassen sich aus den Textbefund der 'Logik' und der 'Enzyklopädie' mit einigem Aufwand deutlich herausfiltern. Ihre Interpretation jedoch bleibt wertlos, ohne den innersten Kern des Gedankens freigelegt und begriffen zu haben. Bis dahin ist aber Hegels Warnung zu beherzigen: "Gehaltlos deklamieren kann man allerdings über die absolute Idee in das Weite und Breite...".(261)

Den entscheidenden Schlüssel zur Entzifferung des Gedankens gibt Hegel im vorhergehenden Paragraphen. Hier bezeichnet er nämlich die absolute Idee als "die sich selbst denkende Idee, und zwar hier **als** denkende, als **logische** Idee",(262) und bezieht sich ausdrücklich im Zusatz auf "die νόησις νοήσεως, welche schon Aristoteles als die höchste Form der Idee bezeichnet hat."

Alle logische Idee ist demnach der Frage verpflichtet, warum das Denken denken kann, warum es **als** Denken sich selbst als Einheit von subjektivem und objektivem Begriff, theoretischer Idee des Wahren und praktischer Idee des Guten versteht und bestimmt. Grundsätzlich ist die Idee als absolute nicht von ihrem Entwicklungsgang (Übergehen, Scheinen, Entwickeln: Sein, Wesen, Begriff) zu trennen. Sie **ist** Methode, aber **hat** an jedem ihrer Bestimmungspunkte ihre jeweilige Form zum jeweiligen (Gedanken-) Inhalt und vermag so die jeweils unüberbietbare Einheit von Form und Inhalt zu sein – worin der Grund liegt, weshalb das Ganze als Maß in der Weise der Gleichzeitigkeit anwesend zu sein vermag und zugleich angemessen begriffen werden kann. Das folgt nicht nur aus dem Grund der Reinterpretierbarkeit des Anfangs aus dem Ende – einer der ganz wesentlichen Punkte der Selbstbestimmung der Methode –, sondern vornehmlich aus der Einsicht in den reinen Gedanken und dessen Einheit mit dem Sein.

Bisher haben wir eher die (jetzt einmal transzendental formulierte) Bedingung der Möglichkeit des reinen, voraussetzungslosen Gedankens betrachtet und ihn als 'Bedeuten' von Sein und Nichts erfaßt. Dabei ergab sich ein hilfreicher Einblick in das Denken

---

261   STW 8,389; Enzy I § 237 Zus.

262   STW 8,388; Enzy I § 236

als Denken des Einen, welches sich als Allgemeines zeigt. Dieser Schritt war und ist stets ein Schritt **hinter** das Seiende, Etwas, oder das Dasein,(263) und sogleich der wesentliche Schritt als **Rück-Schritt,** besser noch die **Rück-Sicht** ins Sein, deren das ontologische Argument dringend zu seinem wahren Begriff bedarf und zur Zeit Hegels vielleicht noch heftiger verlangte, da Kant die metaphysischen Gottesbeweise ein für allemal als erledigt abgetan zu haben meinte.

Also gilt es, das Denken als Denken, die Eigentümlichkeit seiner uneingeschränkten Selbstbestimmung, in ein verstehbares Licht zu rücken und im voraus der Darstellung des ontologischen Gottesbeweises Recht und Wahrheit zu sichern.

Was heißt: Denken **als** Denken? Denken als **Gedanke**? Weshalb **ist** der einfachste Gedanke die Einheit von Sein und Denken?

In der Beantwortung dieser Frage drängt sich ganz vehement eine ebenso einfache wie weitreichende Überlegung auf, die auf ihre Weise die Grundlage des Anselmischen Gedankens des denkbar Größten ist, das notwendig sein Wirklichsein beinhaltet:(264) Das

---

263   Vgl. STW 5,87; GW 11,46, wo Hegel im Hinblick auf Kants berühmtes Beispiel der hundert Taler schreibt: "Ein Grund solcher Verwirrungen ist unter anderen, daß das Bewußtsein zu solchem abstrakten logischen Satze Vorstellungen von einem konkreten Etwas mitbringt, und vergißt, daß von einem solchen nicht die Rede ist, sondern nur von den reinen Abstraktionen des Seins und des Nichts, und daß diese allein festzuhalten sind."

Gerade in der weiteren Auseinandersetzung mit Kants Kritik wird die Unterscheidung von Sein und Etwas, Dasein wirksam. Aber mindestens gleich bedeutsam muß ihr zur Seite gestellt werden, daß es Kennzeichen der Vorstellung, von natürlichem, gewöhnlichem Bewußtsein ist, die Daseinsschranke für absolut zu nehmen und "den realen Unterschied von Sein und Nichts" als "ein **Etwas** und ein **Anderes**" (STW 5,90; GW 11,48) zu verkennen.

264   Die genauere Betrachtung der entscheidenden Kapitel im 'Proslogion' des heiligen Anselm von Canterbury läßt die folgende Überlegung begründet erscheinen, daß wirkmächtiger in der Geistesgeschichte unbestreitbar seine berühmte Formulierung: 'id quo maius cogitari nequit (c.2) geworden ist, worüber jedoch das gedanklich wohl noch tiefere und

Denken muß, um denken zu **können**, Denken **sein**! In dieser einfachen Formulierung liegt aller Sprengsatz des Denkens, das den
Anspruch erhebt, Denken zu sein.

Um diese Problematik recht zu verstehen, ist in Erinnerung zu
rufen, daß Hegel der 'Logik' das 'Geschenk' des absoluten
Wissens macht. Es ist als Überwindung der Subjekt-Objekt Struktur unseres Bewußtseins die vernünftige 'Voraussetzung' des logischen reinen Gedankens. Einerseits läßt sich dies verstehen als
notwendige phänomenologische Aufklärung und Aufgeklärtheit des
sich wissenden Denkens. Auf der anderen Seite wird damit das
Denken radikal auf sich selbst zurückgeworfen, indem ihm jedwedes Gegenüber, alles Objekthafte entzogen wird, an welchem
'Äußeren' sich das Denken äußern, aussprechen könnte. In diesem Sinn ist das Denken sprachlos geworden.(265) Ein für allemal
hat sich folglich ein Denken aus Mitteln des Bewußtseins in
dessen sämtlichen Variationen (Vorstellung, Wahrnehmung, Anschauung, Verstand...) verboten. Scharf wie kaum sonst tritt hier
die Differenz von Selbstbestimmung und Selbstbewußtsein, von
'Logik' und 'Phänomenologie des Geistes' zutage. Der Grundfehler
im Nachdenken **über** das Denken ist eben die Überflüssigkeit des
'**Über**'. Solches geschah und geschieht unbesehen in der Art und
Weise der Bewußtseins- und Erkenntniskritik:(266) Bevor wir ans

---

stringentere Argument des dritten Kapitels aus dem Ge-
sichtskreis der Betrachtung geriet: 'Nam potest cogitari esse
aliquid, quod non possit cogitari non esse'.

265 Vgl. die Bemerkungen (oben S. 176) über die Angst des Gedankens vor dem Wort (womit das wortreiche Meinen: die
Wörter angesprochen sind) und über die gleichzeitige Verwiesenheit des Gedankens auf das Wort.

Eine weitere Folge dessen besteht darin, daß Hegel die in
der 'Phänomenologie des Geistes' entwickelte Lehre vom spekulativen Satz in der 'Wissenschaft der Logik' aufgegeben
hat (vgl. STW 6,561; GW 12,245).

266 Die ungenügende 'Methode' dieser Art von Kritik hat Hegel
schon in der Einleitung zur 'Phänomenologie des Geistes'
(STW 3,68 f; GW 9, 53 f) so trefflich gekennzeichnet. Zum
Schluß der 'Logik' frischt Hegel eben diesen Einwand wieder
auf und weist ihn als "Schranken der menschlichen Erkenntnis" ab. Solche Kritiken, die das Erkennen als Instrument
untersuchen wollen, ist stets und berechtigt vorzuhalten,
dies seien "selbst **Voraussetzungen**, die als **konkrete Bestim**-

Denken gehen, müssen wir das Denken untersuchen! Die unausbleibliche Folge solcher Kritik ist die Zertrümmerung des Denkens, was letztlich nur deswegen möglich ist, weil das Denken in seinem Eigen-Sein, dem Ausschließen jedes Äußerlichen, verkannt wird.

Klarer wird solches Unverständnis, wenn die Problematik nochmals anders dargestellt wird: Das gewöhnliche Denken vermag weder Denken vom Bewußtsein zu unterscheiden, noch vermag es die Folgen abzusehen, weshalb ein mit dem Bewußtsein vermengtes Denken dem Bewußtsein niemals als Garant dessen dienen kann, worin seine eigene, höchste Leistung und Vollendung liegen sollte, nämlich sich als die Einheit von Wahrheit und Gewißheit, Substanz und Subjekt zu verstehen.(267)

Einem derart 'natürlichen' Denken steht neben der erkenntniskritischen Frage nach Wahrheit und Gewißheit des Bewußtseins (welches stets sich im Gegenstandsbereich von Subjekt und Objekt aufhält) das unausweichliche Problem ins Haus, wie der bewußt-erkennende Mensch sich **das Denken** als **seines Denkens** zu versichern gedenkt. Für Kant gründen ja die Denkformen, die Kategorien, auf einer fertig abgeschlossenen, ausformulierten Logik.(268) Hegel dagegen erkennt klar, daß ohne eine Deduktion der Denkbestimmungen aus einem Denken, das selbst ist, das Denken selbst dem 'denkenden' Menschen als ein immer äußerliches Objekt erscheinen muß. Die weitere, eigentlich absurde Folge wäre ein 'denkender' Mensch, der gar nicht denken könnte, weil das Denken die unüberbietbare Entfremdungsgestalt des (bloß mit natürlichem Bewußtsein bedachten) Menschen wäre!

Für die Darstellung der Methode in der Hegelschen Logik lassen sich daraus weiterführende Schlüsse ziehen:

---

mungen die Forderung ihrer Vermittlung und Begründung mit sich führen" (STW 6,570; GW 12,251).

267 Damit scheint wiederum die Bedeutung und Unabdingbarkeit der Gleichursprünglichkeit und Entsprechung von 'Logik' und 'Phänomenologie' auf. Ohne die Garantie der Selbstbestimmung des Denkens, welche in der 'Phänomenologie' anklingt als das 'an ihm' sich zu verstehen Gebende sowohl am Subjekt wie an der Substanz, ohne das Beiherspielen der 'Logik' in der 'Phänomenologie' ist dem Bewußtsein der Boden seines Selbsts entzogen.

268 Vgl. oben S. 111

1. Ohne grundsätzliche Identität von Denken und Sein läßt sich das Denken als Denken nicht begründen, das Denken bliebe eine Weise der Entfremdung des Menschen von sich selbst. Die Eigenheit des Denkens ist seine formelle und inhaltliche Selbstbestimmung im Gedanken, als Bedeuten. Dieser uranfängliche Gedanke von absolut unterschiedenem Unterscheiden (Sein-Nichts-Werden) trägt in sich wohl die Hypothek, nichtssagend zu sein, um nicht von vorneherein als vorausgesetztes Konstrukt zu erscheinen. Darauf beruht die Schwierigkeit des Seins-Gedankens (hier eben in seiner - rechtverstanden - notwendigen Wortlosigkeit), weil die Ununterschiedenheit und Differenz des reinen Bedeutens, streng genommen, sich aller sprachlichen Darstellung entziehen muß.(269)

2. Wenn der Gedanke ist, was er ist: Denken als denkende, als absolute, logische Idee, dann darf niemals die Einsicht verloren gehen, wie das Denken sich selbst Bedeutung gibt: nämlich als das Eine und Allgemeine. Allein diese Selbstdarstellung des Gedankens, die 'Wissenschaft der Logik' als das Sich-selbst-Wissen des Denkens, vermag am Ende ihres Weges, in ihrer Vollendungsgestalt der absoluten Idee, darüber Rechenschaft abzulegen, ob der anfängliche, reine Gedanke ein uneinholbares, unbegründbares, unbegreifbares Solitär-Axiom ist und bleibt, oder als Methode, als Selbstauslegung seines Bedeutens, und von Sinn selbst, gelten kann. Hier ist der Aufweis der Vermittlungsarbeit der Methode, die Darlegung und Rechtfertigung ihrer Denkmittel - und nicht mehr so sehr ihre Denkbarkeit - das Einzufordernde.

3. Die mögliche Selbstverwirklichung des Gedankens aus der Kraft der Identität von Sein und Denken führt nochmals zurück zum ontologischen Argument. Denn selbst bei angenommener Schlüssigkeit des Gedankens der Identität als Methode gilt es den Zusammenhang und die Differenz von logischer Wirklichkeit des Denkens als solchem und den übrigen Wirklichkeitsdimensionen vernünftig zu begründen. Darin entbirgt sich bekanntlich das Lebens- und Erfahrungsrecht der 'Logik'. Hier - erst und wiederum - vermag angemessen beurteilt zu werden, inwieweit die logische Methode als innerste Bestimmung nicht nur der logischen Dimension der Wirklichkeit, sondern auch der übrigen Gestalten des Wirklichkeitsganzen, der konkreten

---

269   Darauf beruft sich auch ein Gutteil der Hegelkritik, die ihm vorhält, die Ausführung seiner Philosophie vermöchte sich niemals von ihrer apriori angenommenen Reflexionsgestalt und ihrer reflexiven Begrifflichkeit zu lösen.

oder realen Wissenschaften, gelten kann. Denn für Hegel ist die absolute Idee, welche ebenso die absolute Methode zu nennen ist, "die **allgemeine absolute Tätigkeit**, die sich selbst bestimmende und selbst realisierende Bewegung..., die schlechthin unendliche Kraft..., welcher kein Objekt, insofern es sich als ein Äußerliches, der Vernunft fernes und von ihr unabhängiges präsentiert, Widerstand leisten, gegen sie von einer besonderen Natur sein und von ihr nicht durchdrungen werden könnte. Sie ist darum die **Seele und Substanz** ...".(270)

Der sich selbst begreifende Begriff erweitert damit in ganz deutlicher Weise seine Kompetenz über den rein logischen Realisierungsprozeß hinaus auf die Gegenstandswelt des Bewußtseins und die Objektwelt der Natur. Wenn also die absolute Idee "**alle Bestimmtheit** in sich enthält",(271) ist sie allein der Schlüssel zum Verständnis aller Vernunft, die wirklich, sowie aller Wirklichkeit, die vernünftig ist.(272)

3.3.4 Die Maßgeblichkeit der Methode

Als Beispiel zur Darstellung der Methode selbst bietet sich der Prozeß der Selbstexplikation des Gedankens im Begriffspaar **Form** und **Inhalt** an. Die Frage nach dem 'Inhalt', oder dem 'Inhaltlichwerden' der Methode, geht Hegel zu Beginn der 'Logik des Begriffs' in beeindruckender Weise nach. Deshalb empfiehlt es sich gerade hier, nach der Überwindung der Stufen von Unmittelbarkeit und Reflexion, Hegels Ausführungen genauer zu folgen. Dabei geht es um Kants Gedanken, daß es synthetische Urteile a priori gebe. Nun hat Kant es "für einen Mißbrauch erklärt, daß die Logik, die bloß **ein Kanon der Beurteilung** sein solle, als ein **Organon** zur Hervorbringung **objektiver** Einsichten angesehen werde".(273) Die Vernunftbegriffe haben keine konstitutive

---

270 STW 6,551; GW 12,238

271 STW 6,549; GW 12,236

272 Vgl. STW 7,24 (Vorrede)

273 STW 6,262; GW 12,23
     Vgl. dazu J. Habermas (Erkenntnis und Interesse, Frankfurt/M 1975, 5. Aufl., 20), Hegels Kritik an der transzendentalen Erkenntniskritik gründe auf der vorgängigen Annahme eines absoluten Wissens. Doch für einen Kritizismus,

"der die eigenen Konsequenzen nicht scheut, kann es, wie Kants Grundsatz der synthetischen Einheit der Apperzeption als oberstes Prinzip allen Verstandesgebrauchs zeigt, unabhängig von den subjektiven Bedingungen der Objektivität möglicher Erkenntnis einen explizierbaren Begriff von Erkenntnis nicht geben...". So entgeht auch Habermas Hegels eigentliches Anliegen, welches sich in der 'Phänomenologie des Geistes' so darstellt: Nicht ein bloß vorher schon angenommenes absolutes Wissen gilt es zu bestätigen, um einer reinen, interesselosen Theorie des Denkens willen, sondern um das Sich-frei-Spielen einer im Bewußtsein immer schon beiherspielenden 'Logik'. Dieser Auffassung versagt sich Habermas ausdrücklich. Hegel unterstelle, "daß die phänomenologische Erfahrung sich immer schon im Medium einer absoluten Bewegung des Geistes hält und deshalb im absoluten Wissen notwendig terminieren muß. Wir hingegen sind der Argumentation unter dem Gesichtspunkt einer immanenten Kritik an Kant gefolgt" (ebd. 30 f). Es ist zumindest merkwürdig, wiesehr die gattungsgeschichtliche Erfassung des Erkenntnisproblems Habermas die naheliegende Interpretation des absoluten Wissens verstellt, daß dessen Absolutheit in nichts mehr besteht, als sich selbst seinen Anfang freizugeben in der natürlichen Weise von Raum und Zeit, sowie des reinen Denkens. Das bedeutet: Jedes wahrhaft zweifelnde Bewußtsein macht die endgültige Erfahrung seiner Herkunft. Die Gültigkeit wie die Endgültigkeit der synthetischen Einheit allen Erkennens, worin ja Hegel Kants unbestrittene Leistung würdigt, gibt dem Gedanken die anfängliche, gegenständliche Voraussetzung aller Bewußtseinskritik frei zum Bedenken.

Habermas führt zur Unterstützung seiner Theorie der gattungsgeschichtlich interessierten Vernunft die biologisch untermauerte Erkenntnisanthropologie von K. Lorenz an (vgl. ebd. 19 Fn. 6). Darin können ihn die uns schon bekannten (vgl. oben S. 127) neuen Einsichten der evolutionären Erkenntnislehre bestärken. Doch legt das Verhältnis von phylogenetischem Apriori und individualgeschichtlich aposteriori erworbener Erkenntnis mindestens die Aussicht nahe, daß fortschreitendes Aufklären dasselbe ist wie die rückwärtsgerichtete Erklärung des – zuerst vorauszusetzenden – Ursprungs.

Hier sind wir Hegels Idee der 'Logik des Gedankens' als gleichzeitig fortschreitender Interpretation und rückwärtsgerichteter Reinterpretation näher als mancher emanzipatorischen Gesellschaftstheorie lieb sein mag.

Wirklichkeitsbedeutung, "da sie - in keiner Erfahrung vorkommen
können".(274)

Wie schon erwähnt und erläutert, besteht darin Kants - wiewohl
einseitiges und unvollständiges - Beharren auf der Vorrangigkeit
empirischer Erfahrung: Kein Selbstbewußtsein ohne Gegenstandsbewußtsein. Dem Selbstbewußtsein, dem reinen 'Ich denke' verbleibt
eine bloß abstrakte Stellung als Prinzip transzendentalen Wirk-
lichkeitsverstehens ohne jedes Erfahrungsrecht.

Gegen diese Bestimmung von Erfahrung und Wirklichkeit bezeichnet
Hegel seine 'Wissenschaft der Logik' ausdrücklich als "formelle
Wissenschaft", die "nicht auch diejenige Realität enthalten könne
und solle, welche der Inhalt weiterer Teile der Philosophie, der
Wissenschaften der Natur und des Geistes, ist".(275) In diesem
Sinne besteht ein wesentlicher Unterschied zwischen dem Inhalt
der 'Logik', dem reinen Denken, und dem realen Inhalt der kon-
kreten Wissenschaften.

Was jedoch meistens übersehen wird, und von Hegel stets eifrig
eingefordert wird, ist die unabweisbare Einsicht, daß einerseits
die 'Logik' selbst einen Inhalt besitzt, weil das Denken sich
selbst zu begreifen imstande ist,(276) aber andererseits diese re-
elleren Wissenschaften selbst einer (bzw. ihrer) Form bedürfen,
um überhaupt den Anspruch erheben zu können, Wissen zu sein.
Darin liegt der große, höchste Wert der alten Definition der
Wahrheit, "daß sie die Übereinstimmung der Erkenntnis mit ihrem
Gegenstande sei".(277) Hegels Überlegung war stets, daß die
Logik dieser Formen (etwa der reellen, empirischen Wissenschaften) nicht schon deswegen ihre Rechtfertigung erfährt, weil ihr
Inhalt ein Gegenüber, ein Gegenstand ist, an welchem sie sich
zeigend bewährt. Die große Wirksamkeit der Hegelschen Bewußtseinsanalyse besteht ja in der Erkenntnis, daß der Gegenstand
sich dem Erkennen nicht wie ein erratischer Block zu zeigen vermag. Der Erfahrungsbegriff der 'Phänomenologie des Geistes' trägt
den Stempel der Einheit von neuem Gegenstand und neuem, sich
immer weiter fortbildendem Erkennen. Einzig im beiderseitigen
Sich-zu-erkennen-Geben, bzw. im Sich-zum-Selbsterkennen-Fortbil-

---

274   STW 6,262; GW 12,23

275   STW 6,264 f; GW 12,25

276   Vgl. die Identität von Denken und Sein oben S. 179

277   STW 6,266; GW 12,26

den von Gegenstand und erkennendem Subjekt, vermögen Wahrheit und Gewißheit als Übereinstimmung zu kulminieren. In diesem Sinne muß von einem gegenseitigen Bestimmungs- und Fortbildungsgeschehen von Gegenstand und Bewußtsein gesprochen werden, das schließlich in die Aufhebung ihrer Gegensätzlichkeit, ihrer Subjekt-Objekt Struktur, mündet.

Dieses Resultat der 'Phänomenologie des Geistes'(278) als realer Wissenschaft tritt bestimmend auf bezüglich des logischen Verhältnisses von Form und Inhalt. Gleichwie sich das gegenständliche Verhältnis von Erkennendem und Erkanntem in der Weise zunehmender Bewußtseinsintensität auf das absolute Selbst-Wissen hin entwickelt und seine selbstische Form ebenso als seinen Inhalt zu begreifen vermag, desgleichen hat sich dieses Verständigungsverhältnis, die Logik des Erkennens, von Stufe zu Stufe ebenfalls fortgebildet.

Diese (logische) Bewegung, deren Momente die Form des Begriffes haben, ist für uns bisher auf zweierlei Weisen verstehbar geworden:

Erstens als die beiherspielende Denkstruktur der Bewußtseinsgestalten.
Zweitens ist sie als die aufgehobene Form der Gegenständlichkeit die unmittelbare Einheit von Wahrheit und Gewißheit.

In diesem Sinn steht die logische Methode 'jenseits' der Bewegung der Bewußtseinsbildung. Sie ist "seine reine, von seiner Erscheinung im Bewußtsein befreite Gestalt, der reine Begriff und dessen Fortbewegung hängt allein an seiner reinen **Bestimmtheit**".(279) Des weiteren – worin wieder unüberhörbar die Bedeutung von Differenz und gleichzeitiger Koextensivität aller Wirklichkeitsdimensionen anklingt – gilt aber auch der Umkehrschluß, daß "jedem abstrakten Momente der Wissenschaft eine Gestalt des erscheinenden Geistes überhaupt"(280) entspricht.

Gegen Kants transzendentale Denkbestimmungen, die als subjektive Formen des Selbstbewußtseins ihre stets endliche Bestimmt-

---

278 Vgl. auch die Darstellung des Problems der Stellung des Gedankens zur Objektivität (STW 8,93-168; Enzy I §26-§78)

279 STW 3,589; GW 9,432

280 Ebd.

heit (281) – durch ihre "abstrakte, allen gleiche Relation auf Ich"(282) – weder begründen noch aufheben können, tritt nun die Erkenntnis der unendlichen Form, des Begriffs auf. Schon der Bildungsweg des Bewußtseins zum Selbstbewußtsein offenbart nämlich nicht nur dessen eigene Bewegung und Bestimmungsmomente, sondern ebenso die vom Bewußtsein, vom Ich und vom Gegenstand unabhängige Bewegung der reinen Formen als Selbstbestimmung.

Dieser Betrachtungsweise versagt sich Kant. Für Hegel ist sie die Grundlage der 'Wissenschaft der Logik': "Die Form, so in ihre Reinheit herausgedacht, enthält es dann in sich selbst, sich zu bestimmen, d.i. sich Inhalt zu geben, und zwar denselben in seiner Notwendigkeit, – als System der Denkbestimmungen".(283)

Gehen wir diesem Gedanken nach, daß die 'Wissenschaft der Logik' die absolute Form ist, die, um wahr zu sein, an ihr selbst ihren ureigensten Inhalt haben muß, dann ergeben sich für den Begriff 'Inhalt' drei verschiedene Weisen der Verwirklichung, deren Unterscheidung und Zusammengehören dem Verständnis dessen, was Methode ist und leisten kann, unabdingbar zugrunde liegt. Dadurch erst wird die Bedeutung des Begriffspaares 'Form-Inhalt' einsichtig, obwohl es eigentlich der Wesens-

---

281 Vgl. STW 6,268 f; GW 12,28: "So wie die Kantische Philoso-
     phie die Kategorien nicht an und für sich betrachtete, son-
     dern sie nur aus dem schiefen Grunde, weil sie subjektive
     Formen des Selbstbewußtseins seien, für endliche Bestim-
     mungen, die das Wahre zu enthalten unfähig seien, erklär-
     te, so hat sie noch weniger die Formen des Begriffs, welche
     der Inhalt der gewöhnlichen Logik sind, der Kritik unter-
     worfen; sie hat vielmehr einen Teil derselben, nämlich die
     Funktionen der Urteile für die Bestimmung der Kategorie
     aufgenommen und sie als gültige Voraussetzung gelten
     lassen."

     Dabei wird einmal übersehen, ob und wie die logischen
     Formen an sich der Wahrheit entsprechen, und andererseits
     nicht geklärt, inwiefern ihre Beschreibung ein bloß subjek-
     tives Bild der Wirklichkeit abzugeben imstande ist, oder
     vielmehr die Wirklichkeit sich erst in und mit diesen logi-
     schen Formen begreift und verwirklicht.

282 STW 5,60

283 STW 5,61

sphäre (284) zugehörig, auch noch in der Begriffssphäre das wesentliche und entscheidende Sprachmittel bleibt, um das Wesen der Methode als absolute Idee zum Ausdruck zu bringen. Auf dieser Stufe der Begrifflichkeit drücken Form und Inhalt dasselbe aus wie die hier eigentlich adäquaten Begriffe des Allgemeinen und Besonderen.(285)

Die drei erwähnten Inhalts-Begriffe ergeben sich aus der von alters bemühten Frage nach der Wahrheit, deren Definition (286) die Übereinstimmung von Erkennen und seinem Gegenstande ist. Dieser, von Hegel so sehr gerühmten, Definition lassen sich nämlich sehr deutlich drei wahrheitskritische Fragen stellen:(287)

- nach der Wahrheit des Inhalts
- nach der Wahrheit des Erkennens
- nach der Wahrheit der Übereinstimmung von Inhalt und Erkenntnis

Für Hegel entscheidet sich der Begriff der Wahrheit an der letzten Formulierung, der Übereinstimmung von objektivem Inhalt und subjektiver Form.(288)

Das Kriterium der Wahrheit schlechthin hängt vom Erweis dieser geforderten Übereinstimmung ab. Die sich daraus ergebende Schwierigkeit liegt im möglichen Begreifen einer derartigen Übereinstimmung. Wie immer man Hegels zusammenfassende Darstellung der absoluten Methode am Ende der 'Wissenschaft der Logik' betrachtet,(289) so zeigt sie sich bestimmt von der Frage nach dem

---

284   STW 6,84 f; GW 11,294 f

285   Deren Darstellung findet sich am Beginn der Lehre vom Begriff (STW 6,273 f; GW 12,33 f).

286   Vgl. oben S. 185

287   Damit sind zugleich die Voraussetzungen der jeweiligen erkenntniskritischen Standpunkte erfaßt.

288   Wieder ist zu beachten, daß 'objektiv' und 'subjektiv' nach ihrem unterschiedlichen Gebrauch in den Dimensionen von Natur, Bewußtsein, Gedanke eine je verschiedene Bedeutung zukommt.

289   Dies läßt sich ebenso anhand der Schlußparagraphen der Enzyklopädie (Enzy I § 236-§ 244) nachweisen.

Inhaltlichwerden der Methode, bzw. von der Realität der absoluten Form. Anders gewendet liest sich diese Frage als die ständige Bedrohung dieser geforderten Übereinstimmung durch eine je verschiedene Weise der Äußerlichkeit.(290) Wo immer nämlich natürliches Bewußtsein, gewöhnliches Vorstellen und Anschauen, aber auch Kants Transzendentalphilosophie, ans Begreifen dieser Übereinstimmung gehen, so nehmen sie an, "daß der empirische **Stoff,** das Mannigfaltige der Anschauung und Vorstellung, zuerst **für sich da** ist und daß dann der Verstand dazu **hinzutrete,** **Einheit** in denselben bringe und ihn durch **Abstraktion** in die Form der **Allgemeinheit** erhebe. Der Verstand ist auf diese Weise eine für sich leere **Form,** welche teils nur durch jenen **gegebenen** Inhalt Realität erhält, teils von ihm **abstrahiert,** nämlich ihn als etwas, aber nur für den Begriff Unbrauchbares wegläßt.(291)

Andererseits hat gerade die Kantische Deduktion der Kategorien auf die Wahrheit der Seite des Erkennens verwiesen. Denn das Mannigfaltige der Anschauung ist immer schon durch die Einheit des Selbstbewußtseins zum **Objekt** vereinigt. Die synthetische Kraft des Begriffs als höchstes Prinzip der Erfahrung und Wirklichkeit glaubte Kant jedoch stets zurücknehmen zu müssen, um entweder der stofflichen Realität ihr unbegreifbares Eigensein zu bewahren, oder die reine Begrifflichkeit von ihrer hohlen Inhaltslosigkeit zu schützen. Hegel drückt diesen Zwiespalt Kants so aus, daß "das Mannigfaltige der Anschauung" für Kant zu mächtig gewesen sei, "um davon weg zur Betrachtung des Begriffs und der Katego-

---

290   In heutiger Begrifflichkeit, die sich vor allem über K. Marx entwickelt hat, hieße dies, daß jede Stimmigkeit der Wahrheit einen allzugroßen Preis zu zahlen hätte, nämlich den der **Selbstentfremdung,** weil das Absolutwerden, sei es von Form, sei es von Inhalt, ihr Abkoppeln, ihr Abstrahieren von der lebendigen, geschichtlich erfahrbaren Wirklichkeit bedeuten würde. Eine allenfalls gelungene Übereinstimmung von Inhalt und Form widerspräche jedoch ebensowenig der behaupteten Entfremdungsgestalt, da sie einmal als 'geglückter' Augenblick unmittelbar, also unvermittelbar, ist und genauso in einen Gegensatz zum emanzipatorischen Selbstbestimmungsinteresse des aufgeklärten Menschen tritt, oder anders, als gelungene Stimmigkeit, sich stets selbst relativiert im Entwicklungsgang der Geschichte – von Wahrheit zur Wahrscheinlichkeit.

291   STW 6,258; GW 12,20

rien **an und für sich** und zu einem spekulativen Philosophieren kommen zu können".(292)

Doch kann nicht darüber hinweggesehen werden, daß ein Hauptfehler des Denkens dabei ist, seine 'Wahrheit' um den Preis einer einseitigen Reinheit erkaufen zu wollen, deren Bedingung im völligen Absehen vom sinnlichen Stoff besteht. Solch mißverstandene begriffliche Abstraktion vermag der angeführten Wahrheitsdefinition tatsächlich niemals gerecht zu werden, ist sie doch auf je verschiedene Weise am Ziel ihres Abstraktionsverfahrens durch ihre Selbstvernichtung, durch ihren Selbstausschluß von der Wahrheit und Wirklichkeit bedroht. Das Absolutwerden je einer der beiden Seiten der Abstraktion – subjektives, reines Erkennen und objektive Realität – ist für sich allein blind oder leer, d.h. wahrheitsunfähig.

Hegel hat dieses fatale Dilemma in bestechender Weise erkannt und zu entwirren gesucht. Bei der Lösung dieser Aufgabe verbietet sich stets und grundsätzlich jenes Vereinheitlichungsverfahren, das im Überspringen dieser scheinbar unauflöslichen Differenz sich der Wahrheit zu bemächtigen sucht. Jeder dieser Versuche ist als Herrschaftsdenken mit allem Eifer zu entlarven. Wahrheit kann und darf niemals durch äußerliche Einheit, äußerliches Verbinden zustande kommen. Für Hegel kann deshalb die Vernichtung oder Verniedlichung dieser unleugbaren Differenz von Subjekt und Objekt, Form und Inhalt, Allgemeinem und Besonderem, nie als Lösung der Wahrheitsfrage in Betracht kommen. Allein wenn gezeigt werden kann, daß beide Seiten an ihnen selbst sich als dasselbe ihres Gegenüber, ihres Anderen, erweisen, besteht Aussicht, die Wahrheit als Übereinstimmung beider zu erweisen: "Nur das Sichaufheben der Einseitigkeit **beider an ihnen selbst** läßt die Einheit nicht einseitig werden",(293) schreibt Hegel jedem philosophischen Unternehmen ins Stammbuch.

Weshalb kommt dann dem Begriff und der Methode in der 'Wissenschaft der Logik' eine derart zentrale Bedeutung zu? Hegel gibt darauf, in Abhebung zu Kants 'psychologischem Idealismus' mit sicherem Blick zur Antwort, "daß der Begriff wieder ohne das Mannigfaltige der Anschauung **inhaltslos** und **leer** sein soll, ungeachtet er apriori eine **Synthesis** sei; indem er dies ist, hat er ja die Bestimmtheit des Begriffs, damit die **absolute Bestimmtheit,**

---

292   STW 6,267; GW 12,27

293   STW 8,392; Enzy I § 241

die **Einzelheit** ist, ist der Begriff Grund und Quelle aller endlichen Bestimmtheit und Mannigfaltigkeit".(294)

Um diese Aussage recht zu würdigen und zu verstehen empfiehlt es sich nochmals auf einen wesentlichen Aspekt der Abstraktion einzugehen. Diese geht von der prinzipiellen, uneinholbaren und unversöhnlichen Unterscheidung von Inhalt und Form, Faktischem und Geistigem aus. Jedes Abstraktionsverfahren, wahres wie falsch verstandenes, sucht sich selbst durch ein Prinzip der Absolutheit an seinem Ende zu rechtfertigen. Die sie dabei beflügelnde Hoffnung ist, daß am Ende dieses Abstraktionsverfahrens ein oberstes, sich selbst begründendes Absolutum die unausweichliche Schwäche, die Einseitigkeit des Vorgehens im Absehen, im Abziehen einer vorher nicht wegzuleugnenden Bedingung, tilgt. Stillschweigend aber wird darüber hinweggesehen, worin der eigentliche und vielleicht noch größere Fehler solchen Abstrahierens liegt: Das absolute, losgelöste Resultat – sei es Fichtes absolutes Subjekt, Kants transzendentales Subjekt, oder auch, wie Th.W. Adorno meint, Hegels absoluter Geist – muß ja für die Rechtfertigung des Abstraktionsweges und seiner Mittel taugen, weshalb "das Abstraktum auf das unter ihm Befaßte anwendbar bleiben, weil Rückkehr möglich sein soll, ist in ihm immer zugleich auch in gewissem Sinne die Qualität dessen, wovon abstrahiert wird, aufbewahrt, wäre es auch in oberster Allgemeinheit".(295) Adorno moniert genau dieses Einseitigwerden solch abstrakter Absolutheit. Denn dieses Transzendentalsubjekt, ein absolutes Ich, überfliegt und verleugnet das individuelle Bewußtsein, woran es selbst ja allererst gewonnen wurde. Da nun dieser absolut gewordene Über-Begriff seine Herkunft vergessen hat, büßt er ebenso sein Selbstverstehen, seinen Begriff ein. Der Ausdruck 'Ich' – sei es ein reines, transzendentales, oder ein empirisches, unmittelbares Ich – bleibt für Th.W. Adorno immer an irgend **ein** Bewußtsein gebunden.

So richtig und notwendig das Aufdecken einer derart verfehlten abstrakten Begrifflichkeit ist, so entscheidend ist, gegen Adorno, auf den Punkt der **Rückbindung** zu achten: Es ist dies ein Bewußtsein, welches als der endlos-endliche Widerstand gegen alle systematische Vereinnahmung lebt und arbeitet. Aber exakt durch diese undurchbrechbare Bindung des Denkens an das Bewußtsein eines Ich wird wieder und endgültig die Einsicht in die Selbstbestimmung des Gedankens verwehrt. Bewußtsein weiß sich ja erst an einer inhaltlichen Veranlassung. Sein Heraustreten aus seinem gegenständlichen Wissen wäre nur denkbar auf die (falsche) Weise

---

294 STW 6,261; GW 12,23

295 Th.W. Adorno, Drei Studien zu Hegel 21

der oben beschriebenen absoluten Abstraktion, oder in der Art einer immerwährenden Wiederkehr des Gleichen: Der Austritt aus der Gegenständlichkeit fällt in sich zusammen oder wird sogleich Eintritt in die immerwährende Geschichte der Gegenstände und des Bewußtseins.

Somit hat jene Kritik an Hegels 'Wissenschaft der Logik' ihr Kriterium an ihrem Begriff vom Bewußtsein. Bleibt nämlich das Bewußtsein einziges und ausschließliches Mittel des Erkennens, dann haben sich die Absicht und der Sinn der Hegelschen Logik von vorneherein erledigt. Streng gedacht heißt die Alternative, welche über Möglichkeit oder Unmöglichkeit des Hegelschen spekulativen Denkens entscheidet: Zeitigt das Resultat der Bewußtseinsanalyse einzig wiederum Bewußtsein, dann ist es um den reinen Gedanken, den Begriff, die 'Logik', geschehen. Daran zeigt sich nochmals die weitreichende Auswirkung des Resultates der 'Phänomenologie des Geistes', indem sie selbst sich nur versteht als ein Selbst-Bewußtsein, wenn der Gegenstand sich an ihm selbst zu verstehen gibt. Gegenstand wie Bewußtsein erweisen dann ihr gegenseitiges Verstehen als dasselbe wie ihr Selbstverstehen.

Wäre das einzige Resultat der 'Phänomenologie des Geistes' immer nur Bewußtsein, dann wäre nicht einzusehen, wie dem Vorwurf eines Zirkelschlusses zu entgegnen sei, daß die Absolutheit des Selbstverstehens, die Vernunft, bereits anfänglich vorausgesetzt gewesen war. Deshalb ist unbedingt darauf zu achten, daß neben, oder besser, im Resultat des absoluten Wissens – der Einheit von Wahrheit und Gewißheit, von Substanz und Subjekt – sich das Ganze als Bewußtsein seines Selbsts, als Begriffs-Selbstbestimmung zeigt und zeitigt (296) als Natur in Raum und Zeit. In dieser

---

296 Die Affinität von 'sich zeigen' und 'sich zeitigen' legt Hegel mehrmals nahe, wie z.B.: "Die Zeit ist der **Begriff** selbst, der **da ist** und als leere Anschauung sich dem Bewußtsein vorstellt" (STW 3,584; GW 9,429). Stellt man noch die interessante und gar nicht so leicht zu verstehende Bemerkung dazu, "es ist die Wahrheit der Zeit, daß nicht die Zukunft, sondern die Vergangenheit das Ziel ist" (STW 9,59; Enzy II § 261 Zus.), dann zeigt die Zeit ihr Wesen: der daseiende, reine Begriff und reine, leere Anschauung zu sein.

Erinnern wir uns an den Anfang der 'Seinslogik', an das 'Bedeuten', welches absolut unterschiedene Ununterschiedenheit ist (vgl. STW 5,83; GW 11,44). Dort spricht Hegel auch von Anschauen und Denken, insofern da überhaupt davon

Dreiheit der Dimensionen erst vermag das Ganze selbst sich als Geist zu begreifen.

Hier liegt aber auch der einzigartige Schlüssel für das Verständnis von Wahrheit und Wirklichkeit: Das Zusammengehören aller Wirklichkeitsbereiche, aber nicht aufgrund eines Gewaltaktes eines vereinheitlichenden, absolut werden wollenden Denkens, sondern als gleichzeitiges, koextensives, gleichursprüngliches Ganzes. Hier geschieht nichts mehr auf Kosten des anderen, kein Beiseiteschieben, kein Absehen von einem anderen Bereich. Das **Bewußtsein** braucht nicht zu fürchten, um der Wahrheit willen bewußtlos, erinnerungslos werden zu müssen. Die **Natur** darf sich stets **begeistert** ihrer stofflichen Realität besinnen. Der **Gedanke** weiß sich stets **bedankt** durch beide als Garant und Begriff der Wahrheit.

So entscheidet sich in der Krisis von Bewußtsein und Gedanke nicht bloß Sinn und Unsinn der Hegelschen Logik, sondern ebenso der Begriff der Dreifaltigkeit Gottes, die Begreifbarkeit des Mysteriums der Trinität.

Nach dieser Abgrenzung und Besinnung, was auf dem Spiele steht, können wir versuchen, die Hegelsche Logik als Methode und Maß zu bestimmen.

Alles Denken sinnt auf Wahrheit. Ist die Frage nach der Identität der Wahrheit nun zweifach zu stellen und umfassend beschrieben in den Formulierungen, ob Wahrheit ohne Wissenschaft mit sich identisch zu sein vermag, oder ob sie erst anläßlich der wissenschaftlichen Methode zu ihrem Selbstverständnis findet,(297) so ist diese Frage nach der Methode der 'Wissenschaft der Logik'

---

gesprochen werden kann. Mit dieser Bemerkung macht Hegel jedoch deutlich, wie sehr der reine Begriff und das Wesen der Zeit übereinkommen. Die Zeit läßt sich ja niemals aus dem aposteriorisch gewonnenen **Zeitmaß** rekonstruieren. Ebensowenig läßt sich die Einheit der Zeit erklären. Die Zeit **ist** die ursprüngliche, eigentlich überzeitliche Bedeutung der sich zeitigenden Natur. Die Zeit ist das reine, absolute, unterschiedslose Unterscheiden. Dies ergibt den Sinn der zitierten Stelle aus der Enzyklopädie der philosophischen Wissenschaften: Die Zeit wird nicht im Nacheinander der Zeitschritte festgestellt oder gemessen, sondern sie **ist** absolutes **Maß: Gleichzeitigkeit.**

297   Vgl. oben S. 153 f

Hegels eigenem Verständnis nicht angemessen, da sie auf einer Bewußtseins- und Wissensstufe gestellt ist, die kein anderes denn ein äußerliches Verhältnis von Inhalt und Methode zuläßt.

Zum Verständnis dieses Problems von äußerlich vorgegebenem Inhalt und dessen methodischer Formung hat sich die 'Logik' unmittelbar auf den Gang und das Resultat der 'Phänomenologie des Geistes' zu berufen. Für Hegel ist die Methode niemals etwas vom Inhalt Getrenntes. Die Methode hat als logische Idee ihre eigene unendliche Form zu ihrem Inhalt. Sie selbst ist **formierende Bewegung und inhaltliches Selbstbestimmen, Bestimmtheit** der Wegmarken.

Wenn anders die absolute Idee als Methode das logische Ganze in sich begreift, und nie als bloßes, abstraktes Resultat genommen werden darf, dann läßt sich auch noch auf dieser Stufe die Identität der Idee wahrhaft als absolutes Verhältnis von Inhalt und Form beschreiben. Deshalb unterscheidet Hegel die absolute Idee als Methode nach dem Schema von Form und Inhalt, um dadurch die **Bedeutung** der absoluten Methode darstellen zu können. Sie ist einmal "die Bewegung des **Begriffs** selbst... mit der **Bedeutung, daß** der **Begriff alles** und seine Bewegung die **allgemeine absolute Tätigkeit**", und zugleich entfaltet sie sich als "die sich selbst bestimmende und selbst realisierende Bewegung".(298) Diese Identität und Differenz von Form und Inhalt in der absoluten Idee läßt die ursprüngliche, unterschiedslose Unterschiedenheit, das **Bedeuten** des Anfangs der 'Logik' wieder erkennen. Nur hat sich die anfängliche unbestimmte Unmittelbarkeit des reinen Gedankens(Sein-Nichts) als sich selbst bestimmend eingeholt und sein Bedeuten durch seine Selbstdarstellung begriffen. So zeigt sich "das ursprüngliche **Wort**"(299) als Logos. Dieser ist ganz wesentlich die Überwindung aller einseitigen Einheitlichkeit, deren Preis in ihrer abstrakten Absolutheit ohne rückbeziehendes Bestimmen, Besinnen auf den Ausgangspunkt besteht. Der Logos der Idee ist das **Zugleich** von **Bewegung als Methode** und **Bestimmtheit** des Weges **als Maß**.

Diese Einsicht führt uns tiefer in das Wesen der absoluten Idee als Methode und Maß (welcher Zusammenhang von mancher Kritik allzuleicht übersehen wird). Wenn nämlich die begriffene Methode ihr (Selbst-)Bestimmungsmaß beinhaltet, dann liegt die Frage nach der Bedeutung der vor-liegenden Bestimmungen, der maßgeb-

---

298   STW 6,551; GW 12,238

299   STW 6,550; GW 12,237

lichen Momente des Begriffs nahe. Wie verhält sich deren 'Vorläufigkeit' zur Absolutheit der Idee? Wie vermag Hegels Logik dem Vorwurf, Herrschaftsdenken zu sein, welches um der Absolutheit der Idee willen seine vorhergehenden Momente als endliche Bestimmungen aufheben müsse, zu entgehen? Wenn jedoch dieser Konnex von Weg und Ziel zerbrochen werden muß, dann fällt ebenso jede rückwärts gerichtete Begründung der anfänglichen Voraussetzung als abstrakte Behauptung fort. Solch emanzipiertes, abstraktes Absolutwerden des Denkens wäre gezwungen, sich erinnerungslos auf die Suche nach der verlorenen Wirklichkeit zu begeben.

Die Beantwortung dieser Frage gemahnt umso mehr an Hegels Warnung, sich vor der Erwartung zu hüten, daß auf der Stufe der absoluten Idee alles gelaufen sei und das Rechte sich ergeben werde.(300) Die Idee verlöre nämlich als reine Bewegung trotz allen gegenteiligen Beteuerns nicht nur jede Beziehung zu einem Inhalt, natürlich auch zu ihrem eigenen Gedanken-Inhalt; sie würde im wahrsten Sinn des Wortes 'gedankenlos', wäre die einzige, ihr zumutbare, Bestimmung die der erst endgültigen Absolutheit. Das Schiefe an diesen Antinomien − daß etwa das Absolute nur über die Abstraktion von endlichen Bestimmungen erdacht werden könne −, die prinzipiell Kants Darstellung der reinen Vernunft bestimmen, ist, daß der Widerspruch nur als Widerspruch bestimmter inhaltlicher Aussagen thematisiert wird. Wird jedoch der Inhalt, ein Objekt, "als von eigentümlicher Natur angenommen", dann ist und bleibt "das Logische überhaupt in solcher Bestimmung eine bloß **äußerliche** Form".(301)

Wie vermag demnach die 'Logik', eingedenk dieser Schwierigkeiten, als absolute Methode aufzutreten, ohne ihre Absolutheit immer schon (als Hegels un-heimlichen Denk-Grund) vorauszusetzen, oder andererseits an der Unüberwindbarkeit ihrer vorläufigen Bestimmungen zu verenden? Ganz unmißverständlich gibt hierzu die Enzyklopädie (302) die Antwort: "Die Methode ist auf diese Weise nicht äußerliche Form, sondern die Seele und der Begriff des Inhalts, von welchem sie nur unterschieden ist, insofern die Momente des **Begriffs** auch an **ihnen selbst** in ihrer **Bestimmtheit** dazu kommen, als die Totalität des Begriffs zu erscheinen". Offensichtlich sieht sich die Methode am Punkt ihrer Vollendung, ihrer Identität, wieder vor die Frage gestellt, welche die Thematik des

---

300   Vgl. STW 8,389; Enzy I § 237 Zus.

301   STW 6,551; GW 12,237

302   STW 8,392; Enzy I § 243

Anfangs der 'Logik' entscheidet: **Wie ist ein Unterscheiden ohne äußeres Kriterium möglich?**

Die Antwort darauf findet sich im Blick auf das **'Insofern'** wieder und nimmt den Vorwurf der vorausgesetzten Absolutheit auf. Hegel spricht in der 'Logik' davon, "daß mit dem **Absoluten** aller Anfang gemacht werden müsse, so wie aller Fortgang nur die Darstellung desselben ist, insofern das **Ansichseiende** der Begriff ist".(303) Die Differenz, welche im 'Insofern' zum Ausdruck kommt, betrifft das **ansichseiende** Absolute, welches jedoch ebenso als das Nicht-Absolute zu benennen ist. Denn das Ansichsein ist nichts anderes als das abstrakte, unmittelbare Allgemeine. Dessen Stärke, das Eine als Allgemeines zu sein,(304) hat sich als Antrieb des Übergehens des Einen zum Anderen seiner selbst gezeigt. Eben weil das Absolute nur erst an sich, ein Moment der Begriffsbewegung ist, ist der Fortgang des logischen Gedankens "nicht eine Art **Überfluß**",(305) ein sinnloses, weil tautologisches Deklamieren. Vielmehr ist es die Selbstbestimmung des Allgemeinen zum Einzelnen, Einfachen.

Die Bedeutung dieser **immanent logischen Deduktion,** die alles Äußerliche ausschließt, nicht weil sie davon abstrahiert, sondern weil die vollständige Erfassung aller Denkmomente jeden denkbaren Gegenstand in das System, in die Totalität der Denkbestimmungen aufgenommen hat, kann gar nicht hoch genug veranschlagt werden. Dies verdeutlicht sich an einem Problem, dem Hegel besonders in der Kritik des **Fichteschen Idealismus** nachgeht.

Hegel spricht oft vom **Mangel,** vom Mangelhaften. Dies bezeichnet in der 'Logik' stets die festgestellte Differenz der Momente des Begriffs bis hin zur begriffenen Idee. Selbst in ihr ist es entscheidend, ihre Identität nicht als ein einseitiges Zusammenfallen der Differenzen zu begreifen, sondern als die Einheit ihrer Ein-

---

303   STW 6,555; GW 12,241

304   Hier können wir auf oben S. 162 verweisen: Das Unum als 'Kraft' der Identität.

305   Erst und nur hier ist der Ort, auf E. Blochs Frage zu antworten, "weshalb der Geist überhaupt einen Prozeß nötig hat mit Antithesen, Differenzen, Kollisionen auf jeder Stufe. Es bleibt unbegreiflich,... weshalb das Absolute nicht gleich am Anfang fertig ist,..." (Ders., Subjekt-Objekt, Erläuterungen zu Hegel, Frankfurt/M 1977).

heit und Differenz. Den Ausdruck 'absoluter Mangel' hat Hegel
von Fichte übernommen. Der Fehler, den Hegel an diesem Fichteschen Begriff aufdeckt, vermag sehr einprägsam die Bedeutung
und Stellung der 'Wissenschaft der Logik' für sich und im Systemganzen zu veranschaulichen.

Fichte geht aus von der einzigen Gewißheit, dem reinen Selbstbewußtsein, dem reinen Wissen: Ich = Ich. Dies hat den unleugbaren Vorteil, für etwas schlechthin Wahres und Gewisses gehalten
zu werden. Zudem hat das Prinzip der völligen Leere "durch seinen absoluten Mangel den Vorteil, in sich immanent die unmittelbare Notwendigkeit zu tragen, sich zu erfüllen, zu einem Anderen... in eine unendliche objektive Welt fortgehen zu müssen".(306)

Damit scheint Fichte ein absolutes Prinzip entdeckt zu haben,
welches in sich, als Leeres, ein Bestimmbares, schlechthin Teil
zu sein vermag und zugleich, als unendliche Möglichkeit der Verwirklichung, unmittelbar die Notwendigkeit des Ganzen birgt.
Hiermit ist eigentlich exakt Sinn und Aufgabe der Hegelschen
'Logik' umschrieben.

Der entscheidende Unterschied zur Deduktion des absoluten Prinzips im Fichteschen Idealismus besteht jedoch, nach Hegel, letztlich in einem simplen Taschenspielertrick: Wie das leere Wissen,
Ich = Ich, aus der Abstraktion von allem sinnlich, empirischen
Vorhandenen gewonnen wurd, ebenso wird auf der Spitze des als
absolut Gesetzten von seiner absoluten Mangelhaftigkeit auf seine

---

306   STW 2,398; Glauben und Wissen oder die Reflexionsphiloso-
       phie der Subjektivität in der Vollständigkeit ihrer Formen
       als Kantische, Jakobische und Fichtesche Philosophie.

       Die Bedeutung des Begriffs des **Mangels** und der Leere ge-
       winnt ihre denkerische Prägnanz in der Darstellung "Eins
       und Vieles" (STW 5,182 f; GW 11,88 f; hier hat Hegel jedoch
       in der überarbeiteten zweiten Auflage bedeutende Umstellun-
       gen und neue Formulierungen getroffen). Das atomistische
       Prinzip des Eins, das Unteilbare und Leere, hat deshalb
       eine größere Bedeutung gefunden als das Sein des Parmeni-
       des und das Werden des Heraklit, weil das Leere als Er-
       klärung für die Bewegung gegolten hat. Da Bewegung nur
       in ein Leeres und nicht in ein schon Erfülltes hinein ge-
       dacht werden kann, umfaßt dieses "den tieferen Gedanken,
       daß im Negativen überhaupt der Grund des Werdens, der
       Unruhe der Selbstbewegung liegt,... (STW 5,186; GW 11,
       93).

absolute Bedürftigkeit geschlossen, so daß es "unmittelbar eines Anderen bedarf und der Anknüpfungspunkt für Anderes, welches die Bedingung desselben ist, wird".(307) Mit anderen Worten heißt das, einem Zirkel im Selbstbegründungsverfahren zu erliegen, da nachher zum Prinzip der Deduktion der sinnlichen, objektiven Welt erklärt wird, wovon vorher abstrahiert worden war.(308) Die Deduktion der Totalität dieser Idee als Fortschließen von einem Teil zum anderen ist nichts weiter als die spiegelverkehrte Seite mit positivem Vorzeichen, was durch Abstraktion auf der negativen Seite zuerst zustande gebracht worden war. Dies verhält sich "so wie ein leerer Geldbeutel ein Beutel ist, in Beziehung auf welchem das Geld allerdings schon, aber mit dem Zeichen **minus** gesetzt ist und das Geld aus demselben unmittelbar deduziert werden kann, weil es in seinem Mangel unmittelbar gesetzt ist".(309)

Wie unterscheidet sich nun Hegels Begriff des Mangels von jenem Fichtes und wie vermag er dem Vorwurf des Taschenspielertrickes selber zu entgehen? Hegels Kritik an Fichte kulminiert in dessen absoluter Forderung: "Ich **soll** gleich Nicht-Ich sein; aber es ist kein Indifferenzpunkt in ihm zu erkennen".(310) Für Hegel vermag dieser subjektive Idealismus eben nie wahrhaft Identität – als Einheit von Differenz und Indifferenz – zu begreifen.

Hier hat es Kant zu weit größerer und unsterblicher Philosophie gebracht, da die synthetischen Urteile a priori den "Begriff von **Unterschiedenem**, das ebenso **untrennbar** ist, einem **Identischen**, das an ihm selbst **ungetrennt Unterschied** ist"(311) in sich tragen.
Nach Hegel kann das Absolute, wie auch immer, niemals in der Weise von Indifferenz gedacht werden, gerade weil es nur als Identität (n.b. im Sinne Hegels!) zu begreifen ist. Bezüglich dieser Identität führt kein Weg am Denken des Widerspruches vorbei. Hat alles Verstandesdenken und jede formale, unitarische Logik

---

307   STW 2,399

308   Vgl. oben S. 191

309   STW 2,400

310   STW 2,394

311   STW 5,240; die Anmerkung 1 in GW 11,127 f hat Hegel in der 2. Auflage stark erweitert, besonders hinsichtlich Kants Satz "7+5=12", den dieser als einen synthetischen Satz betrachtete.

ihren Grundsatz in der Vermeidung des Widerspruches, so geht
Hegel gerade davon aus, daß der Widerspruch in allem Sein und
Denken ist, der Widerspruch der Gedanke schlechthin ist!

Hegel heißt dieses Geschäft des Denkens einmal "die Arbeit der
Verrücktheit"(312) und bezieht sich dabei auf das Bedenken der
Dreieinigkeit Gottes. Es ist ja eine harte Zumutung, Eins als Drei
und Drei als Eins zu begreifen. Doch sind die Zahlen als Symbole
ein Bedeuten und "die **Bedeutung** ist nur der Gedanke selbst".(313)
So führt Hegels Denken vom ursprünglichen Bedeuten des Gedankens zum trinitarischen Begriff der Identität, die sich anders
m.E. nicht begreifen läßt!

Für die Frage nach der Identität der Wahrheit bedeutet es über-
dies, daß die Wahrheit als Methode nur deshalb begriffen werden
kann, weil sie **als absolute** ebensosehr **bestimmt ist als Maß.** Die
Gewichtigkeit solcher 'Definition' der absoluten Idee läßt sich
allein schon daraus ersehen, als sich ansonsten der Gedanke der
Notwendigkeit des Widerspruches nicht eingrenzen ließe, und nicht
auszuschließen wäre, daß das Ganze ebenso das Unwahre sei.

Alles wäre aber verspielt, erfaßte das Definible der Idee als
Methode und Modus nicht sich selbst, sondern wäre als ein subjektives Tun, als äußerliche Reflexion über ein Objekt aufzufassen.

Einerseits muß sich die Idee definieren lassen um als Bestimmung
– **Moment, Modus** – des Gedankens gelten zu können. Andererseits
muß sie in sich die Rechtfertigung der Bezeichnung als unendliche
Form – **Methode** – bergen.

Wie vermag aber die Methode als Idee absolut zu werden und
gleichermaßen Inhalt und Form als Einheit und Unterscheiden zu
begreifen?

Den Hinweis zur Lösung dieser Frage gibt Hegel im teilweise
schon angeführten (314) Paragraph 243 der Enzyklopädie: Die
Ausgestaltung aller Bestimmungen als Bewegungsformen der Methode "stellt... diese als **systematische** Totalität dar, welche nur

---

312   STW 5,247; GW 11,130

313   STW 5,248

314   Vgl. oben S. 195

eine Idee ist, deren besondere Momente ebensowohl an sich dieselbe sind". Am Ende der 'Logik' stellt sich genau dieselbe Einsicht
in die systematisch sich ausformende Selbstbestimmung des reinen
Gedankens ein. Die Logik des Denkens kann nie als ein bloßer
Kanon apriori vorgegebener Beurteilungskriterien (315) gelten,
deren Verhältnis zur synthetischen Kraft des 'Ich denke' letztlich
unaufgeklärt bleibt, weil ihre Vollständigkeit nur über eine
immanente Deduktion aller logischen Kategorien aus einem logischen Prinzip zu bewerkstelligen ist. Gerade diese Einsicht, daß
die Logik des Gedankens in sich das Organon zu erfassen imstande ist, welches ebenso als Kanon die vollständige Bestimmung der
Kategorien untereinander garantiert, hat Kant abgelehnt.

Worin besteht nun dieses Prinzip der 'Logik', aus dem sich Form
und Inhalt, Allgemeines und Besonderes, Methode und Modus, Bewegung und Bestimmtheit, Kontinuum und Diskretum als identische
ableiten lassen, ohne dadurch das Prinzip selbst zu einem
Dritten, einem Oberbegriff werden zu lassen, welcher dann aus
Gründen der unendlich fortlaufenden, spezifischen Differenz unbegreifbar ausuferte?

Die Antwort führt uns hin zur **Bestimmung der Idee des Ganzen
als Maß.**

Der Abschnitt "Das Maß"(316) hat seinen logischen Ort im Übergang vom Sein zum Wesen. Das Maß trägt bereits die Idee des
Wesens, aber noch als ein Ansich. Worin besteht nun die Eigentümlichkeit des Maßes, außer seiner schon äußerlich sichtbaren
Bedeutung als 'Übergehen'? Die Beantwortung fällt leichter durch
die Beobachtung, daß der Maß-Gedanke seine Entsprechung in der
Notwendigkeit findet, die jedoch schon auf der Reflexionsstufe des
Wesens steht.(317) Vollends wird die Maßgeblichkeit des Maß-Ge-
dankens daran deutlich, wie Hegel vom Modus des Absoluten
spricht. Denn der "Modus, die **Äußerlichkeit** des Absoluten, ist
aber nicht nur dies, sondern die als Äußerlichkeit **gesetzte**
Äußerlichkeit, eine bloße **Art und Weise,** somit der Schein als
Schein oder **die Reflexion der Form in sich,** – somit **die Identität
mit sich, welche das Absolute ist".**(318) Erst diese Bestimmtheit

---

315   Vgl. STW 6,262; GW 12,23; vgl. auch oben S. 183 f

316   STW 5,387 f; GW 11,189 f

317   Vgl. STW 5,390

318   STW 6,193; GW 11,374

des Absoluten als Maß läßt sie selbst sich manifestieren, "es ist so die **Wirklichkeit**".(319) Das Maß gibt der absoluten Idee Realität und Wirklichkeit. Darin liegt der umfassende Sinn des Satzes: **"Alles, was da ist, hat ein Maß"**.(320)

Durch den logischen Begriff des Ganzen als Maß läßt sich also ein Zweifaches gewinnen:

Einmal ist es die Maßgabe der absoluten Idee als seine Selbst-Manifestation.(321) Dadurch sichert der Maß-Begriff dem Ganzen seine Gegenwart in bestimmten, d.h. ebenso endlichen Gestalten und Spezifikationen.(322)

Nun zeigt sich ein bedeutsamer Unterschied zu Spinozas Substanzbegriff, der als Ursache seiner selbst (causa sui) seine Existenz in seinem Wesen einschließt,(323) und nicht zuläßt, daß der Begriff des Absoluten des Begriffs eines Anderen bedürfe,(324) weshalb bei Spinoza alle Definition der Substanz, der Attribute und der Modi unmittelbar als Voraussetzungen angenommen werden. Der Substanz als absoluter Indifferenz kann der definierte Unterschied in den Attributen (Denken und Ausdehnung) und in den Modi nur als äußerlicher zukommen. Somit vermag dieser Substanzbegriff aus sich selbst keine Theorie der Subjektivität zu begründen.(325) In dieser Aufgabe zentriert sich jedoch das Programm der 'Phänomenologie des Geistes', welches in der 'Wissenschaft der Logik' einzulösen ist: Die Substanzmetaphysik wird anerkannt, aber zugleich als **Moment** des Selbstbeziehungsprozesses der absoluten Idee begriffen.

---

319   STW 6,195; GW 11,375

320   STW 5,395; GW 11,192

321   Vgl. STW 6,194; GW 11,375

322   Dabei ergibt dies Spezifizieren für das Absolute zuerst Dasein und dann in der Wesenslogik Wirklichkeit und übernimmt mithin etwa die Funktion der differentia specifica der scholastischen Definition.

323   Vgl. Benedictus de Spinoza, Ethica Ordine Geometrico demonstrata, I, Def I,III. Stuttgart 1980

324   Vgl. STW 6,196; GW 11,376

325   Vgl. STW 5,455; GW 11,229

Aus dieser Darstellung der Momenthaftigkeit der Idee ergibt sich der zweite Aspekt des Maßes: Die Verbindung der Bestimmtheit mit der Unendlichkeit. Auch hier droht die Gefahr eines unendlichen Progresses des beständigen Übergehens von einer Bestimmtheit in die nächste. Diesem Fortgang zu unendlicher Maßlosigkeit entgeht die Unendlichkeit des Maßes nur, indem dieses als wahrhaft Unendliches mit dem Anderen als **seinem** Anderen zusammengeht.(326)

Wie immer man also Methode und Modus der logischen Idee wendet, so zeigt sich stets Hegels **Theorie der Negation** als das einzige und einzigartige Prinzip, welches den Gordischen Knoten von absoluter Voraussetzung und zirkulärem Begründungsprozeß zu entwirren vermag.(327)

Was am Anfang der 'Logik' sich als Sein und Nichts, als Leeres, Unmittelbares, Unbestimmtes, aber auch als Bedeuten, unterschiedsloses Unterscheiden, gezeigt hat, wird nun am Ende der 'Logik' wieder aufgegriffen und auf der Ebene der begriffenen Idee **wiederholt: Der Anfang** hat sich über die Selbstbestimmung der Idee **als begriffener Anfang** erwiesen.

Wie ist das nun denkbar? Zum Verständnis dieses Fortgangs ist es unerläßlich, auf Hegels Unterscheidung von analytischer, synthetischer und absoluter Methode einzugehen, wie überhaupt die 'Logik' nach drei Seiten sich entfaltet:(328)

- als abstrakte-verständige
- als dialektische oder negativ-verständige
- als spekulative oder positiv-vernünftige

Das unbestimmte Sein ist als Unmittelbares ebenso das Allgemeine. Sein ist als das Eine ebenso unterschiedslos unterschieden als das Allgemeine. Als solches ist es der Anfang für die Methode,(329) das Leere, der absolute Mangel: eben durch diese Unbe-

---

326   Vgl. STW 5,413; GW 11,205, STW 8,229; Enzy I § 111 Zus.

327   Vgl. oben S. 135 f: Die Deutlichkeit des Gedankens: Sein und Nichts, wo Hegels Theorie der Negation und ihr Begriff der bestimmten Negation schon dargestellt worden sind.

328   Vgl. STW 8,168; Enzy I § 79

329   Vgl. STW 6,554; GW 12,240

stimmtheit bestimmt. Dies ist der Grund-Gedanke der 'Logik', den Hegel gern mit dem Satz Spinozas ausdrückt: omnis determinatio est negatio. So wird die Negation Prinzip und Seele des Denkens und das anfängliche, leere Sein, das an sich ein Nichtanalysierbares ist, zu einem Moment der Methode. Als solcher wird der unmittelbare Anfang, von der absoluten Idee her besehen, zum begriffenen Anfang. Auf welche Weise kann dies dem Denken gelingen, ohne Voraussetzung des Absoluten, ohne den im Stillen immer schon vorgefaßten Entschluß, daß der reine, leere, unbestimmte, unvermittelte Anfang als das Undenkbare eben doch als vermittelt anzusehen ist? Alle diese, immer wiederkehrenden, Einwände versucht Hegel am Ende seiner 'Logik' ihren Ort, aber auch ihre Vorläufigkeit zuzuweisen in der Darstellung der **absoluten** Methode als der Einheit von **analytischer** und **synthetischer** Methode:

Die **analytische** **Methode** vermag den Anfang, das Sein, nur als das Unmittelbare zu nehmen, das Eine nur als Eins, Einzelnes, und nicht als Allgemeines zu sehen. Sie verfügt über kein Mittel, das unmittelbare Sein ebenso als Allgemeines zu erkennen, als Begriff an sich. Ihr Unvermögen zeigt sich also darin, daß sie vom Einzelnen, dem unmittelbaren Sein, ausgeht, jedoch ihr Konkretes aus Anschauung und Wahrnehmung aufnimmt,(330) und dann versucht "durch Abstraktion von den unwesentlich scheinenden Besonderheiten ein konkretes Allgemeines, die **Gattung** oder die Kraft und das Gesetz, herauszuheben,...(331) Dabei ergeht es ihr wie dem (in der 'Phänomenologie des Geistes' dargestellten) Meinen und Vorstellen: Indem dieses an seinem vorgegebenen Inhalt, dem Konkreten alles Besondere abstreift um den allgemeinen Kern herauszuschälen, zerfällt ihm dieses Konkrete zu einem Nichts. Hegel illustriert dies sehr einprägsam am Beispiel der Zwiebel: "Der analytisch behandelte Gegenstand wird hierbei gleichsam als eine Zwiebel betrachtet, der man eine Haut nach der anderen abzieht".(332) Die analytische Methode vermag das Zugleich des Einen und Nichts nicht zusammen zu bringen, und deshalb sein 'Scheitern' auch nicht als notwendiges Übergehen zum Allgemeinen hinzunehmen.

---

330   Vgl. STW 8,390 f; Enzy I § 238

331   STW 8,380; Enzy I § 227

332   STW 8,380; Enzy I § 227 Zus.

Im Gegensatz dazu nimmt die **synthetische Methode** von der Allgemeinheit ihren Anfang. Ihr mangelt jedoch die Fähigkeit, das Allgemeine als Unmittelbares aufzufassen. Darum scheitert sie, ausgehend vom Allgemeinen als Definition, am Fortgang zum Einzelnen.(333) Dazu trifft Hegel im Paragraph 229 eine Unterscheidung die Aufmerksamkeit verdient: Noch sind nämlich analytische und synthetische Methode nicht begriffen und aufeinander zurückgeführt, wie dies von der spekulativen Methode her möglich wird. Die Synthese des endlichen Erkennens bedarf ja noch eines Materials, welches durch die analytische Methode herbeigeschafft wird. Diese synthetische Methode vermag nicht wirklich die Schwelle der Gegenständlichkeit, die Trennung von Subjekt und Objekt, zu überschreiten. Die Bestimmung des Inhaltes bleibt äußerliches Merkmal, ein vom subjektiven Erkennen Angefügtes. Von einer derart synthetischen Sichtweise, die vom Allgemeinen ausgehend, das Einzelne nur als Theorem festzuhalten vermag, kann deshalb auch nicht eingesehen werden, daß "diese **erste** Allgemeinheit eine **unmittelbare**" ist, und "darum ebensosehr die Bedeutung des **Seins**"(334) hat. Die Allgemeinheit gilt als Denk- und Begriffsbestimmung und tritt so zwangsläufig im Gegensatz zum Sein. Dem Gedanken, oder Begriff – als der Seite des Allgemeinen – kommt demnach kein Sein zu, so daß dieses als dem Begriff lediglich an-demonstriert erscheinen muß. Dieses, dem Sein monstrierte, weil aus der sinnlichen Anschauung gewonnene, Sein muß sich solchem synthetischen Denken als Unmöglichkeit, als **Monstrum** entgegenstellen. Doch kommt es, nach Hegel, vielmehr darauf an, in der "Forderung, das Sein aufzuzeigen... die Forderung der **Realisierung des Begriffs** überhaupt" zu entdecken, "welche nicht im **Anfange** selbst liegt, sondern vielmehr das Ziel und Geschäft der ganzen weiteren Entwicklung des Erkennens ist".(335)

Diese Aufgabe fällt in den Bereich der **spekulativen, absoluten Methode**. Ihr Kennzeichen besteht darin, "sowohl analytisch als auch synthetisch" (336) zu sein. Erst die spekulative Methode der Philosophie vermag das anfängliche Allgemeine ebenso als das Unmittelbare zu erkennen. Sie darf jedoch nie als ein Drittes neben oder über den beiden ersten Stufen verstanden werden,

---

333   Vgl. STW 8,380; Enzy I § 228

334   STW 6,553; GW 12,239

335   STW 6,554; GW 12,240

336   STW 8,390; Enzy I § 238 Zus.; vgl. STW 6,557; GW 12,242

auch nicht als deren bloßes Nebeneinander. Vielmehr sind beide in ihr aufgehoben, ihre Schwächen durchschaut, ihre Wahrheit ans Licht gehoben. Der besondere Inhalt wird nicht mehr als zufälliger Gegenstand verkannt,(337) wie anders das Allgemeine nicht bloß einem subjektiven Talent entspringt.(338)

Der Anfang der synthetischen Methode ist derselbe wie jener der analytischen Methode. Ihr Unterschied besteht allein im schon beschriebenen Aspekt der Allgemeinheit bzw. der Besonderheit. Als die Eigentümlichkeit der Hegelschen Dialektik, auf der Stufe der Begriffslogik, erweist sich so das Vermögen, die Einheit und Unabtrennbarkeit von Allgemeinem und Besonderem als gleichzeitiges Verhältnis selbständiger Relata darzustellen: "Das Allgemeine impliziert den Gedanken seiner Spezifikation. Im Unterschied zum Besonderen ist es der Gedanke der ganzen Relation, gefaßt unter dem Gesichtspunkt der Beziehung auf sich, die in aller Besonderung erhalten bleibt. Dagegen ist das Besondere derselbe Gedanke, aber gefaßt unter dem Gesichtspunkt dessen, daß in jenem Fürsichsein der Gegensatz eines bestimmten Besonderen zu anderem (nicht zum Allgemeinen) eingeschlossen ist".(339)

Was hat also die absolute Methode geleistet? Allgemeines und Unmittelbares sind als Momente der Reflexion erkannt, wobei aber nur gesetzt wurde, was im unmittelbaren, anfänglichen Begriff 'Sein-Nichts' enthalten ist – insoweit ist der dialektische Fortschritt **analytisch** –, aber ebenso ihr Unterschied gesetzt ist und so eine Beziehung Unterschiedener besteht – das synthetische Moment der Methode.(340) Die wesentliche Tat der absoluten Methode besteht nun darin, dieses zunächst Verschiedene, Differente als ein Unterschiedenes, Anderes zu begreifen, das dem an sich Unmittelbaren sich als sein Anderes zeigt, an dem es sich bestimmt. Das wahrhaft dialektische Moment der absoluten Methode ist nicht mehr, als daß das anfängliche Allgemeine "die **Bestimmung** des Allgemeinen an ihm selbst findet und erkennt".(341) Die Bedin-

---

337 So spricht D. Henrich, Hegel im Kontext 159, zurecht davon, daß Hegels Idealismus "die einzige philosophische Theorie ist, **die den Begriff des absoluten Zufalls kennt.**"

338 Vgl. STW 6,557; GW 12,242

339 D. Henrich, Hegel im Kontext 99

340 Vgl. STW 8,391; Enzy I § 239

341 STW 6,556; GW 12,241

gung der Möglichkeit solcher Selbstbestimmung haben wir im Ausschließlichkeitscharakter des Eins (Unum) schon entdeckt.(342)

Genau dieser Wesenszug der absoluten Methode, die bestimmte Negativität, ist der Schlüsselbegriff der Logik. Sie allein vermag aufzuhellen, wieso die Methode als absolute Form "ihre Bestimmtheit als Inhalt" nicht mehr als "ein bloß Aufgenommenes, sondern **Abgeleitetes** und **Erwiesenes**"(343) umfaßt. Die absolute Form wird durch keinen Inhalt mehr zu einer äußerlichen, einseitigen Form bestimmt. So läßt sich der Inhalt als die erste Ableitung der absoluten Methode verstehen, als ihre erste Maßgabe, die zugleich, also gleichursprünglich, sich zum **System** erweitert.(344) Dieses System umfaßt als logische Idee die Wissenschaft des reinen Gedankens, den göttlichen Begriff; als Idee des Erkennens, als vernünftiger Gedanke, die Wissenschaft des Bewußtseins; als Idee der Einheit von Begriff und Sein (Realität) die Totalität der Natur.(345)

Wie aber kommt es zum Begriff der Negativität, aus der sich aller bestimmte Inhalt deduzieren läßt, die zugleich die Seele der methodischen Selbstbewegung der absoluten Form ist? Hegel spricht von der Negativität als dem "**Wendepunkt** der Bewegung des Begriffs", dem "**einfache(n) Punkt der negativen Beziehung** auf sich".(346) Dieser Punkt soll hier die **Rücksicht** (347) der Negation genannt werden.

---

342   Vgl. oben S. 162: Das Unum als die 'Kraft' der Identität

343   STW 6,567; GW 12,249

344   Hier darf an das (vgl. oben S. 166 f) angeführte Beispiel von K. Krenn (Vermittlung und Differenz 15) erinnert werden: Für Hegel ist ein das Denken und Erkennen (des Menschen) aufhebendes, auflösendes Objekt von unendlicher Seinsfülle deshalb denkunmöglich, weil es keinen Inhalt geben kann, der über den am Ende begriffenen reinen Gedanken 'Sein – Nichts' hinauszugehen vermöchte.

345   Vgl. STW 6,572 f; GW 12,253

346   STW 6,563; GW 12,246

347   Vgl. dazu L. Bruno Puntel (Darstellung, Methode und Struktur 224): Dort wird dieser Ausdruck jedoch auf die absolute Idee als Rück-Sicht auf das Ganze der 'Wissenschaft der Logik', auf das logische Ganze bezogen.

Den drei Weisen der Methode lassen sich drei Momente der Negation zuordnen. Die denkerische Problematik der Negation findet jedoch ihren Schwerpunkt im Umgang mit dem Widerspruch und der Nichtigkeit. Herkömmliches dialektisches Denken, welches deshalb so sehr in Verruf gekommen war, verlegte den Widerspruch entweder in den Gegenstand und folgerte daraus dessen Nichtigkeit und Nichtsein, oder er wurde dem erkennenden Subjekt angelastet, wobei der Verstand als gesunder Menschenverstand die Ebene sinnlicher Gewißheit nie zu verlassen vermochte.

Gegen dieses 'Grundvorurteil..., daß die Dialektik **nur ein negatives Resultat** habe,(348) tritt Hegel entschieden an mit seiner Idee der positiven, **'rücksichtsvollen'** Negation:

Das erste – **analytische** – Moment ist das unmittelbare Übergehen des ersten in das zweite Unmittelbare. Indem das Erste jedoch negiert wird und zum Zweiten übergegangen ist, ist das Erste im Zweiten untergegangen. Bis hierher kann und darf man noch von keiner Vermittlung sprechen, weshalb es gerechtfertigt erscheint, von der ersten Stufe der Negation als der analytischen zu sprechen. Nur das Zweite ist hier vorhanden, jedoch als ein solches, in welchem das negierte Erste vorhanden ist.

Die unausbleibliche Frage, die hier alles entscheidet, ist, warum die Negation überhaupt zu einem positiven Zweiten führt und nicht zur leeren Nichtigkeit?

Eine Antwort darauf läßt sich nicht einfachhin geben, weil sie dreierlei umfaßt:

Erstens ist sie ohne den Begriff des reinen, unmittelbaren Gedankens als ununterschiedenes Unterscheiden nicht zu denken.(349) Zweitens ist die Negation stets auch rückwendendes Erfassen des ersten Unmittelbaren. Dieser Aspekt ist der uns hier näher beschäftigende.

Schließlich ist die Frage nach der Wahrheit der bestimmten Negation erst vollständig zu beantworten vom Ende, vom systematischen Ganzen her. Denn die Bestimmtheit der logischen Gedankens impliziert nicht nur sein immanent-logisches Inhaltlichwerden als sich selbst bestimmende, absolute Form, sondern ebenso seine freie Selbstentäußerung, seine Realisation als Bewußtsein

---

348   STW 6,559; GW 12,243

349   Vgl. oben S. 135 f

und Natur. Allein dieser, am Schluß der 'Wissenschaft der Logik' stehende, begriffene Übergang bewahrheitet endgültig das erste, unmittelbare Übergehen von Sein und Nichts – als reinem Gedanken – und setzt die Identität von Denken und Sein. Dieses Setzen ist das absolute Gesetz der Selbstbestimmung, welche eben dadurch "absolute **Befreiung**"(350) ist.

Wenn demnach die erste 'Voraussetzung' der Negation, das unmittelbare Bedeuten, festgestellt ist, dann kann sinnvoll um ein Verstehen der **Positivität der dialektischen Methode** gerungen werden.

Das erste, **abstrakte**, formelle Negative enthält das erste Unmittelbare als einfache Bestimmung. Es gelingt ihm aber nicht, beide auch auseinander zu halten. Solche analytische Sätze wie "das Endliche ist unendlich, Eins ist Vieles, das Einzelne ist das Allgemeine",(351) sind nichtssagend, weil sie weder Einheit noch Unterschiedenheit des Ausgesagten auszusagen imstande sind.

An diesem formellen Negativen zeigt sich schon das zweite, **synthetische** Moment der Negativität, welches dem reflektierenden Denken entspricht. Indem das erste Moment reines Übergehen eines Unmittelbaren in das andere Unmittelbare ist, und so als ein gleichgültiges Fortschreiten vom Dies zum Das erscheint, entgeht ihm die 'Rücksicht' dieses Prozesses: Das reine Neben- oder Nacheinander der unmittelbaren 'Dies' und 'Das' in der analytisch gedachten Negativität, die isoliert gedachten Negationsschritte, sind nur denkbar als **gerichtete**.(352) Sie 'verraten' ihre Richtigkeit durch ihre Herkunft. Dies bedeutet, daß die Negation gar nicht als abstrakter, isolierter Schritt im Denkprozeß betrachtet werden kann, sondern als ein **Moment** im Denkprozeß. Damit aber hat sich die analytische als ebenso synthetische Negation erwiesen. Denn das "**Zweite**, das hierdurch entstanden, ist somit das **Negative** des Ersten", und ist weiters "**das Andere des Ersten, das Negative des Unmittelbaren;** also ist es bestimmt als das **Vermittelte**, – enthält überhaupt die **Bestimmung des Ersten** in sich".(353)

---

350 STW 6,573; GW 12,253

351 STW 6,561; GW 12,245

352 Vgl. oben S. 76, wo dasselbe Problem als die Umkehrung des Bewußtseins, die Richtungsänderung des Vernehmens sichtbar wurde.

353 STW 6,561; GW 12,244 f

Das synthetische Moment der Negation erfaßt das Übergehen als Anderswerden, welches durch das 'Nicht' vom ersten Unmittelbaren unterschieden, also bestimmt ist. Genau in diesem 'Nicht-das-Andere-Sein' besteht die **Rücksicht der Negation**: Sie hebt das Erste als **sein** Negatives, als Anderes auf, bewahrt und erhält es. Diese Rücksicht bewahrt die Negation andererseits ebenso, ein leeres Nichts zu sein, weil es "das **Andere an sich** selbst, das **Andere eines Anderen**"(354) ist.

Nun sind wir an dem "**Wendepunkt** der Bewegung des Begriffs"(355) angelangt. Für Hegel besteht er in der höchst einfachen Einsicht, daß die Negativität negative "Beziehung auf sich, der innerste Quell aller Tätigkeit, lebendiger und geistiger Selbstbewegung, die dialektische Seele, die alles Wahre an ihm selbst hat, durch die es allein Wahres ist".(356) Der Wendepunkt der Methode zeigt den Umfang seines Wirkens – dies aber erst bei genauerem Hinsehen.

Auf der zweiten, **synthetischen** Stufe hat sich nämlich das Andere als negiertes Unmittelbares erwiesen, als an sich das Andere aufnehmendes. Dadurch ist es ein **Vermitteltes**. Die Negation erscheint jedoch gleichermaßen als ein **Vermittelndes**, weil sie sich selbst – als negierte Unmittelbarkeit- **und** das Unmittelbare erfaßt. Das bedeutet: Wenn das zweite Moment der Negation durch die Negation des Unmittelbaren bestimmt, vermittelt ist, so ergibt sich andererseits die vermittelnde Rücksicht auf das erste Unmittelbare, welches nunmehr als Negatives des Negativen anzusehen ist.

Die Beziehung des Negativen auf sich, die synthetische Bestimmung, hat aus Rücksicht auf sein negiertes Negatives sich zum dritten Moment, zur **absoluten** Negativität (357) entwickelt. Diese Entwicklung zeigt aber an und für sich, als Resultat, den sich

---

354 Übersieht man jedoch im Zitat, daß nur das **'Andere an sich'** hervorgehoben ist, dann wird der Unterschied von synthetischem und absolutem Moment verwischt und uneinsichtig.

355 STW 6,563; GW 12,246

356 Ebd.

357 Vgl. STW 6,564; GW 12,247

aufhebenden Widerspruch, "die **Herstellung** der **ersten Unmittelbar-**
keit, der einfachen Allgemeinheit".(358)

Wenngleich dieses Schema der Triplizität sehr oft nur ein Konstrukt geblieben ist und bleibt, so ist es als die vernünftige
Form des Schließens und in der Zahlenmystik der Griechen schon
immer gebraucht und anerkannt worden. Worauf es dagegen Hegel
besonders ankommt, ist die Überwindung einer bloß formellen Ge-
setzlichkeit, anhand welcher Denken und Erkennen ihr Ellenmaß
nehmen und damit der Wirklichkeit beizukommen suchen. Vielmehr
hebt Hegel die Lebendigkeit, die Aktualität des wiederhergestell-
ten Allgemeinen hervor. Denn stets gilt sein Anliegen: Die Theorie der Negation mit der Theorie der Subjektivität zu verbinden.
Dazu soll ja die absolute Methode verhelfen. Indem sie selbst
sich fortbestimmt und sich ebenso auf ihre unmittelbare, substantielle Bedeutung zurückbesinnt, vermag sie immer konkreter und
subjektiver zu werden, um schließlich, nach dem Durchlaufen
aller ihrer denkmöglichen Momente, die "höchste, zugeschärfteste
Spitze" zu sein, "die **reine Persönlichkeit,** die allein durch die
absolute Dialektik, die ihre Natur ist, ebensosehr **alles in sich**
befaßt und hält, weil sie sich zum Freisten macht, – zur Einfachheit, welche die erste Unmittelbarkeit und Allgemeinheit
ist".(359)

Dies genau ist der Punkt, an dem Hegel das Moment der Substan-
zialität und der Subjektivität zusammengebracht zu haben meint,
indem er die "Begriffsstruktur" als "die logische Struktur des
Ich" ausgewiesen hat. Dieses Ich "sei reine, sich auf sich beziehende Einheit (Allgemeinheit) und sich auf sich beziehende Negativität (Einzelheit)."(360) Das Ich, die reine Persönlichkeit,
hat sich als Begriff schlechthin erwiesen: Absolute Selbstbestimmung zu sein.

Doch an dieser Stelle der Selbstbestimmung des Begriffs als **Per-**
son harren noch einmal die sattsam bekannten Fragen, wie Hegels
Ich-Begriff einem Zirkelschluß, einem zirkulären Selbstbegrün-

---

358   Ebd.

359   STW 6,570; GW 12,251

360   F. Hogemann, W. Jaeschke, Die Wissenschaft der Logik, in:
      O. Pöggeler (Hrsg.), Hegel: Einführung in seine Philoso-
      phie, München 1977, 89

dungsverfahren zu entgehen vermag,(361) und wie Hegel andererseits der prinzipiell nicht begrenzten Methode ihr Maß zumißt, um einen infiniten Progressus oder Regressus des Fortbestimmens zu vermeiden?

Die Art und Weise, wie Hegel am Ende der 'Wissenschaft der Logik' auf diese Fragen eingeht, ist bestechend wie brilliant. Ihre Auswirkungen aber sind mehr oder weniger bedacht, meistens leider unbedacht geblieben. Für die vorliegende Untersuchung zur Gottesfrage bei Hegel, einer möglichen 'Gotteslogik', sind sie schlechthin der Verweis auf die trinitarische Geist-Wirklichkeit Gottes. So führt die Frage der 'Logik' - nach dem Begriff der absoluten Selbstbestimmung direkt in die erweiterte Frage nach der Wirklichkeit und Erfahrbarkeit des System-Ganzen.

---

361 Hier erbringt die Überlegung von Hogemann/Jaeschke zu wenig, daß wohl die Theorie des Selbstbewußtseins einer Theorie der Selbstbestimmung des reinen Denkens bedarf, im übrigen jedoch dem Einwand einer zirkulären Selbstbewußtseinstheorie nur entgegengehalten werden könne, daß die Anlehnung der "Struktur des absoluten Begriffs... an den Begriff des Selbstbewußtseins... kein zwingender Einwand gegen das Konzept zu sein" (ebd. 90) brauche.

Viertens

DIE TRINITÄT ALS BEGRIFFENE WIRKLICHKEIT

Erst an dieser Stelle mag die Einsicht gelingen, wie und weshalb die Trinität als der einzige, doch auch notwendige 'Schlüssel' dafür anzusehen ist, was Hegel die **Erweiterung der logischen Methode zum System der Wissenschaft**, zum realen Ganzen, nennt.

4.1 Die Erweiterung zum System

Eine erste wichtige Erkenntnis ergibt sich aus der Entgegnung auf den letztgenannten Einwand eines unendlichen **Progressus** bzw. **Regressus**. Indem der Anfang durch seine Bestimmtheit vom Resultat her selbst bestimmt wird, rügt er sich selbst als etwas Unvollkommenes. Deshalb mag es erscheinen, als sei er überhaupt erst in einem unendlich rückwärtsgehenden Prozeß zu beweisen, weil er sich selbst nur von der rückwärts gerichteten Negation der Negation seiner Unmittelbarkeit abzuleiten vermöchte. Dasselbe Problem ergibt sich in umgekehrter Richtung, da durch den Verlauf der Methode jedes Resultat als neuer Anfang gilt, welcher sich immer weiter vorwärts in einen unendlichen Begründungsprozeß fortwälzt. Die Antwort Hegels fällt kurz aus – sie sollte auch schon bekannt sein –, weil "der unendliche Progreß überhaupt der begriffslosen Reflexion angehört".(1)

Warum aber kann die absolute Methode nicht in einen solchen Progressus oder Regressus verfallen? Mehrerlei muß dazu beachtet werden:

Einmal besteht die Unbestimmtheit des Anfangs in seiner Inhaltslosigkeit, welche als 'Losgelöstheit' gleichzeitig seine negative Bestimmung ist. Diese Abgesondertheit besondert, bestimmt ihn zugleich, wodurch sich etwa "**Sein, Wesen und Allgemeinheit** voneinander unterscheiden".(2)

---

1   STW 6,567; GW 12,249

2   STW 6,568; GW 12,250

Denn seine jeweilige Abgesondertheit von einem Vermittelten, Bestimmten, verweist auch ihn in die geordnete Bewegungsfolge der Begriffsmomente, wodurch eben jeder unbestimmte Anfang unterscheidbar wird.

Ein nächster, weiterführender Punkt, wie Pro- und Regreß auszuschließen sind, ergibt sich erst bei genauer Betrachtung der Inhaltslosigkeit des Anfangs: Dieser umfaßt nämlich zwei Momente, die einander widersprechen. Seine Inhaltslosigkeit, Abstraktheit verunmöglicht, ihn als absoluten Anfang anzusehen; andererseits scheint gerade dieser absolute Mangel ihm in einen fortlaufenden, unendlichen Progreß oder Regreß zu treiben. Diesem Dilemma entgeht die Methode einzig dadurch, als sie diesen Widerspruch nicht auflöst, vernichtet (wodurch sich ein 'Gar-Nichts' ergäbe, oder noch strenger gedacht, es überhaupt kein zu Vernichtendes gäbe!), sondern als Denkmoment begreift, d.h. **aufhebt:** Der unmittelbare Anfang wird ja nicht als solcher – inhaltsloser – einfach als bestimmter angenommen, so daß die Rede von seiner Unmittelbarkeit ein leeres Gerede, ein Vortäuschen wäre, weil man um einen bestimmten Anfang nicht herumzukommen meint. Vielmehr besagt Aufhebung des Anfangs seine Bestimmung erst vom Resultat her, d.h. der Anfang wird ebenso als unmittelbarer wiederhergestellt.

Diese **Rücksicht** der Methode ist nun wahrhaft befähigt, einen unendlich rückwärtsgerichteten Regreß als sinnlos abzuwehren, da sie allein von jeder bestimmten Voraussetzung abzusehen vermag und so voraussetzungslos denkt.

Wie ist dann einem unendlichen Progreß zu entgegnen, wenn die Bestimmtheit sich von Resultat zu Resultat fortwälzt, ohne Halt?

Hier kommt der zweite Aspekt der Methode zum Tragen, ihre **Vorsicht.** Denn nun gilt ebenso, daß der fortschreitende Vermittlungsprozeß kein leeres Fortbestimmen von Resultat zu Resultat ist, sondern als Resultat jeweils zurückgebunden ist an den Anfang. Die wiederhergestellte Unmittelbarkeit ist **als** Resultat der **bestimmte** Anfang. Dadurch wird das 'Zusammenfügen' (Dialektik) der resultierenden Inhalte überhaupt erst möglich und der Vorwurf des leeren Schematismus entkräftet.

Ist damit ein endloses Fortwälzen von Inhalt zu Inhalt endgültig ausgeschlossen? Wohl darf eine Seite der sogenannten 'schlechten Unendlichkeit' für erklärt gelten, nämlich ihre Abstraktheit, die sich selbst begründen will in einem negativ-abgrenzenden Bestimmungsverfahren gegen einen eben als doch bestimmt gedachten Anfang. Dies ist ja eine der bemerkenswerten Seiten der Inhaltslosigkeit des anfänglichen Gedankens, daß jeder bestimmte Inhalt nur innerhalb der Methode, als absoluter Form, denkbar ist; somit "ist kein Inhalt, der ihr gegenüberträte und sie zur einseitigen, äußerlichen Form bestimmte".(3)

Für Hegel ist und muß alles Denken schon anfänglich **konkret** sein, wobei diese **Konkretion** die Tat der negativen Bewegung der Methode ist: die Zusammenschau von bestimmendem Resultat und wiederhergestellter Unmittelbarkeit als dem neuen, bestimmten, konkreten Anfang. Hegel beschreibt dieses konkrete Fortschreiten der absoluten Methode so: "... es erhebt auf jeder Stufe weiterer Bestimmung die ganze Masse seines vorhergehenden Inhalts und verliert durch sein dialektisches Fortgehen nicht nur nichts, noch läßt es etwas dahinten, sondern trägt alles Erworbene mit sich und bereichert und verdichtet sich in sich".(4)

Wann ist dann dieser Selbstbestimmungsprozeß abgeschlossen? Ist er überhaupt abschließbar, angebbar, bestimmbar, definierbar? Widerspricht nicht die **Definition** des absoluten Ganzen seiner Absolutheit? Spricht nicht Hegel selbst davon, "daß die Inhaltslosigkeit jener Anfänge sie nicht zu absoluten Anfängen macht"?(5)

Also stellt sich die zweite aufgeworfene Frage,(6) wie Hegel aus einem nicht absoluten Anfang zu einem guten, d.h. absoluten Ende kommen will, ohne dem zirkulären Begründungsverfahren zu erliegen?

Eine Antwort darauf läßt sich wieder nur in mehreren Denkstufen erbringen. Sie kann wohl auf Bekanntes zurückgreifen, was eine innerlogische Beantwortung anlangt. Letztlich muß sie jedoch aufklären, wie die Erweiterung der logischen Begriffs-Wissenschaft zur Wissenschaft als System-Ganzes, als trinitarisches Selbsterfassen, möglich ist.

Die erste Stufe des Selbstbestimmungsprozesses ist seine **Konkretheit**. Er findet sein Selbstgenügen, trotz der anfänglichen Inhaltslosigkeit, im reinen Gedanken, dessen unbestimmte Unmittelbarkeit ja nie seine Bedeutung, seinen Sinn ausschließt. Dieses

---

3   STW 6,568; GW 12,250

4   STW 6,569; GW 12,250

5   STW 6,568; GW 12,250

6   Vgl. oben S.,210 f

eigentümliche Bedeuten des Gedankens als 'Sein-Nichts', welches Hegel 'Werden' nennt, gibt an sich schon, vor aller Form und allem Inhalt, das konkrete Ur-Maß ab. Es ist diese absolute Leere, der absolute Mangel an jeder (Daseins-)Bestimmung, welche jede Voraussetzung an sich aufhebt. Nicht wird jedoch das **Bedeuten des Gedankens** aufgehoben, vielmehr ist er dieses **Aufheben selbst als ununterschiedenes Unterscheiden.** Deshalb hat der Fortgang der Selbstbestimmung des Gedankens seine "Wahrheit nur" als "das Zu-sich-selbst-Kommen durch die Negativität der Unmittelbarkeit".(7) Das Inhaltlichwerden der Methode sprengt diese niemals auf, weil sie keines äußerlich vorgegebenen Inhalts bedarf, wie sie andererseits als absolute Form jeden nur denkbaren Inhalt erfaßt.

Innerhalb der 'Logik' kann so gesehen von einer Präferenz der Form vor (n.b. im logischen und nie zeitlichen Sinn!) dem Inhalt gesprochen werden. Der Selbstbestimmungsprozeß vollzieht sich deshalb in einer Ausgewogenheit, die stets um ihre Mitte, die immer wieder hergestellte Unmittelbarkeit, kreist. Hegel beschreibt dies in Worten, die für sich sprechen sollten: "Jede neue Stufe des **Außersichgehens**, d.h. der **weiteren Bestimmung**, ist auch ein Insichgehen, und die größere **Ausdehnung** (ist) ebensosehr höhere Intensität. Das Reichste ist daher das Konkreteste und **Subjektivste** ...".(8)

Aus dieser Überlegung folgt auch schon die nächste, ganz bedeutsame Stufe im Selbstbestimmungsprozeß reinen Denkens: "Auf diese Weise ist es, daß jeder Schritt des **Fortgehens** im Weiterbestimmen, indem er von dem unbestimmten Anfang sich entfernt, auch eine **Rückannäherung** zu demselben ist, daß somit das, was zunächst als verschieden erscheinen mag, das **rückwärtsgehende Begründen** des Anfangs und das **vorwärtsgehende** Weiterbestimmen desselben, ineinanderfällt und dasselbe ist".(9)

Was ist damit gewonnen? Einmal ein Bild des Inhaltlichwerdens der Methode für die Vorstellung, in welcher menschliches Denken sich, wie Hegel mehrmals selbst sagt, meistens aufhält (weshalb dieses Bild nur ja nicht unterschätzt werden soll!): Der sich zum Kreis entwickelnde, unmittelbare, punkthafte Anfang.

---

7   STW 6,571; GW 12,251

8   STW 6,570; GW 12,251

9   Ebd.

Viel bedeutsamer ist jedoch, wie Hegel damit die begründete Mög
lichkeit eröffnet hat, Apriorität und Aposteriorisches (10) als
Weisen der Gegenwart des Ganzen zusammenzubringen. Die Ausdehnung und Intensität, Apriori und Aposteriori des Fortbestimmens
sind immer aufgehoben in der Kreismitte. Dadurch ist das (logische) Ganze, die logische Idee, auf jeder Stufe feststellbar und
definierbar: Jedes Bestimmungsmaß der Methode ist als Entwicklungsstufe der Idee ebenso die Definition des Ganzen als Maß.
So garantiert die 'Logik' die stete Gegenwart des Ganzen, die
darum im Leersten, Mangelhaftesten, im Minderwertigsten und Ge-
ringsten sich zu zeigen vermag.(11)

Die letzte Stufe des Selbstbestimmungsprozesses des Gedankens
führt nun das Problem der Erweiterung der Methode in die wohl
entscheidende Krisis, an der Sinn oder Unsinn, Gelingen oder
Mißlingen einer 'Gotteslogik' hängen. Wie immer man Hegels Logik betrachtet, so ist ihr Programm der Selbstbestimmung – das
Ganze als Methode und Maß-, in jedem Sinne der Wortbedeutung,
geprägt von der **Bedeutung** und **Unmittelbarkeit**. Denn die unbestimmte Unmittelbarkeit gibt wohl dem Gedanken sein Bedeuten,
aber eben 'nur' in **seiner** Dimension des 'Logischen'. Der Inhalt der 'Logik' ist nicht einfach gleichzusetzen mit der Realisation in der raum-zeitlichen Welt und im Bewußtsein des Menschen. Die 'Logik' ist das Ganze, aber als das philosophische
Reich des Gedankens, dessen eigene, immanent plastische Tätigkeit sehrwohl die Wirklichkeit und Wahrheit seiner eigenen, notwendigen Entwicklung darstellt,(12) dabei jedoch "der Begriff als
Gedanke überhaupt, als Allgemeines, die unermeßliche Abbreviatur gegen die Einzelheit der Dinge"(13) ist und bleibt. Der reine
unmittelbare Gedanke als solcher vermag so wahrhaft die völlige
Deduktion seiner Selbstbestimmung zu liefern, sich als das Andere

---

10   Vgl. auch oben S. 128 und STW 5,62; GW 11,32

11   Diese **zeitlose Gegenwart** muß natürlich ihre Auswirkung auf
      das Verständnis von Geschichte haben. So ist B. Lakebrink
      (Kommentar zu Hegels 'Logik' in seiner 'Enzyklopädie' von
      1830, Bd.1: Sein und Wesen, Freiburg/München 1979, 70)
      recht zu geben, wenn er H. Küng (Menschwerdung Gottes,
      Freiburg/Br 1970,470) vorwirft, den logischen Hintergrund
      des Hegelschen Geschichtsverständnisses und seiner Reli-
      gionsphilosophie zu verkennen.

12   Vgl. STW 5,19

13   STW 5,29

seines Anderen selbst zu begreifen. Derart entwickelt er sich zur
Totalität des logischen Systems. Die Erweiterung zum Systemgan-
zen, zum absoluten Geist (14) umfaßt eben alle Dimensionen der
Wirklichkeit.

An diesem Ort kommt die schon erwähnte Einsicht (15) in ihrer
ganzen Tiefe zum Tragen, daß die Verwirklichung des Ganzen als
absoluter Geist sich nur im **Selbst-Maß der Trinität** verstehen und
begreifen läßt. Genauerhin bedeutet dies die drei-einige Entsprechung von 'Logik', 'Phänomenologie' und Realsystem. Diese zeigt
sich näherhin als **Komplementarität**: Jedes ist das Ganze in seiner
je eigenen, unbegrenzten, also unendlichen Dimension, aber nur
in einer dialogischen Einheit (16) mit den anderen Dimensionen.
Der absolute Geist ist nur wirklich als seine drei Verwirklichungen, die andererseits selbst wieder nur wirklich sind in ihrer
Dreieinigkeit, die der absolute Geist ist. Dieser Punkt der Komplementarität tritt in der 'Phänomenologie des Geistes' als **'Anerkennung'** (17) auf, und in der 'Wissenschaft der Logik' als

---

14   Vgl. STW 10,366 f; Enzy III § 553 f

15   Die Entdeckung dieses Zusammenhangs im Hegelschen System-
      gedanken ist das große Verdienst der Studien L.B. Puntels.

16   Hegel würde wohl 'dialektisch' sagen. Doch drückt das Dia-
      logische viel eher das Wesen des Geistes aus, sich selbst
      nicht nur im Anderen zu bestimmen, sondern vom Anderen
      sich als sein Entsprechen anreden zu lassen. Dies trifft
      auch auf Hegel zu, da der Begriff des Geistes: 'im Anderen
      bei sich selbst zu sein', dasselbe wie die Liebe ist, wie
      schon die Entwürfe aus der Frankfurter Zeit beweisen (STW
      1,242; Frühe Schriften)

17   Dieses Anerkennen umfaßt bekanntlich einmal die 'Voraus-
      setzung' des Bewußtseins, daß es kein Selbstbewußtsein ohne
      Gegenstandsbewußtsein gibt. Zum anderen läßt sich dieser
      gegenständliche Bezug in der 'Phänomenologie' durchaus
      als "Dialektik des Anerkennens" verstehen, die über "das
      commercium von Subjekt und Ding" hinausgeht und ebenso
      "mitmenschlicher Bezug" (W. Schulz, Vernunft und Freiheit,
      Stuttgart 1981, 62) ist.

      Diesen Aspekt des Geistes beschreibt Hegel unvergleichlich
      treffend als "Ich, das **Wir**, und **Wir**, das **Ich** ist", als
      "Selbstbewußtsein", das "nur als ein Anerkanntes" (STW 3,
      145; GW 9,108 f) ist.

'Entschluß', rein zu denken,(18) wie als "Entschluß der reinen Idee, sich als äußerliche Idee zu bestimmen".(19) Dies ist
auch der Ort – und nur hier läßt sie sich in ihrer Tragweite
auch begreifen – der 'Präambel' aller spekulativen Philosophie:
"Was vernünftig ist, das ist wirklich; und was wirklich ist, das
ist vernünftig".(20)

Das nächste Moment dieser Entsprechungseinheit ist ihre **Gleichursprünglichkeit** und **Koexistentialität**: Alle drei Dimensionen sind
je für sich Ursprung und Ziel des dreieinen Ganzen. Sie selbst
sind deshalb nur zu begreifen in einem Zusammen, welches jedoch aus der Spannung ihrer identischen Andersheit lebt. Darum
ist das zutreffende Bild dieses absoluten Ganzen nicht der in sich
geschlungene, ruhende Kreis, sondern "ein **Kreis von Kreisen**"(21):
die Vollendungsgestalt der Kugel. In unserer Arbeit ergab sich
dieser Aspekt als ursprüngliches 'Vernehmen',(22) als 'Beiherspielen', Hereinspielen der 'Logik' in das Bewußtsein.(23)

Als die wohl wichtigste nächste Bedeutung der Entsprechungseinheit kündigt sich in allen diesen 'Zusammen' (Kon-) ihre **Gleichzeitigkeit** an. Darin liegt, wie wir gesehen haben, einer der
großen Verdienste der Hegelschen Logik: Das Reich des Gedankens
als die überzeitliche Gegenwart des Ganzen erwiesen zu haben.
Allein diese gegenwärtige, wahrhaft unendliche Zeit (24) gestattet
es dem Geist-Ganzen, ohne Selbstverlust sich in jeder Dimension
und auf jeder Stufe dieser seiner Verwirklichung ein Maß zu geben. Hegel beschreibt diesen Begriff des Geistes in der 'Phänomenologie des Geistes' lichtvoll als den Wendepunkt des Bewußtseins
zum Selbstbewußtsein, "auf dem es aus dem farbigen Scheine des
sinnlichen Diesseits und aus der leeren Nacht des übersinnlichen

---

18   Vgl. STW 5,68

19   STW 6,573; GW 12,253

20   STW 7,24; Vorrede

21   STW 6,571; GW 12,252

22   Vgl. oben S. 66 und S. 77

23   Vgl. oben S. 60 und S. 78 f.

24   Diese **unendliche Zeit** gilt es erst noch genauer begrifflich
     auszuführen.

Jenseits in den geistigen Tag der Gegenwart einschreitet".(25)

4.2 Zeit und Ewigkeit: Die Gegenwart des Ganzen

Die Frage nach dem Verhältnis von Zeit und Ewigkeit erfaßt auch die Frage nach dem Sinn und dem Ziel der Geschichte, was theologisch Eschatologie genannt wird. Das Zentrum dieser Thematik bildet hier jedoch die Möglichkeit der Gegenwart Gottes in zeitlicher Geschichte, besonders seine Menschwerdung in Jesus Christus, sowie seine eucharistische Realpräsenz in der Meßfeier. Die Christologie ist ganz sicher eine der Schaltstellen, um Hegels Anliegen überhaupt in den Blick zu bekommen.(26) Allerdings darf der Hinweis auf den sich jetzt offen zeigenden, weitreichenden Wert des trinitarischen System-Ganzen nicht unterbleiben. Denn der alleinige Blick auf die Christologie – die darin enthaltene unvermittelbare Unmittelbarkeit prägt besonders die heutige protestantische Theologie (27) – verwehrt sichtlich, ohne den Blick auf die Trinität Gottes, Endlichkeit und Unendlichkeit, Zeit und Ewigkeit im Denken zusammenzuführen. Sie können bloß in einem "paradoxen Gegen- und Miteinander zusammen bestehen",(28) weshalb auch die "Zweinaturenlehre... nicht spekulativ begriffen werden" kann.(29) Immerhin darf angezweifelt werden, ob der Sinn der Theologie darin besteht, "den Widerspruch der Sinnlosigkeit,... das Kreuz in der Geschichte Jesu Christi" einer Zweideutigkeit auszuliefern, weil die Theologie "nicht mehr wie Hegel entschieden das Element göttlicher Geschichte in der Geschichte Jesu Christi festhalten kann".(30)

Wie begreift also Hegel Zeit und Ewigkeit? Wie vermag er die Gegenwart des Ganzen im Teil zu denken? Vor allem ist jedoch zu fragen, ob eine solche Gegenwart auch erfahrbar ist?

---

25   STW 3,145; GW 9,109

26   Vgl. oben S. 173 f

27   So etwa das Beispiel von T. Koch (vgl. oben S. 167 f, Fn. 228

28   Chr. Frey, Reflexion und Zeit 420

29   Ebd. 421

30   Ebd. 421

Zur Verdeutlichung des Hegelschen Zeit-Begriffes bietet sich vorerst das schon klassisch zu nennende Mißverstehen durch M.
Heidegger an. Dieser ordnet nämlich das Hegelsche Zeitverständnis
einem vulgären Zeitbegriff zu im Unterschied zu wahrer "Zeitlichkeit als **ursprünglicher** Zeit".(31) Heidegger kennt den **Augenblick**
als **eigentliche** Gegenwart und trennt ihn vom **Gegenwärtigen**, der
uneigentlichen Gegenwart. Deren Hauptthese besteht in der Annahme einer unendlichen Zeit, welche jedoch bloß die nivellierende
Auslegung der Zeitlichkeit aus dem je und je, nach allen Seiten
hin endlosen, Jetzt-Ablauf darstellt. Diese Zeitinterpretation am
Jetzt sucht Heidegger anhand der ersten Abteilung der Naturphilosophie, der Mechanik, bei Hegel nachzuweisen. Heidegger stößt
sich dabei gezielt an der "Punktualität" (32) des Raumes. Denn
der Punkt sei der negative Raum, aber er bliebe gleichwohl im
Raum. Diese Punktualität denke Hegel als "den Raum in seiner
Wahrheit, daß heißt als Zeit...".(33)

So ist die Zeit weiter nichts denn die Negation der Negation, die
Punktualität, die 'Pünktlichkeit', des Jetzt und Jetzt, das Gezähl-
te des Uhr-Zeigers. Über dieses sich selbst stets wieder aufhebende Setzen des Punktes im Jetzt, die vulgäre Zeiterfahrung des
angeschauten Werdens als präferenzloses Entstehen und Vergehen,
komme Hegel nicht hinaus. Diese radikale Zeitauslegung ermög-
liche es Hegel, meint Heidegger, die Zeit als Negation der Negation derart zu nivellieren um so "von diesem formal-dialektischen
Begriff der Zeit aus ... einen Zusammenhang zwischen Zeit und
Geist herzustellen".(34) Sie bleibt jedoch eine leere Abstraktions-
formel, weil Hegel die Zeit nur als nivellierte Weltzeit verstehen
kann, so daß Geist und Zeit sich stets äußerlich gegenüberstehen,
der Geist in die Zeit fallen muß.

Auf den letzten Seiten seines großen Werkes aber stellt Heidegger
die Frage, die einerseits seine Affinität (35) zu Hegel verrät,

---

31   M. Heidegger, Sein und Zeit, Tübingen 1972, 12. Aufl., 405

32   STW 9,43; Enzy II § 254 Zus.

33   M. Heidegger, Sein und Zeit 429

34   Ebd. 432

35   Diesen Punkt stellt H.G. Gadamer (Hegels Dialektik. Sechs
      hermeneutische Studien 102 und bes. 111) gravierend heraus:
      Gerade in seiner Kritik der Sprache der Metaphysik, als
      deren Vollendung Heidegger das Hegelsche System ansieht,

andererseits die gegenteilige Gewichtung von Geist und Zeit auszuweisen versucht, "... ob die Wesensverfassung des Geistes **als**
Negieren der Negation überhaupt anders möglich ist, es sei denn
auf dem Grunde der ursprünglichen Zeitlichkeit.(36) Hegels syste-
matisches Bemühen besteht, deutlich erkennbar, darin, das Zusammen von Geist und Zeit zu begreifen. Im Unterschied zu Hegel,
der den Geist als unzeitlichen ansehe,(37) fällt bei Heidegger der

> "muß sich ihm ständig die Aufgabe stellen, seinen eigenen
> Denkversuch gegen den Hegels abzugrenzen, weil Hegels Be-
> griffskunst aus dem gleichen spekulativen Boden der deut-
> schen Sprache erwachsen ist."

Demgegenüber ist jedoch "Heideggers geschichtliches Selbstbewußtsein als der äußerste Gegenwurf gegen den Entwurf
des absoluten Wissens und des vollendeten Selbstbewußtseins
der Freiheit, der Hegels Philosophie zugrunde liegt" (ebd.
105) anzusehen.

Vor allem darf nicht unterschlagen werden, daß Heidegger
den "Nihilismus als die Grundbewegung der gesamten Geschichte des Abendlandes behauptet..., indem er alle Erscheinungen eines fortschreitenden Verfalls auf ihren unbe-
greifbaren Ursprung aus dem ursprünglichen Verfallen an
das Seiende, im Vergessen des Seins, zurückführt" (K.
Löwith, Heidegger, Denker in dürftiger Zeit, Göttingen 1960,
2. Aufl., 53). Dieser Geschichtsdeutung als Verfallsgeschich-
te hätte interessanterweise der frühe Heidegger in seiner
Habilitationsschrift über Duns Scotus noch ganz im Sinne
Hegels eine sich immer intensiver erfassende Geistgeschichte
entgegengesetzt: "Der Geist ist nur zu begreifen, wenn die
ganze Fülle seiner Leistungen, das heißt seine **Geschichte**,
in ihm aufgehoben wird, mit welcher stets wachsenden Fülle
in ihrer philosophischen Begriffenheit ein sich fortwährend
steigerndes Mittel der lebendigen Begreifung des absoluten
Geistes gegeben ist" (zitiert nach K. Löwith, ebd., 53 Fn 1).

36   M. Heidegger, Sein und Zeit 435

37   Heidegger zitiert als Beleg STW 3,584 f; GW 9,429: "Die Zeit
      erscheint daher als das Schicksal und die Notwendigkeit
      des Geistes, der nicht in sich selbst vollendet ist, – die
      Notwendigkeit, den Anteil, den das Selbstbewußtsein an dem
      Bewußtsein hat, zu bereichern, die **Unmittelbarkeit des An-**
      sich – die Form, in der die Substanz im Bewußtsein ist –
      in Bewegung zu setzen oder umgekehrt, das Ansich als das

Geist "nicht erst in die Zeit, sondern **existiert** als ursprüngliche
Zeitigung der Zeitlichkeit... Der 'Geist' fällt nicht in die Zeit,
sondern: die faktische Existenz 'fällt' als verfallende aus der
ursprünglichen, eigentlichen Zeitlichkeit".(38)

Diesen Grundsatz greift H. Marcuse in seiner frühen Arbeit (39)
auf, die sich betont dem Denken M. Heideggers anschließt. Hier
wird die Endlichkeit zur Seinsbestimmung des Seienden überhaupt,
und der absolute Geist muß, um seiner Lebendigkeit willen, von
seiner Geschichte abhängig bleiben, so daß am Ende der Diltey-
sche Satz als tiefste Absicht Hegels zu gelten hat: "Der Geist ist
aber ein geschichtliches Wesen...".(40)

Eine Kritik der Heideggerschen Hegelkritik kann und soll dort
einsetzen, wo Heidegger Hegels Zeitverständnis festzumachen versuchte: an der Punktualität des Raumes, welche die Pünktlichkeit
der Zeit abgibt. Denn das 'Jetzt' der Zeit, das dem räumlichen
Punkt Entsprechende, wird von Hegel – dies zeigt schon eine
oberflächliche Lektüre – in seiner Unwahrheit und Vorläufigkeit
aufgedeckt.(41) Das Jetzt beansprucht wohl "ein ungeheures Recht,

---

Innerliche genommen, das, was erst **innerlich** ist, zu reali-
sieren und zu offenbaren, d.h. es der Gewißheit seiner
selbst zu vindizieren."

38   M. Heidegger, Sein und Zeit 436

39   H. Marcuse, Hegels Ontologie und die Theorie der Geschicht-
     lichkeit, Frankfurt/M 1975, 3. Aufl.

40   Zitiert nach H. Marcuse, ebd. 368

41   Vgl. dazu die 'Vorlesungen über die Beweise vom Dasein
     Gottes', 115 f: Hier greift Hegel den ungenügenden Versuch
     des Verstandes auf, das Endliche, sein Zuende-Gehen, sein
     Nichtsein, zu denken, indem er das Jetzt, den Augenblick
     einschiebt als Negation des Endlichen. Dieses so gewonnene
     Unendliche, Allgemeine "ist alberner Respekt zu nennen. Das
     Unendliche ist hoch und hehr; aber seine Hoheit und Hehr-
     heit ist jene unzählige Menge von Mücken, und die Unend-
     lichkeit des Erkennens ist das Kennen jener unzähligen
     Mücken, d.i. der einzelnen derselben, zu setzen, ist die
     Unvermögenheit... des Verstandes, das Endliche als Nichti-
     ges ... zu fassen."

Diese unendlichen, unzählbaren, unfaßbaren Augenblicke,

... aber dies Ausschließende in seiner Aufspreizung ist aufgelöst, zerflossen, zerstäubt, indem ich es ausspreche".(42) Ein solches "**Jetzt** als **seiend** fixiert", nennt Hegel eine "**endliche** Gegenwart".(43)

Doch selbst diese unwahre, da nur ausschließend sich festhaltende Gegenwart trägt an sich den Schein (Reflex) seiner Wahrheit, weil es ebenso ins Nichts verschwindet. So sehr also eine Interpretation der Zeit bei diesem sich aufspreizenden, vulgären Jetzt einhakt – worin übrigens Hegels Verdienst und große Stärke liegt: die Banalität des Alltäglichen zu durchschauen –, sie kann nicht an der Erfahrung vorbeigehen, daß sich diese Jetzt-Zeit als Diskretum und Kontinuum zeigt. Das nivellierte Jetzt, die Pünktlichkeit des Uhr-Zeigers, ist für Hegel vielmehr Kennzeichen des Raumes, der die Dimensionen der Zeit – Vergangenheit, Gegenwart und Zukunft – negiert und auf den Punkt bringt.

Der entwickelte Punkt, seine äußerste Abstraktion als "Gleichgültigkeit des Außersichseins"(44) ist die Wissenschaft des Raumes, die Geometrie. Ihre Bestimmung der Figuration kann als **Bild-Denken** bezeichnet werden. Dagegen läßt sich die Bestimmung der Zeit nur als **Begriffs-Denken** verstehen.(45)

Jetzt-Punkte sind nichts denn die schlechte Unendlichkeit. Die denkbare endliche Vermehrbarkeit der Jetzt-Punkte bringt es nur zu alberner Hoheit, wie Hegel sagt, vor der Respekt zu zeigen falscher Götzendienst ist.

Auf der anderen Seite zeigt sich in diesem Verstandestun ebenfalls die Unfähigkeit, dem Einzelnen der Unzähligen sein Recht und seine Wahrheit zu geben, da ihm jedes Maß stets in die Maßlosigkeit des Unfaßbaren zerrinnt: Genauso zerrinnt dem Verstande die Zeit.

42   STW 9,50; Enzy II § 258 Zus.

43   STW 9,52; Enzy II § 259

44   Ebd.

45   Die Aktualität dieser Überlegungen erweist die neueste Hirnforschung, wofür der amerikanische Neurophysiologe Roger W. Sperry 1981 den Nobelpreis für Medizin erhalten hat. Wenngleich es grob vereinfacht dargestellt ist, so läßt sich der linken Gehirnhälfte das **zeitorientierte Begriffsdenken** und der rechten Hälfte das **raumorientierte Bilddenken** zu-

Mit diesem Zeitbegriff kann der Versuch allererst gelingen, das Verhältnis von Zeit und Ewigkeit, von Zeit und Geist, im Sinne Hegels darzustellen und zu begreifen. Es hat viel für sich, eine natürliche, abstrakte Zeit, "Kronos",(46) von der begriffenen, konkreten geistigen Zeit, "Kairos"(47) zu unterscheiden. Wie immer bei Hegel, kann und darf dies jedoch zu keinem gespaltenen Zeitbegriff führen. Die endliche, natürliche Zeit hat ihre Wahrheit in der geistigen, ideellen Zeit, der Ewigkeit. Ein solcher "Begriff der Ewigkeit muß aber nicht negativ so gefaßt werden als die Abstraktion von der Zeit, daß sie außerhalb derselben gleichsam existiere;... als ob die Ewigkeit **nach** der Zeit komme; so würde die Ewigkeit zur Zukunft, einem Momente der Zeit, gemacht".(48) Die solchermaßen unendlich vorgestellte Zeit, nach der Art der 'schlechten Unendlichkeit', ist nicht die wahrhaft begriffene Zeit. Sie hat ihr Maß an der unendlich sich aufspreizenden Zeit-Chronologie, die stets endlos vorausläuft, um ihrer Endlichkeit ledig zu werden, und desto sicherer von ihr gestellt zu werden als unendlich **vorgestellte** Zeit.(49)

Wie denkt aber Hegel die dringlich gewordene Frage des Verhältnisses von Zeit und Geist weiter?

Nicht erst die berühmte Definition, daß "die Philosophie ihre Zeit

---

ordnen (vgl. A. Adam, Der Griff nach unserem Gehirn. Schwarze Magie im Computer-Zeitalter, in: 'Die Presse' 12./ 13. Nov. 1983).

46   STW 9,49; Enzy II § 258

47   Vgl. G. Wohlfahrt, Über Zeit und Ewigkeit in der Philosophie Hegels, in: Wiener Jahrbuch für Philosophie Bd. XIII 1980, 143; der Autor merkt richtigerweise an, daß Hegel den Begriff des 'Kairos' nicht verwendet.

48   STW 9,50; Enzy II § 258

49   Deshalb muß die Frage nach Wahrheit und Sinn der Geschichte, die vom Standpunkt des 'ideal chronicler', vom letzten Historiker, ausgeht, zwangsläufig scheitern. Nun sollte sich aber in einem Werk, das sich vornehmlich dem Begriff der Zeit verschreibt, die Gleichstellung der 'Zeitlosigkeit' des unendlichen, letzten Chronisten und der sich selbst denkenden Vernunft von selbst verbieten – wie dies in den Schlußbetrachtungen von Chr. Frey (Reflexion und Zeit 422 f) geschieht.

in Gedanken erfaßt",(50) gemahnt an die Beziehung von Zeit und denkendem Geist. Vielmehr wird Hegel an dieser Stelle ungemein deutlich, denn es sei töricht zu glauben "irgendeine Philosophie gehe über ihre gegenwärtige Welt hinaus".(51) Es läßt sich leicht einsehen, daß gerade dieses Zitat zu einer Hegel nicht angemessenen Deutung führen kann. Indem das Ich als "in der Zeit, und die Zeit ist das Sein des Subjekts selber",(52) verstanden wird, scheint sich der Eindruck zu verstärken, Hegel selbst habe, in ehrlichen Stunden, um die unwiderlegbare Wahrheit gewußt: "Alles Reden über die Zeit geschieht in der Zeit".(53)

Eine solche Interpretation übersieht konsequent die alles entscheidende Affinität von reinem Gedanken und Zeit. Schon im oben angeführten Zitat aus den 'Vorlesungen über die Ästhetik' wird dem aufmerksamen Leser die Spur zum Gedanken gelegt. Das Verhältnis von Ich und Zeit ergibt sich erst, "wenn wir von dem konkreten Inhalt des Bewußtseins und Selbstbewußtseins abstrahieren,... insofern es nichts ist als diese leere Bewegung, sich als ein Anderes zu setzen und diese Veränderung aufzuheben,...".(54)

Noch eindringlicher wird die Verknüpfung von Ich, Subjekt und Zeit mit dem Begriff, dem Gedanken, in Hegels Abhandlung über die Zeit in der Naturphilosophie: "Der Begriff aber, in seiner frei für sich existierenden Identität mit sich, Ich = Ich, ist an und für sich die absolute Negativität und Freiheit, die Zeit daher nicht seine Macht, noch ist er in der Zeit und ein Zeitliches, sondern er ist vielmehr die Macht der Zeit, als welche nur diese Negativität als Äußerlichkeit ist".(55)

Es soll nun der Gedanke ausgeführt werden, daß eine zureichende Interpretation der oben zitierten Textstellen ohne Verständnis der 'Zeitlosigkeit' der 'Logik', ohne Entdecken des anfänglichen 'Bedeutens' des Gedankens als Begriff der Zeit an sich, und schließlich ohne Verstehen des **trinitarischen** System-Ganzen unmöglich

---

50   STW 7,26

51   Ebd.

52   STW 15,156

53   Chr. Frey, Reflexion und Zeit 418

54   STW 15,156

55   STW 9,49; Enzy II § 258

scheint. Dabei ist immer die Frage im Auge zu behalten, ob nicht Zeit und Ewigkeit, die Endlichkeit des Subjekts und die Ewigkeit des absoluten Geistes, einen Sprengsatz an Hegels Denken legen, der es womöglich auseinander treibt.(56)

Dasselbe Problem, übertragen auf die Geschichte, heißt dann, "daß der absolute Geist seinsmäßig von seiner Geschichte 'abhängig' ist",(57) oder vom an sich seienden Absoluten her die Geschichtlichkeit immer schon stillgestellt ist.(58)

Von da aus läßt sich der Schritt von L. Kolakowski leicht nachvollziehen, daß auf dem Weg der Sehnsucht des Menschen nach dem Absoluten das Denken geneigt ist, einem **Gesetz zunehmender Ausgleichung** zu frönen: Des Menschen Geschichte erstirbt im Entropietod, der Mensch vergeht im totalen Ausgleich.(59)

Hegels 'Logik' ist eine Abbreviatur der ganzen Wirklichkeit benannt als Gedanke. Deshalb haben alle anderen Wirklichkeitsdimensionen ihre komplementäre Entsprechung in der Deduktion des reinen Gedankens. Alle Wirklichkeit wird vom Denken erfaßt, gleichwie die bewußte und reale Wirklichkeit als Beispiel des Gedankens gelten können. Wenn jedoch weder ihre Gleichursprünglichkeit, Koexistentialität, Koextensivität, Komplementarität und Gleichzeitigkeit verstanden werden, wenn ihre Identität und Differenz nicht gewahrt sind, dann läßt sich schlechterdings das Verhältnis von Zeit und Ewigkeit nicht einsehen.

Die 'Logik' ist "die Wissenschaft nur des göttlichen Begriffs",(60) "die Darstellung Gottes..., wie er in seinem ewigen Wesen vor der Erschaffung der Natur und eines endlichen Geistes ist".(61) Wenn H. Marcuse sich deshalb veranlaßt sieht, von der berüchtigten Definition der 'Logik' und ihrem phantastischen Charakter

---

56   Vgl. Chr. Frey, Reflexion und Zeit 417

57   H. Marcuse, Hegels Ontologie 351

58   Vgl. ebd. 354

59   L. Kolakowski, Der Mensch ohne Alternative, München 1976, bes. 278 f

60   STW 6,572; GW 12,253

61   STW 5,44; GW 11,21

zu sprechen,(62) so zeigt dies nur umso einprägsamer, wie sehr die 'Logik' durch dieses 'Vor' zeitlich bestimmt, also mißverstanden wird. Das bloß Phantastische der 'Logik' erführe seine Bestätigung, wenn Hegels Auffassung von Zeit und Ewigkeit dann von der faktischen Geschichte ausgehen müßte, um zur sie tragenden absoluten Idee zu gelangen. Von diesem Ort her würde im nachhinein, vom spekulativen Elfenbeinturm, sub specie aeternitatis, die **Geschichte überzeitlich** erfaßt, **logifiziert.**

Eben diesen transzendentalen Trick zu durchschauen und aufzuheben in ein trinitarisches Wahrheitsverständnis, gilt, m.E. Hegels Sorgen.

Welchen Beitrag leistet hierzu die 'Wissenschaft der Logik'? Sie stellt die Deduktion der Wirklichkeit des Gedankens in seiner **Zeitlosigkeit** dar. Dies bedeutet ebenso den Begriff der Zeit als "absolute Gegenwart", denn "die Zeit selbst ist in ihrem Begriffe ewig".(63) Nun frägt man berechtigterweise, wo hier wohl ein Konnex zwischen der natürlichen Zeit und einer übernatürlichen, überzeitlichen Ewigkeit liege? Die Antwort fällt bei Hegel so deutlich wie unkonventionell aus: Das Sein der Zeit und der Begriff an sich sind dasselbe, ursprüngliches, reines **Bedeuten,** absolut unterschiedene Ununterschiedenheit. Der Begriff der Zeit besteht demnach **nicht** in ihrer **Irreversibilität,** deren Sinn sich aus der Gerichtetheit des Denkens auf das immer intensivere, reichere Erfassen seines Selbsts ergibt. Dem entgegen ist die Zeit das stets gleichzeitige **Sich-Zeigen** des Begriffs als Einheit von Sein und Nichts, ihr immer schon **Übergegangen-Sein.** So ist die Zeit, wie der Begriff an sich, "das Sein, das, indem es **ist, nicht** ist, und indem es **nicht** ist, **ist;** das **angeschaute** Werden...",(64) die abstrakt **sich auf sich beziehende** Negativität".(65)

Im selben Paragraph 258 der 'Enzyklopädie der Wissenschaften' findet sich auch (66) die Bemerkung über den **Begriff** als **Macht der Zeit,** worin wieder eine jener bedenkenswerten 'Gedoppeltheiten' liegt, die bei Hegel eine so große Rolle spielen. Übersieht man hier die Bedeutung des Genitivs als genitivus **subjectivus**

---

62   H. Marcuse, Hegels Ontologie 211

63   STW 9,50; Enzy II § 258 Zus.

64   STW 9,48; Enzy II § 258

65   STW 9,49; Enzy II § 258

66   Vgl. oben S. 226

und **objectivus**, so entgeht einem, daß einmal die Macht der Zeit den Geist, die Ewigkeit bedeutet – womit gegen die Unumkehrbarkeit die **Gleichzeitigkeit** des Gedankens auf jeder Stufe seiner Selbstbestimmung gewährleistet ist. Zum anderen ist der Begriff als absolute Negativität und Freiheit so sehr die Macht der Zeit, daß diese sich **zeitigt** in die "seiende **Äußerlichkeit des Raumes und der Zeit**".(67) Was also in der Form der Sinnlichkeit, der Anschauung entsteht und vergeht, ist das Zeigen der Zeit als die zeitlichen, endlichen Dinge. Nur so wird verständlich, daß in Hegels Naturphilosophie "die Dinge selbst... das Zeitliche" sind und der "Prozeß der wirklichen Dinge selbst... also die Zeit"(68) ausmacht. Raum und Zeit sind außer ihrem 'Zeitigen' nichts. Sie sind kein Gefäß, in welches etwas hineingestellt wird, um raumzeitlich zu werden, noch sind sie für sich seiende apriorische Formen der Sinnlichkeit, die alles Denken, Bewußtsein und die natürlichen Dinge unter das unaufhebbare Siegel der Vorstellung legen.

Die Frage nach der Einheit der Zeit zielt jedoch weiter auf den Punkt der Erweiterung des Denkens zum System. Um hier besser überblicken zu können, was Zeit und Ewigkeit sind und wie ihre Einheit zu denken ist, empfiehlt sich folgende Unterscheidung:

a) Die Zeit der 'Logik' ist ihre Zeitlosigkeit, die absolute **Gleichzeitigkeit** des Gedankens. Dessen 'Werden' ist zeitlose, sich selbst aufhebende Zeitlosigkeit der Selbstbestimmung. Höhere Intensität und größere Ausdehnung dieser Selbstbestimmung des Denkens zur reinen Persönlichkeit, rückwärtsgehendes Begründen und vorwärtsgehendes Weiterbestimmen, stellen weiter nichts als das gleichzeitige Maß der Methode – von Stufe zu Stufe – auf dem Weg zum Selbst-Begreifen der absoluten Idee dar.

b) Auf dieser Spitze des selbst begreifenden Denkens hat es **zugleich** seinen Anfang eingeholt, der gleichursprünglich der freie Entschluß ist, sich als Natur zu zeitigen, und als endliches Erkennen den Weg zum Selbstbewußtsein zu gehen. In dieser Entäußerung zeigt die Zeit sich als **Zeitlichkeit** und **Geschichte**.

---

67   STW 6,573; GW 12,253

68   STW 9,50; Enzy II § 258 Zus.

c) Die aufgehobene Zeit, die begriffene Zeit entspricht als **Ewig-keit** der ganzen Wirklichkeit, dem Reich des absoluten Geistes, der sich als "das Logische mit der Bedeutung, daß es die im konkreten Inhalte als in seiner Wirklichkeit **bewährte** Allge-meinheit ist"(69) begreift.

Erst alle drei Verwirklichungen der Zeit zusammen machen die Erfahrung der Zeit aus und lassen Hegels Begriff der Zeit voll-ends in seinem Umfange aufleuchten. Nur so sind auch die ver-schiedenen Verwirklichungsweisen von Zeit in ihrer eigentümlichen Einheit zu würdigen und desto eher wird verständlich, wie falsch ein einseitiges Ausspielen einer Zeitdimension – sei dies Gegen-wart, Zukunft, Vergangenheit oder Gleichzeitigkeit, Geschichtlich-keit oder Ewigkeit – gegen die anderen ist.

Wie Hegel den Begriff der Zeit und ihre Erfahrung als derart dreidimensional, entsprechend dem System-Ganzen, erweist, kann sie andererseits jederzeit als Erscheinungsform des Ganzen gelten, so daß die **reale Erfahrung der Zeit**, so auch die **Zeitlichkeit des Menschen**, immer auch die Gleichzeitigkeit **und** Ewigkeit des zeit-lichen Subjekts umfaßt. Darin entbirgt sich auch der vernünftige Grund, dieses an die Zeit gebundene Wesen eine **Person** zu nen-nen, wenn anders im Begriff der Person die Gegenwart des trini-tarischen Ganzen sich ausdrückt und verwirklicht.

An diesem Punkt der Erfahrung der Zeit, an dem sich die Gegen-wart des Ganzen gezeigt hat, muß sich der Sinn der Geschichte entscheiden. Wenn dieser im Zu-sich-selbst-Kommen des Geistes liegt, Geist für den Geist zu sein, dann ist der bevorzugte Ort seiner Bewährung die Menschwerdung Gottes in Jesus Christus.

4.3 Der Begriff der Religion

Ein Schritt über die 'Logik' hinaus ist getan, der den Begriff einer 'Gotteslogik' ganz wesentlich bestimmt. Die 'Logik' selbst kann nämlich in ihrem Selbstmaß der Selbstbestimmung als die Durchführung des ontologischen Gottesbeweises angesehen werden. Dies läßt sich allein schon an der durchgängigen Befassung mit diesem Gottesbeweis auf den maßgeblichen Stufen der Selbsterfas-sung des Begriffs leicht nachweisen.(70)

---

69   STW 10,393; Enzy III § 574

70   Auf den Stufen des Seins – STW 5,88-92; GW 11,47-48; des Wesens – STW 6,125-129; GW 11,324-326; des Begriffs – STW 6, 402-406; GW 12,127-130.

Welche Folgen aber hat es für diesen Gottesbeweis – der im Sinne Hegels ein logischer zu sein beansprucht –, wenn er nur die Wirklichkeit und Wahrheit des gedachten Gottes zu umgreifen vermöchte? Anders ausgedrückt heißt das, ob diese 'Gotteslogik' wohl die **immanente Trinität** Gottes, die sich selbst genügende göttliche Dreifaltigkeit als das ewige Spiel Gottes in sich begreift,(71) dem es mit seinem Unterschied nicht ernst ist, oder ob dieser Gottesbegriff aus dieser 'Logik' heraus eine Ökonomie als Schöpfer, Menschensohn und Hl. Geist (die christliche Gemeinde der absoluten Religion) entwirft, die wahrhaft allumfassend wird als sogenannte **ökonomische Trinität?**

In diesem Verhältnis von immanenter und ökonomischer Trinität stoßen wir auf die wahrlich 'anstößige' Frage,(72) ob das zum System erweiterte reine Denken nochmals Methode und Maß abzugeben imstande ist, um die konkrete Wirklichkeit im Denken zu erfassen? Ist das **konkrete Denken** auch das **Denken des Konkreten?** Läßt sich dieses Verhältnis auch in seiner realen geschichtlichen Faktizität über die Struktur und Methode der 'Logik' ausmitteln zum absoluten Geist? Ist dann die religionsphilosophische Verfaßtheit des ganzen Systems, welches Hegel in der Lehre von den drei Schlüssen (73) ausführt, als die endgültige Durchführung des ontologischen Argumentes des Anselm von Canterbury anzusehen, weil damit das Denken sich zuerst vor allem Erfassen konkreter Inhalte als konkrete Vermittlungsstruktur begründet hat, um sodann, nach dem Durchlaufen aller endlichen Inhalte, zu eben derselben Struktur in Gott als absolutem Geist zurückzuführen? So wird für Hegel die Gottesfrage und die Thematik der Religion, die Beziehung Gott – Mensch, zu **der** Bewährung des Denkens.

Eine Frage bleibt immerhin zu stellen, die allem spekulativen Denken Bescheid und Bescheidenheit erteilt: Findet nicht alles konkrete Denken erst **anläßlich** der Schöpfung, der Menschwerdung Gottes und der Geistsendung zum Begriff des Ganzen, der Dreieinigkeit Gottes? Gerade wenn Hegel selbst das Zu-sich-selbst-Kom-

---

71 Vgl. Ph.d.R. II 2,73

72 Theologisch ausgedrückt meint das die Verbindung von Kreuz und Auferstehung: die **Erlösung**. In Hegels philosophischem Denken bedeutet dies die spekulative Vermittlung des Mysteriums Gottes, die absolute Methode als **Versöhnung**.

73 STW 10,375 f; Enzy III § 567 – § 570; bzw. § 575 – § 577

men des Geistes nur in der Weise der trinitarischen Wirklichkeit, die erst den Begriff des Geist-Ganzen erfaßt und ausdrücklich macht, zu begreifen vermag, dann ist mit Fug zu fragen, ob Hegels spekulatives Denken nicht **voreilig** die Wahrheitskompetenz der 'Logik' auf die Verwirklichungsstufe des absoluten Geistes erstreckt? Auffällig bleibt immerhin, daß Hegel sehr wohl die Wirklichkeitskompetenz, die Lebensmitte der Menschen richtig einzuschätzen weiß als die **Ebene der Wahrnehmung,**(74) welcher die **Vorstellung** auf der psychologischen Ebene, sowie das **reflektierende Denken** der logischen Sphäre des Wesens entsprechen.(75)

Dies ist der Punkt, an welchem allein es gelingen kann, Hegels Versöhnungsprogramm auch immanent zu kritisieren, wenngleich hierzu anzumerken ist, daß Hegel selbst sich dieser spekulativen Überdehnung der Wirklichkeit wohl bewußt war. Eben deshalb scheint es wohl geraten, Hegels Denken nicht einfach vom Kopf auf die Füße zu stellen, sondern ihm viel eher die Lebens- und Wirklichkeitsmitte zuzuteilen, von der aus dann die Gewichtigkeit und Leistung vernünftigen Denkens – dessen einzigartige Darstellung und Durchführung die Hegelsche Logik ist – offenbar wird.

Diese Krisis des Hegelschen Systems soll hier zur Sprache kommen und anhand einer selektiven Darstellung der absoluten Religion (wie er sie in seiner 'Religionsphilosophie' beschreibt) seine Bestätigung erfahren.(76) Dabei wird ganz entscheidend sein, Hegels Logik nicht bloß als **wirkliches Denken** zu begreifen, sondern als **Denken der Wirklichkeit:** dies jedoch stets rücksichtlich jener Verwirklichungsstufe, die der bewußt existierende Mensch in seiner natürlichen Umwelt je und je vermittelnd sich aneignen muß. Ausgeprägter heißt das zu fragen, ob Hegels Logik – gerade wegen des auffälligen Fehlens einer explizierten Ethik, einer Darstellung der praktischen Vernunft in Hegels Gesamtwerk – vielmehr als Leitfaden praktischer Selbstverwirklichung des Individuums in

---

74   Vgl. STW 10,209; Enzy III § 420

75   Dies zeigt sich auch daran, daß Hegel die absolute Methode in dem Reflexionsbegriffspaar Form – Inhalt abhandelt, das dieser Stufe gar nicht adäquat ist (vgl. auch oben S. 183 f

76   Die Überlegungen im abschließenden Kapitel der vorliegenden Arbeit zum ontologischen Gottesbeweis haben eben im Sinn, Hegels Vertiefung des Anselmischen Arguments aufzuzeigen, sein Bemühen, dessen Abstraktheit und Lebens**leere** wieder als erfahrbare Lebens**lehre** zu erweisen.

der Gemeinschaft, als Individual- und Sozialethik betrachtet werden kann. Dabei sichert die 'Logik' die Wahrheit der konkreten Praxis, indem diese stets der Kritik durch das Denken ausgesetzt wird, welches seine Kompetenz aus der erwiesenen Deduktion seiner Selbstbestimmung im sich selbst begreifenden Begriff wahrhaft bewiesen hat. Deshalb ist dem Vorwurf, Hegels Begriff sei unerlaubter, spekulativer Vorgriff, unter dieser Rücksicht nicht zuzustimmen.(77)

Andererseits kann die 'Logik', um ihres eigenen Begriffs - der nur trinitarisch sich zeigenden und zu begreifenden Geist-Wirklichkeit - willen nicht umhin, sich stets am jeweiligen Verwirklichungsniveau der anderen Dimensionen messen zu lassen, mit denen zusammen erst ihr Lebens- und Erfahrungsrecht anerkannt ist.

Zum dritten darf die Einsicht in die **Rücksicht** (78) des Begriffs und der Idee, wodurch erst Gleichzeitigkeit, Methode und Maß logischer Selbstbestimmung bewahrt und bewahrheitet werden, nicht verloren gehen. Denn diese Behutsamkeit des Begriffs gestattet es ihm überhaupt, sein 'Voraus' - Voraussicht - zu sein. Dieses wichtige Moment - ebenso sein 'Voraus' zu sein - gibt den bedeutsamen Aspekt von Begriff, Vernunft und Geist frei, welcher so oft mißverstanden wird: die **List des Begriffs**, oder die **List der Vernunft**.(79) Aus diesem Grund kommt der 'Logik' eine unleugbar dominante Stellung im Gesamtsysteme zu. Denn dieses 'Vorauswissen' des Begriffs um seine wahre Bestimmung, läßt auch die anderen Dimensionen der Geist-Wirklichkeit in ihrer je-

---

77 Vgl. W. Pannenberg, Gottesgedanke und menschliche Freiheit, Göttingen 1972, 111

78 Vgl. oben S. 206

79 Vgl. etwa STW 5,398 - wo der Begriff als spezifizierendes Maß gegen die sich unendlich vergrößernde Quantität die Qualität ins Spiel bringt.
    STW 6,452 f; GW 12,166 - Die List der Vernunft stellt sich ein Objekt als Mittel aus, um "dem Untergange seiner Bestimmung" zu entgehen, "an und für sich seiender Begriff zu sein". Diese 'List' ist die Weise der Negation, die als Kraft, als Antrieb den anfänglich unbestimmten, unmittelbaren Begriff vorwärts bewegt zum an und für sich begriffenen Begriff. So kann sie als Negativität ein Voraus-Wissen um den Sinn des Ganzen von Weg und Resultat angesehen werden.

weiligen Vorläufigkeit als solche erscheinen und deshalb auch nicht zur Ruhe kommen.

Es ist schon mehrmals (80) angeklungen, wie bedeutsam die Erweiterung der logischen Wissenschaft zum trinitarischen Systemganzen ist. Dadurch wird nicht bloß verbürgt, daß die logische Methode der absoluten Negation nicht ins leere Nichts entgleitet, ihr Schein – die Reflexion – eben nicht auch den Begriff aufhebt als einen Scheinbegriff, sondern viel eher muß jetzt darauf geachtet werden, daß der logische Begriff sich am Ende reinterpretiert in die Unmittelbarkeit des Anfangs, welcher nun der unmittelbare, empirische Gegenstand ist. Damit gewinnt der logische Begriff sein Erfahrungsrecht, das Wissen seine Wahrheit und beide ihre Realität: Hier erst wird einsichtig, wie und warum die dialektische Bewegung, die der Begriff ist, auch Erfahrung ist, was herauszustellen das allzeit mitschwingende Anliegen dieser Arbeit war und ist.(81)

So fällt ein neues und klareres Licht auf die bekannte Bestimmung von Erfahrung in der 'Phänomenologie des Geistes': "Diese **dialektische** Bewegung, welche das Bewußtsein an ihm selbst, sowohl an seinem Wissen als an seinem Gegenstande ausübt, **insofern ihm der neue wahre Gegenstand** daraus entspringt, ist eigentlich dasjenige, was **Erfahrung** genannt wird".(82) Die schon anfänglich vorhandene Entsprechung und Verwiesenheit der drei Wirklichkeitsdimensionen ist es, die einer jeden von ihnen ihr Erfahrungsrecht, Gewißheit, Wahrheit und Wirklichkeit sichert: so sind sie 'Vernehmen'.(83) Diese 'Vernunft' auf den gedanklichen Begriff der jeweiligen Zeit zu bringen, ist dann die erkannte Aufgabe der Philosophie,(84) welche, aus Gründen der 'Logik', sich nicht mit Halbheiten und Annäherungen an die Wahrheit begnügen muß, noch im "**Belehren**, wie die Welt sein soll"(85) stecken bleibt, weil sie die Welt begreift, wie sie wirklich ist. Für die Philosophie kann es demnach nicht darum gehen, "die 'Wirk-

---

80   Vgl. oben S. 215

81   Vgl. bes. oben S. 67 f und S. 103 f

82   STW 3,78; GW 9,60

83   Vgl. oben S. 66

84   Vgl. STW 7,26

85   Ebd. 27

lichkeit' allererst zu 'entdecken', gleichsam als ob die 'Wirklichkeit' nicht immer schon in dem und für das Bewußtsein 'vermittelt' wäre. Wohl aber muß gesagt werden, daß nur die Philosophie einerseits den alltäglich, empirisch und wissenschaftlich vermittelten 'Inhalt' zum Begriff zu erheben und andererseits den ganzen 'Vorlauf' dieser schon da-seienden 'Begrifflichkeit' aufzuzeigen vermag. In dieser grundlegenden Hinsicht kann nur die Philosophie einerseits den 'ursprünglichen' Sinn der 'Wirklichkeit' enthüllen, andererseits einen bestehenden Sinn (aber auch Un-sinn) aufdecken".(86)

Wird dies als Maßstab der Philosophie zugrunde gelegt, dann mag verständlich sein, wieso Hegel bei der Darstellung der Geist-Gemeinde, in der absoluten Religion, scheinbar resignierend der Wirklichkeit entsagen und die **Teil-haftigkeit der Philosophie** eingestehen muß, eine im Heiligtum isolierte Partnerschaft zu bilden, die "unbekümmert, wie es der Welt gehen mag, mit ihr nicht zusammengehen (darf und) dieses Besitztum der Wahrheit (zu hüten hat). Wie (es in der Welt) sich gestalte, ist nicht unsere Sache".(87)

Dieser scheinbar reaktionäre Zug eines in die Jahre gekommenen Philosophen (88) darf jedoch viel eher als das immerhin bewußte Weistum angesehen werden, daß die Wahrheit des Denkens ihrer zeitlichen und existentiellen Wirklichkeit verpflichtet ist. Denn das weiß Hegel ebenso bestimmt, wie er es klug formuliert: "Erst als die Zeit gekommen war, ist der Geist sich offenbar geworden; denn dieser Weg, durch den er erst zum Ziele kommt, fällt in die Zeit und muß in der Existenz zurückgelegt werden".(89)

Für Hegel hat die Religion auf der absoluten Stufe den wahren Inhalt, der im christlichen Glauben offenbar und gewiß geworden ist, aber noch in der nicht vollendeten Form der Vorstellung. Dies muß nachgerade kein Nachteil sein, weil die Religion darob eine bedeutsame Mittler-Funktion übernehmen kann: "Die Religion, das religiöse Bedürfnis kann wie zum Begriff, so auch zur Empfindung, zum Gefühl seine Zuflucht nehmen".(90) Diese sehr

---

86   L.B. Puntel, Darstellung, Methode und Struktur 257

87   Ph.d.R. II 2,231

88   Die Originalhandschrift trägt das Datum: 25. August 1821

89   Ph.d.R. I 1,74

90   Ph.d.R. II 2,224

menschliche Seite hat, nach Hegels Meinung, den großen Nachteil, in beliebige subjektive Vorstellungen und Meinungen zurückzusinken. Die Aufklärung bemächtigt sich dann allzugerne dieser atomistischen Empfindungen und drängt den Gottesgedanken in eine Gleichgültigkeit, die die Gottesfrage aller Spannung beraubt.(91)

Gegen solche Beliebigkeit, unvermittelbare Unmittelbarkeit, Gleichgültigkeit, absolute Indifferenz, reines Gefühl, Postulat der Vernunft — wie immer die von Hegel kritisierten, vorläufigen und darum aufzuhebenden Fehlformen des Gottesbegriffs benannt sein mögen — tritt der philosophische Gottesbegriff bei Hegel an. Alle diese Betrachtungen, die sich nicht auf den Standpunkt des Begriffs erheben, sind — hier ist Hegel großer Weitblick zu bescheinigen — stets in Gefahr, als bloße Selbstprojektionen des Menschen zu gelten, ist in ihnen doch "höchstens die Bestimmung der endlichen Subjektivität zu finden".(92) Wenn die Philosophie dem Denken der 'Logik' etwas verdankt, dann die Einsicht, daß alles darauf ankommt, den Begriff als das **Andere seiner selbst** zu begreifen. Die 'Wissenschaft der Logik' gibt ja Auskunft über die Frage, was der Ausdruck 'Gott' bedeutet.(93) Sie führt aber auch

---

91   Es mag einiges dafür sprechen, daß die im Gefolge der Aufklärung — Leibnitz und Voltaire sind genannt — sich entwickelnde Geschichtsphilosophie als Programm einer "Theodizee durch Autonomie" (O. Marquard, Schwierigkeiten mit Geschichtsphilosophie, Frankfurt/M 1973, 62) zu verstehen ist. Die Versuchung für die Theologie, das Drängende des Theodizeeproblems zu entspannen, sich des 'gnädigen' Gottes betend zu versichern, um den 'gerechten' Gott dem Feld der aufklärerischen Autonomie zu überlassen, diese "Zurückweisungsmöglichkeit wäre in der Tat ruinös — für die Theologie" (ebd. 171 Anm. 20).

Diese Überlegungen erfahren eine interessante Bestätigung im Brief Hegels an Zellmann vom 23. Jan. 1807. Er notiert darin die Einsamkeit des Philosophiestudiums, das wohl den Gassen und Märkten, nicht aber dem Tun der Menschen fern bleibt. In diesem Aufmerken "auf die Geschichte des Tages" sucht sie zu überzeugen, "daß Bildung über Roheit und der Geist über geistlosen Verstand und Klügelei den Sieg davon trägt. Die Wissenschaft ist allein die Theodizee;..." (Briefe I, 137).

92   Ph.d.R. I 1,81

93   Vgl. Ph.d.R. I 1,30

in ihrer notwendig-freien Erweiterung über die Idee, das Ansichsein Gottes hinaus zu seiner Selbstentäußerung, zu seiner Manifestation. So erkennt die Philosophie "Gott wesentlich als den
konkreten, als geistige, reale Allgemeinheit, die nicht neidisch
ist, sondern sich mitteilt".(94)

Hier befindet sich also der Standpunkt, wo Hegel sichtlich deutlich zu machen versucht, wie der Beweis des Daseins Gottes, über
die reine 'Logik' des konkreten Gedankens hinaus, sich in der
sachlichen Zusammengehörigkeit von 'Logik' und Realphilosophie
– die als eine der Sphären des Realsystems Geltung hat – er-
schließt und schließt. Die Schwierigkeit der Unterscheidung, ob
der Philosoph sich an diesem Punkt durch das Denken doch an
die Stelle Gottes setzt, tritt hier in aller Schärfe hervor und sie
war und ist Anlaß, Hegel einem Mißverständnis auszuliefern, welches sein ganzes Denken als phantastische Spekulation abtun muß,
oder den Schritt zur Vergöttlichung des Menschen tut, der **anstatt**
Gottes an dessen Stelle tritt.(95)

Wie ist also das umstrittene Diktum: "... der Mensch weiß nur
von Gott, insofern Gott im Menschen von sich weiß; dies Wissen
ist Selbstbewußtsein Gottes, aber ebenso ein Wissen desselben vom
Menschen, und dies Wissen Gottes vom Menschen ist Wissen des
Menschen von Gott"(96) zu verstehen auf dem Standpunkt der Philosophie? Hegel erteilt darüber eine sehr klare Auskunft: "Dies
Denken ist nicht bloß das Abstrahieren und Bestimmen nach dem
Gesetze der Identität, sondern es ist selbst wesentlich konkret
und so ist es Begreifen, daß der Begriff sich zu seiner Totalität,
zur Idee bestimmt... Es ist dieser Standpunkt ein Wissen, daß
eine Wahrheit anerkennt und erkennt... Der Begriff aber produ-
ziert zwar die Wahrheit, – das ist die subjektive Freiheit – aber
er erkennt diese Wahrheit als ein zugleich nicht Produziertes,
als an und für sich seiendes Wahres an".(97)

---

94 Ph.d.R. II 2,225

95 Wir sind diesem Problem oben S. 55 schon am Beispiel L.
    Feuerbachs begegnet.

96 Vorlesungen über die Beweise vom Dasein Gottes, 14. Vorle-
    sung 117. Die Priorität dieser 'Gerichtetheit' darf nie über-
    sehen werden: Nur **insofern** Gott im Menschen von sich selbst
    weiß, weiß dieser um Gott; vgl. auch oben S. 234 ("...**inso-
    fern** ihm der neue wahre Gegenstand daraus entspringt...
    STW 3,78; GW 9,60).

97 Ph.d.R. II 2,227

Die Verdeutlichung dieses Standpunktes soll die Darstellung des ontologischen Gottesbeweises erbringen. Das Verhältnis von **erkannter** und **anerkannter Wahrheit** soll Grundlage der Schlußbetrachtung dieser Arbeit sein.

4.4 Das ontologische Argument

Die so theoretisch klingende, und als Gedankenspielerei abgetane Frage, ob der Gedanke Gottes sich auch als Gottes eigener Gedanke entpuppen könnte, scheint ihre Rolle endgültig verspielt zu haben.(98) Der Gottesgedanke liegt weithin brach auf dem glattrasierten Feld säkularen Weltverständnisses. Doch ist nach wie vor auf Hegels heftiges Klagen zu hören, daß die Theologie sich um ihr Eigenstes bringt, begibt sie sich des Gottesgedankens. Aus der nur menschlichen Autorität des Jesus von Nazareth, aus der reinen, von jeder Göttlichkeit und Transzendenz absehenden Anthropologie wird das Gespräch mit dem Ungläubigen, mit dem Atheismus und Agnostizismus, nicht erleichtert und wird auch kaum gelingen. Jede Apologie der christlichen Theologie hat damit vielmehr ihr Scheitern vorbereitet.

Will dagegen christlicher Glaube für alle außerchristlichen Religionen und säkularen Theologien maßgebend sein, dann muß er, um seines Selbstverständnisses willen, an der Selbstverständlichkeit des Gottesgedankens, der Wirklichkeit Gottes als Konstitutivum für alle Menschen, zu allen Zeiten, festhalten. Denn nicht umsonst hat "der neuzeitliche Atheismus spätestens seit Feuerbach seine Argumentation auf die Anthropologie konzentriert..., wie es bei Marx, Nietzsche, Freud, Sartre deutlich ist".(99)

Ein scheinbar gepflegter (colere: kultisch-kultiviert sich gebender) Umgang mit Gott, der unanstößig neben Staat und Gesellschaft sich seines historisch erworbenen Reservates sicher wähnt, wird durch solche **Umgänglichkeit Gottes** niemals die konstitutive **Unumgänglichkeit Gottes** für den Menschen auch nur (an-)zeichenhaft darstellen können. Hegels Klage, "... so hören wir viel, unendlich viel – oder viel mehr in unendlichen Wiederholungen doch wenig – von Religion sprechen, desto weniger von Gott selbst",(100) hat an brisanter Aktualität nichts eingebüßt.

98 Vgl. oben S. 103

99 W. Pannenberg, Gottesgedanke und menschliche Freiheit, Göttingen 1972, 35

100 Vorlesungen über die Beweise vom Dasein Gottes 46

Heute wie damals gilt der Rückgriff auf die Frage, ob jedem Menschen der Gedanke Gottes als eine Wirklichkeit dargelegt werden könne, als ein unzeitgemäßes, längst schon abgetanes Problem. Aber genau diese Unzeitigkeit, die alles Moderne, Zeitgemäße so zu irritieren scheint, vermag uns der Überzeitlichkeit, der Gegenwärtigkeit der Wahrheit, dem Wesen der 'Logik', näherzubringen. Nach wir vor besteht allenthalben großes Interesse an der Verdunkelung des Gottesgedankens, an der Verleugnung einer 'Gotteslogik', die dem Menschen unumgehbar aufgegeben ist, und ihn gerade deshalb, im Umgang mit Gott, zu sich selber finden läßt. Gedankenloses – und sei es noch so gut gemeintes – Reden über Gott wird ein Gerede bleiben und zurecht ins Gerede geraten. Mit ihm verhält es sich nicht anders, als mit dem Begriff der Seele, der so lange zerredet worden ist, bis er, heutigentags, als ein Un-Wort west. Der Grund für diese Mißlichkeiten ist derselbe geblieben, wie ihn Hegel konstatiert hat: das **alles verdinglichende Vorstellen**. Ihre Logik beschreibt er bissig einmal – bezüglich des Ausdrucks Seele – so: "... das Atom, das als Dunst aus der Kaffeetasse aufsteige, sei durch glückliche Umstände fähig, sich zur Seele zu entwickeln, nur die **größere Dunkelheit** seines Vorstellens unterscheide es von einem solchen Ding, das als Seele erscheint".(101)

Dagegen steht ein vernünftiges Denken auf, daß **Andacht ohne Denken unbedacht** sich seines Daches begibt, um desto sicherer subjektiver Beliebigkeit zum Opfer zu fallen.(102) So wird Hegels großes Wort verständlich, und weist den unaufgebbaren Weg zum Gottesgedanken, den Anselm vorgegeben hat: "Die, welche es der Philosophie verargen, daß sie die Religion denkt, wissen nicht, was sie verlangen. Der Haß und die Eitelkeit sind dabei zugleich im Spiel unter dem äußern Schein der Demut; die wahre Demut besteht darin, den Geist in die Wahrheit zu versenken,...".(103) Denn es bedarf eben auch heute großen Mutes, in vieler Hinsicht, vor der entscheidenden Frage nicht auszukneifen, ob und wie das Hervorbringen des Gottesgedankens zum Menschsein des Menschen gehört, oder ob dies etwa nur ein Irrtum, etwa gar **die** große Selbstentfremdung des Menschen von sich selbst ist?

Schon sehr früh hat Hegel sich dem Programm einer Vermittlung von Glauben und Wissen verschrieben, wie dies explizit seine,

101   STW 6,494; GW 12,197

102   Vgl. Vorlesungen über die Beweise vom Dasein Gottes 14

103   Ebd. 177

1802 veröffentlichte, Studie "Glauben und Wissen"(104) bezeugt. Darüber hinaus muß daran erinnert werden, daß er im Tübinger Stift zuerst als Theologe ausgebildet wurde, weshalb seine Jugendschriften aus der Frankfurter bzw. Berner Zeit durchwegs von einer religiösen Thematik durchdrungen sind. Deshalb darf als gesichert angenommen werden, daß Hegel, trotz mancher Mängel in seiner Sicht, die Scholastik,(105) ihr Wesen und ihre Absicht, sehrwohl verstanden und aufgegriffen hat, wie Vernunft und Glauben zusammenzubringen sind. Anselms berühmtes "credo ut intelligam"(106) war Hegel wichtige Anregung, und das Wort des Großen von Canterbury, "negligentiae mihi esse videtur, si non studemus, quod credimus, intelligere",(107) war ihm gleichermaßen Anliegen.

Nun ist Hegel sein Mühen hoch anzurechnen, das ursprüngliche Diktum Anselms wieder aufzugreifen. Denn, wie D. Henrich (108) deutlich macht, wurde der ontologische Gottesbeweis von Kant in einer Form vorgefunden, die tatsächlich von der Prägnanz seines Ursprungs weit entfernt war. Am getreuesten, und fast wörtlich,

---

104   STW 2,287 f

105   Vgl. oben S. 153

106   Proslogion c.1, Stuttgart-Bad Cannstatt 1962, 84

107   Vorlesungen über die Beweise vom Dasein Gottes 6

108   D. Henrich, Der ontologische Gottesbeweis, Tübingen 1967, 2. Aufl.; vgl. auch J. Fellermeier, Der ontologische Gottesbeweis - Geschichte und Schicksal, in: ThGl (1974) 64. Jg., 249-286. Dieser Autor betont zwar richtigerweise die Wandlungen des Anselmischen Argumentes von Descartes über Leibnitz, Wolff, Baumgarten bis Kant. Doch fehlt unentschuldbarerweise jeder Hinweis auf Hegel. Ebenso muß die einseitige, sich auf den hl. Augustinus beziehende Auslegung des ontologischen Gottesbeweises kritisiert werden. Das herausragende Ereignis eines Anselm, inmitten der scholastischen Methode, war und ist ja der Entschluß, rein zu denken. Sein Glaube bezieht sich, so besehen, auf das intelligere derart, daß er dem Denken voll Vertrauen seine Freiheit läßt. Daher muß das Innerste des Anselmischen Gedankens von vorneherein verloren gehen, wenn ihm zwei Grundvoraussetzungen unterschoben werden, nämlich der Glaube und ein der Seele angeborenes Gottesbild (ebd. 250).

gibt Hegel dagegen diesen Gottesbeweis in den 'Vorlesungen über die Geschichte der Philosophie'(109) wieder.(110) Darum kann und soll vorerst Anselm selbst zu Worte kommen.

Zur besseren Erfassung und Durchdringung des Anselmischen Argumentes bietet sich ein kurzer Rückblick (111) an, wie Anselm überhaupt zu diesem Gedanken kam, über das Denken Gottes Existenz zu beweisen. Schon in seinem 'Monologion' aus dem Jahr 1076 hatte er Gott als das höchste Gut, als Substanz der höchsten Natur bezeichnet, über die es nichts Besseres gibt und die besser ist als alles, was nicht ist.(112) Anselm war aber klar, daß er dies erst über eine Argumentationskette gewinnen konnte. Ihm schwebte ein Argument vor, um Gottes Dasein, sein Wesen, seine Attribute und alles, was wir über die göttlichen Substanzen glauben, zu beweisen. Er fand es, nachdem er diesen Versuch schon

---

109   STW 19,555 f

110   Doch selbst in den 'Vorlesungen über die Beweise vom Dasein Gottes und in der Religionsphilosophie geschieht es immer wieder, daß Gott als das Vollkommenste, als Inbegriff aller Realität angegeben wird (vgl. Ph.d.R. II 2,49).

111   Einer der ganz bedeutsamen Vorläufer im Denken des Anselmischen Argumentes findet sich in Boethius (Consolationis philosophiae III,10p. Z.23-27). Nähe und Unterschied beider Formulierungen sollen dabei hervortreten, besonders die Grenze eines **vorausgesetzten** Guten (bonum), welches sich dann als das Beste erweisen läßt, während Anselm gerade die Voraussetzungslosigkeit seines Argumentes im Auge hat, welches ja nur im Denken des reinen Gedankens besteht. Zudem erreicht Anselms Denkargument die Existenz Gottes, wogegen die Formel des Boethius nur einen denkbar besten Gott auszuweisen imstande ist: "Deum, verum omnium principem, bonum esse communis humanorum conceptio probat animorum. Nam cum nihil deo melius excogitari queat, id, quo melius nihil est, bonum esse quis dubitet? - Daß Gott, der Ursprung aller Dinge, gut ist, beweist die gemeinsame Vorstellung aller Menschen. Da sich nichts Besseres als Gott ausdenken läßt, wer möchte zweifeln, daß das gut sei, über das hinaus es kein Besseres gibt?"

112   Monologion; lateinisch-deutsche Ausgabe hrsg. und mit einer Einführung versehen von F.S. Schmitt, Stuttgart-Bad Cannstatt 1964 c.15,77 f

als gescheitert abgetan hatte, in der Formel: **id quo maius cogitari nequit.**(113)

Was damit erreicht werden sollte, war wohl in apologetischer Absicht geschehen – um den Ungläubigen, den insipiens, den Tor – zu widerlegen (114) und den Gläubigen in seinem Glauben zu bestärken. Doch hierin erschöpft sich die Tiefe dieses Argumentes nicht. Denn nicht ein Glaubenssatz – daß Gott existiert – sollte, sola fide, beglaubigt werden, auch nicht ein Glaubenssatz, sola ratione, begründet werden, sondern der reine Gedanke soll aus sich selbst, nur durchs Denken, sola ratione, den Gottesgedanken erfassen derart, daß er zugleich die Wirklichkeit, Existenz Gottes beweist.(115) Dies geschieht im "unum argumentum",(116) in dem einen Gedanken.: id quo maius cogitari nequit.

Anselm beruft sich darauf, daß auch der insipiens versteht, was dies bedeutet. Denn jedwedes alltägliche Reden des einfachen Menschen gründet letztlich, bewußt oder unbedacht, in einem Vergleichen. Darin liegt der Fortschritt des 'maius' gegenüber einem 'melius', einem 'Besseren', 'Vollkommeneren'. Anselm bemüht sich sehr, sich hier auf eine allgemeine Erfahrung beziehen zu können, welcher sich auch der insipiens nicht zu entziehen vermag, da sonst jedes Argumentieren, ja alles Reden sprachlos würde. Im 'Monologion' hat Anselmus dem ungläubigen Toren vorgeführt, wie sehr selbst er diese Denkbewegung des 'id quo maius' mitvollzieht im alltäglichen Gespräch, wenn nur sein gesunder Menschenverstand zu Gebote steht. Und mit scharfem Unterton weist er auf die Folgen hin, die auf den sich dagegen sperrenden Toren harren – er sei dann fürwahr nicht ein Mensch zu nennen:

---

113   Proslogion c.2

114   Dies ist dieselbe Absicht, wie sie der hl. Thomas von Aquin in seiner 'summa de veritate catholicae fidei contra gentiles' sichtbar macht.

115   Dies bedeutet keineswegs eine Abkehr vom Programm 'credo ut intelligam'. Für Anselm besteht nämlich folgende Stufung, die er im Widmungsschreiben an Papst Urban II dargelegt hat: "Zwischen dem Glauben und der Schau steht die Einsicht, die wir in diesem Leben erfassen, in der Mitte" (zitiert nach F.S. Schmitt, Proslogion, Einführung 46).

116   Proslogion, prooemium 68

"Qui enim dubitat quod in natura sua ligno melior sit equus, et equo praestantior homo, is profecto non est dicendus homo".(117)

So versteht der Tor, was er hört und wird dies auch aus den oben angeführten Gründen schlecht bestreiten können, da sich seine Gegenargumentation demselben Verstehens-Maß, dem Gedanken 'id quo maius...', verpflichtet weiß. Was der Tor bestreitet, ist das **Sein** Gottes, welches im **Gedanken** 'id quo maius cogitari nequit' mitgedacht wird. Denn dieses scheint ihm uneinsichtig, daß das denkbar Größte zugleich das wirklich Größte ist.

Gerade hiermit steht und fällt der entscheidende Gedanke, um den Anselm so sehr gerungen hat: Das reine Denken, welches sich ausschließlich im Maß des Gedankens bewegt, führt an sich über das bloß gedachte Größte hinaus zum wirklichen Größten, weil es größer ist, wenn etwas existiert und nicht bloß gedacht wird. Wenn demnach das denkbar Größte nur im Denken ist, so ist es nicht das Größte, was ein Widerspruch ist. Deshalb muß das größte Gedachte auch wirklich existieren, um das **denkbar** (!) Größte zu sein.(118) Die 'Schlüssigkeit' des ontologischen Gottesbeweises besteht also nicht darin, daß zum denkbar Größten ein wirklich Größtes hinzugedacht wird, weil eben nur **ein** Größtes die Bedingung, ein **Größtes** zu sein, zu erfüllen vermag. Denn dann ergäbe sich ja sofort wieder die Frage, weshalb Denken und Sein zusammenfallen sollten?

Auf diesem Argumentationsniveau bewegt sich nun der Einwand des Mönchs Gaunilo in seiner Schrift 'Liber pro insipiente'. Diese Kritik zeigt, nach Hegel, dasselbe auf, wie "heutigentags Kant, daß das Sein und Denken verschieden sei: mit dem Denken ist noch gar nicht gesetzt, daß es sei".(119) Dieser Einwand durch-

---

117 Monologien c.4

118 Die so prägnante und karge Schlüsselstelle des 2. Kapitels im Proslogion, wo der reine Gedanke aus sich selbst seinen An-Schluß an die Wirklichkeit offenbart, heißt: "Et certe id quo maius cogitari nequit, non potest esse in solo intellectu. Si enim vel in solo intellectu est, potest cogitari esse in re; quod maius est. Si ergo id quo maius cogitari non potest, est in solo intellectu: id ipsum quo maius cogitari non potest, est quo maius cogitari potest. Sed certe hoc esse non potest. Existit ergo procul dubio aliquid quo maius cogitari non valet, et in intellectu et in re."

119 STW 19,559

zieht als roter Faden den Disput um den ontologischen Gottesbeweis durch alle Jahrhunderte. Kants berühmt gewordenen hundert
Talern, gleichwie Gaunilos denkbar vollkommener Insel (120) ist
sogleich entgegenzuhalten, daß sie Anselms Argument dort angrei-
fen, wo sich gar nicht sein springender Punkt befindet, nämlich
an einem bestimmten, d.h. dann eben endlichen Inhalt. Diese Art
der Verwerfung, der "die ganze Welt hintennachgelaufen ist",
kann demnach gar nicht anders, als einer formellen Logik zu
huldigen, bei der folglich "die Voraussetzung die ist, daß die
Einheit des Seins und Denkens die vollkommenste sei".(121) Die Einheit von Denken und Sein bleibt demnach eine uneinholbare Voraussetzung. Den Vorwurf Kants, "Sein ist offenbar kein reales
Prädikat, d.i. ein Begriff von irgend etwas, was zu dem Begriffe
eines Dinges hinzukommen könne",(122) hat etwa Gottlob Frege
aufgegriffen in seinem 1884 erschienenen Werk über den Begriff
der Zahl: Existenz ist keine Eigenschaft von Dingen, sondern von
Begriffen. Bejahung der Existenz ist nichts anderes, als die Verneinung der Nullzahl: "Weil Existenz Eigenschaft eines Begriffes
ist, erreicht der ontologische Beweis von der Existenz Gottes sein
Ziel nicht".(123)

Bevor wir darauf eingehen, wie Hegel den ontologischen Gottesbeweis des hl. Anselmus weiter radikalisiert, und dessen starre Logik in lebendige Bewegung überführt, soll noch der Gedanke, welcher im 'Proslogion' zur Verfügung steht, weiter vertieft werden.
Denn erst mit dem Kapitel 3 wird zunehmend klar, wie sehr
Anselm selbst in die Problematik der Einheit von Denken und Sein
eingetaucht ist.

Der Vorwurf, logische und ontologische Ebene nicht auseinander

---

120   "... non potes ultra dubitare insulam illam terris omnibus
       praestantiorem vere esse alicubi in re, quam et in intellec-
       tu tuo non ambigis esse; et quia praestantius est non in
       intellectu solo, sed etiam esse in re;" zitiert nach Proslo-
       gion, Appendix 142.

121   STW 19,558

122   K.r.V., B 626

123   G. Frege, Grundlagen der Arithmetik. Eine logisch-mathema-
       tische Untersuchung über den Begriff der Zahl, Hildesheim
       1977, 2. Aufl., 65

zu halten,(124) erweist sich weitestgehend als nicht zutreffend, da Anselms Argument ja erst mit der aufgebrochenen Trennung von Denken und Sein zutage treten konnte. Bei ihm kündigt sich schon der Graben der Neuzeit an, wie res cogitans und res extensa zusammenzubringen sind? Dagegen hat er den vielleicht einzigen Schlüssel geliefert, mit dem dieser Gordische Knoten zu entwirren ist – weshalb Hegel mit sicherem Blick diesen Gedanken derart über anderes Denken erhebt.

Im 2. Kapitel hat Anselm den Gedanken, daß das denkbar Größte auch 'in re' existiert und nicht bloß 'in intellectu' ausgeführt. Der reine Gedanke eines denkbar Größten geht aus sich selbst über in seine Wirklichkeit: Was kann darüber hinaus die Weiterführung im Kapitel 3, daß dies derart wirkliche Größte "sic vere est, ut nec cogitari possit non esse",(125) bringen? Ist darin bloß eine Pflichtübung zu sehen, um die Bewährung des Argumentes darzutun? Der einzig denkbare ernste Grund, weshalb Anselm sein Argument abzusichern sucht – wiewohl stets im Rahmen der Vorgabe des 'unum argumentum' des zweiten Kapitels – liegt in dem Einwand, daß sein Argument nicht die Wirklichkeit Gottes trifft, sondern allein die Wirklichkeit des Denkens beweist, wodurch die Realität der Dinge und Gegenstände wiederum **neben** der Wirklichkeit des Denkens stünde: "Beide Gegensätze sind nur in einer dritten Bestimmung – dem Höchsten –, die insofern als Regel außer ihnen ist, identisch und (nur) an ihm gemessen".(126)

Erst Hegel ist es vorbehalten, Größe und Grenze des ontologischen Gottesbeweises zu entdecken. Auch er vermag dieses nur, weil er die abstrakte, analytische Identität von Denken und Sein in Anselms Argument als solche (analytische!) erkennt, und die Notwendigkeit einer Erweiterung dieses an sich wahren Gedankens zur synthetischen und absoluten Identität einsieht.

Mit dieser Entdeckung, daß das wahre, aber abstrakte Gleichungs-Zeichen (die Einsicht in die Einheit von Denken und Sein beim Unendlichen) aufzuheben ist in den Gang der Selbstexplikation des reinen Gedankens, der das Übergegangensein von Sein und Nichts ist, war die Idee der Hegelschen Logik geboren. Erst diese 'Logik' vermag die Stadien der Verwirklichung des wahren, an sich wirklichen Gedankens darzustellen durch die Methode der

---

124   Vgl. D. Henrich, Gottesbeweis 6

125   Proslogion c.3, 86

126   STW 19,558

'Logik', daß der Weg des Gedankens zum (Selbst-)Begreifen ebenso schon der Weg des Begriffes selbst ist. Übergehen, Scheinen
und Begreifen sind die methodische Bewegung, deren jeweiliger
Verwirklichungs-Modus Dasein, Existenz und Objektivität sind.
Wie schon erwähnt,(127) liegen hier auch die Schaltstellen, an
denen das Anselmische 'unum argumentum' seine abstrakte Wahrheit zur konkreten Lebenswirklichkeit fortbildet.

Wie vermag sich also Anselm dem Verdacht zu entziehen, das Denken könne nur die Wahrheit und Wirklichkeit des Denkens beweisen, nicht jedoch Gott als das Wirklichkeitsganze von begreifen-
dem Denken und dinglicher Realität? Er wendet dagegen ein, daß
der Gedanke, das denkbar Größte müsse auch wirklich existieren,
nicht weggedacht werden kann. Das bedeutet nicht mehr und nicht
weniger, als daß das Denken an sich selbst zur Existenz des
denkbar Größten, zu Gott, in dem esse und existentia eins sind,
führt! Es bedeutet weiters, daß die einzige Weise, die zur Erkenntnis führt, daß Gott **ist**, das Denken selbst ist.

Die Folgen dieser letzten Einsicht hat erst Hegel gesehen und
darstellen können. Anselm hat den Weg vom endlichen Denken zur
Wirklichkeit Gottes wahrhaft vorgedacht: **Ein nur gedachtes Größtes wäre ein unvollkommener Inhalt.** Hegel denkt diesen höchsten
Punkt des Denkens aber nochmals weiter und erfaßt ihn so erst
in seiner lebendigen Tiefe: Denn "ein Inhalt, der nur **ist**, ohne
gedacht zu werden, wäre ebenso unvollkommen. (Davon spricht
man aber nicht; in der Tat, ist Gott nur Sein, würde er nicht
gewußt von sich selbst als Selbstbewußtsein von sich selbst; so
wäre er nicht Geist, ein Denken, das sich denkt.)".(128)

Dem folgend lassen sich von Hegel aus an Anselms Argument zwei
Mängel feststellen:
Einmal führt es wahrhaft zur Einheit von Denken und Sein. Die
Endlichkeit der endlichen Dinge, ihre Definition, ist, "daß in ih-
nen Begriff und Sein verschieden, Begriff und Realität, Seele und
Leib trennbar, sie damit vergänglich und sterblich sind; die ab-
strakte Definition Gottes ist dagegen eben dies, daß sein Begriff
und sein Sein **ungetrennt** und **untrennbar** sind".(129) Dies hat
Anselm durchschaut, jedoch gleichzeitig nur vermocht, Gott als
ganz abstraktes Größtes zu denken, in dessen Höhe sich jede

---

127   Vgl. oben S. 230 f

128   STW 19,557

129   STW 5,92 Anm. 1

Lebens-Bedeutsamkeit für den Menschen verflüchtigen mußte.

Zum zweiten erweiterte Hegel das Argument, durch das Auflösen des '=' Zeichens von Denken und Sein, in seiner Deduktion des Gedankens als Weg der Selbstbestimmung des Begriffs zu sich selbst. Damit war der Weg zur Einsicht frei geworden, daß die abstrakte Identität Gottes, die Einheit von Denken und Sein als Dasein, über sich selbst hinausführt zur Existenz und zur begriffenen Objektivität. Das denkbar Größte hat es nicht bloß an sich, sich über die Endlichkeit des reinen Denkens als Unendliches zu zeigen, und darin den Wahrheitsanspruch des reinen Denkens zu bestätigen und zu verwirklichen, um sich darin zu genügen, sondern zeigt ebenso, daß der Weg des Gedankens zu seinem Selbstbegreifen nicht nichts ist angesichts des Größten, Absoluten, Gottes, sondern dessen immanente Wahrheit und Wirklichkeit, "**die Darstellung Gottes...** wie er in seinem **ewigen Wesen vor Erschaffung der Natur und eines endlichen Geistes ist**".(130)

Indem Gott sich im reinen Gedanken dem Denken zu erkennen gibt, kann gesagt werden, daß er nur im und für das Denken ist. Darin entbirgt sich einer der entscheidenden Punkte des ontologischen Gottesbeweises: daß der **Gedanke als Begriff keinerlei Wahrheitskriterium** an sich hätte, beinhaltete das ontologische Argument nicht wenigstens die **Wirklichkeit des denkbar Größten**. Deshalb war Kant gezwungen, einen Halt **unter** der Denkschwelle, im Empirischen, zu suchen.(131) Dagegen zeigt sich für Hegel die Wirklichkeit des Denkens an ihm selbst. Das Denken hat die Natur, "daß es für sich genommen sich selbst negiert... sich selbst zum Sein bestimmt". Hierin zeigt sich zugleich mehr, was meist übersehen wird: "Umgekehrt müßte ebenso am Sein aufgezeigt werden, daß es seine eigene Dialektik ist, sich selbst aufzuheben, dann sich zu setzen als das Allgemeine, als der Gedanke".(132) Wie sich demnach der Gedanke als begriffener objektiviert "und seinen Mangel, subjektiv zu sein" aufhebt "zur **Idee**",(133) ebenso entschließt sich das Sein zu seinem Anderen als dem Gedanken!

---

* 130   STW 5,44; GW 11,21

131   Vgl. auch O. Marquard, Schwierigkeiten mit der Geschichtsphilosophie 62 f

132   Die letzten Zitate finden sich allesamt in: STW 19,558

133   STW 6,409; GW 12,132

Gott ist also **für das Denken** als die **Wirklichkeit des Denkens wahrhaft gedacht.** Der Unterschied zwischen Anselm und Hegel läßt sich nunmehr so angeben:
Der reine Gedanke vermag sich bezüglich seiner Wahrheit und Wirklichkeit nicht wegzudenken – soweit reicht Anselms Einsicht – wie anders sich das Denken ohne diesen Weg ebensowenig denken kann – darin führt Hegel den abstrakten Gottesgedanken über in seine gegenwärtige Offenbarung als Geist. Dies darzutun war Aufgabe der 'Wissenschaft der Logik'.

Gerade sie zeigte jedoch an ihrem Ende nicht nur den Rückgang in die Unmittelbarkeit des Seins, welches sich nun ebenso als erfülltes Sein begreift, sondern auch die Erweiterung zum trinitarischen System-Ganzen.

Von diesem Punkt hängen nicht bloß die Lebendigkeit, Wirklichkeit, wie auch die Wahrheit des ontologischen Gottesbeweises ab; vielmehr entscheidet sich hier das ganze Hegelsche System. Der logische Begriff Gottes als absolute Idee hat sich selbst als sein Anderes begriffen. Diese zeitlose Selbstbestimmung, die absolute Negativität, das Nichts-mehr-außer-sich-Haben des begriffenen Gedankens, zeigt das Selbst-Maß des göttlichen Begriffs: "Gott als Geist ist nur als das, was man dreieinig nennt; er ist seine Manifestation, (sein) sich Objektivieren und identisch mit (sich) in dieser Objektivierung zu sein, die ewige Liebe".(134)

Dies große Wort, daß Gott Geist ist und dieser nur als Trinität zu begreifen ist, welche ewige Liebe, d.h. neidloses Sich-Mitteilen, grundloses Sich-Verschenken ist, umfaßt das trinitarische Wirklichkeitsganze, welches wir **Gotteslogik** nennen. DASS Gott nur als dreieiniger konkret gedacht werden kann, ist Hegels genuine Erweiterung des ontologischen Gottesbeweises. Daß Gott Geist, dreieiniger Gott ist, das ist "das **Mysterium** Gottes".(135) Dieses, dem spekulativen Denken sich offenbarende, Geheimnis hat seine Wahrheitsbasis in der sich selbst begreifenden Idee, deren Darstellung die 'Logik' ist.

Seine realsystematische 'Erweiterung', seine gleichzeitige Realisation in allen Wirklichkeitssphären, findet jedoch in Raum und Zeit statt. Hegel versucht nicht über diese Faktizität des Empirischen, des unverfügbar Geschichtlichen, hinauszugehen. Er vermag sie jedoch zu durchschauen als Stufen der Realisation des

---

134   Ph.d.R. II 2,184

135   Ph.d.R. II 2,57; vgl. auch Ph.d.R. I 1,41

Geistes, der im Denken seine Wahrheit und Wirklichkeit abbroviatorisch, im 'Zugleich', endgültig gesetzt hat.

So bleibt abschließend die Frage zu stellen, inwieweit das Hegelsche System dem Begriff der Freiheit gerecht zu werden vermag. Wieweit Hegels alles erfassendes Denk-System der Wirklichkeit begrifflich vorgreift, so daß die von ihm so sehr hervorgehobene "absolute Befreiung", "daß die Idee sich **frei entläßt** ...",(136) als konkrete Freiheit der Notwendigkeit, der List des Begriffs anheimfällt? Näherhin heißt das Problem, ob und wie weit die spekulative, absolute Methode der Verwirklichung von personaler Freiheit dient? Zusammenfassend lassen sich diese Fragen so zentrieren: Sind das Selbstverständnis Gottes und des Menschen im Selbst-Maß des trinitarischen Begriffs derart auszumitteln, daß **Erkennen** und **Anerkennen**, **Denken** und **Liebe** dasselbe sind?

---

136   STW 6,573; GW 12,253

Fünftens

TRINITARISCHER BESCHLUSS UND ENTSCHLUSS: ERKANNTE WAHRHEIT – ANERKANNTE WIRKLICHKEIT

Den Abschluß und Ausblick unserer Überlegungen einer möglichen 'Gotteslogik', wie sie G.W.F. Hegel in seinem Entwurf eines systematischen, trinitarischen Geist-Ganzen vorgestellt hat, soll nun nicht einfach ein Resümee alles bisher Gedachten bilden. Vielmehr soll auf dem Grunde einer so begriffenen Wirklichkeit versucht werden, Größe und Grenze dieses Hegelschen Systems derart auszuleuchten, daß an ihm selbst seine schweigende-verschwiegene Innerlichkeit deutlich hervortritt. Mit Absicht wird dabei darauf verzichtet, ein abschließendes Summarium gängiger Hegelkritik zu liefern, welche in der vorliegenden Arbeit deshalb eher marginal beansprucht worden ist, um die Sicht für eine Rezeption des Hegelschen Gedankens der trinitarischen Verfassung aller Wirklichkeit nicht allzusehr zu verstellen. Denn es sollte sich als viel ergiebiger und auch interessanter erweisen, an Hegels eigenen Überlegungen dem Punkt nachzuspüren, an dem sein philosophischer Geist Bescheidenheit zeigt und Bescheid erfährt.

Wenn Hegel eine Apologie des Christentums liefern wollte und sein gewaltiger systematischer Entwurf sich letztlich ohne den Begriff der trinitarischen Wirklichkeit – und des dreieinen Gottes – gar nicht verstehen läßt, dann offenbart sich darin eine umfassende, unumgängliche theo-logische Fragestellung, hinter welcher das leidliche Problem des Verhältnisses von Philosophie und Theologie steckt. Eine vollständige Darstellung dieser komplexen Beziehung würde den Rahmen eines abschließenden Gedankenganges sprengen. Immerhin umfaßt sie eine – entscheidende – Weise eines heutigen, fragenden Denkens: Ist die Wirklichkeit als solche und ein ihr entsprechendes Denken ohne die Wirklichkeit Gottes denkbar und möglich? Führt nicht gerade ernstgenommenes philosophisches Denken aus sich heraus zur Konsequenz des Atheismus oder Agnostizismus? Hat sich das Feuer eines metaphysischen Glaubens nunmehr endgültig als Irrlicht erwiesen? Ist die Hinterlassenschaft griechisch-abendländischer, jüdisch-christlicher Weisheit bloß mehr das traurige neuzeitliche monadisch-atomare Lied, daß uns Gott als Waisen zurückgelassen hat? Gibt es einen schrecklicheren, kälteren Gedanken als jenen, der Friedrich Nietzsche bedrängte: "... Doch man wird es begriffen haben, worauf ich hinaus will, nämlich daß es immer noch ein **metaphysischer Glaube** ist, auf dem unser Glaube an die Wissenschaft ruht – daß auch wir Erkennenden von heute, wir Gottlosen und Antimetaphysiker, auch **unser** Feuer noch von dem Brande nehmen, den ein jahrtausendealter Glaube entzündet hat, jener Christen-Glaube, der auch der Glaube Platos war, daß Gott die Wahrheit ist, daß die Wahrheit göttlich ist... Aber wie, wenn dies gerade immer mehr unglaubwürdig wird, wenn nichts sich mehr als göttlich erweist, es sei denn der Irrtum, die Blindheit, die Lüge – wenn Gott selbst sich als unsere längste Lüge erweist?"(1)

Nun darf als eine der intimen Wurzeln Hegelschen Denkens, an der sein eigener 'intellectus fidei' sich entzündet hat, die Menschwerdung Gottes und mit ihr die Manifestation der göttlichen Trinität angesehen werden. Dabei verstand es sich von selbst, daß dem vornehmlichen Philosophen Hegel in der Augustinischen Formel 'intellege, ut credas-crede, ut intellegas' die rechte Reihenfolge, nämlich die Präferenz des vernünftigen Verstehens vor dem Glauben angelegen war. Damit verbunden war bei Hegel stets eine theologiekritische Note des Denkens: Der Kompetenzstreit zwischen Philosophie und Theologie wurde auch von Hegel unter dem Zeichen der neuzeitlichen Selbstbestimmungskompetenz des Menschen in seinem Denken, seinem Bewußtsein und seiner Realitätsbewältigung ausgetragen. Als eine der Folgen solchen Denkens ergab sich bekanntlich – nach Hegel – unbestritten der selbstherrliche Aufschwung des Menschen, bzw. der Menschheit, auf den verwaisten Thron des Absoluten. Für Hegel selbst darf jedoch als verbürgt angenommen werden, daß er in diesem Kompetenzstreit nie die Einheit von Vernunft und Glaube aus dem Blick verlor. Ja, es war Hegels Absicht, die Philosophie als die wahre Theologie, als den wahren Gottesdienst auszuweisen. Gerade dieses hielt ihn nicht ab, gegen einen aufgeklärten Rationalismus (2) das wahre Zeugnis des Geistes in der christlichen Religion hervorzuheben, wie er andererseits sich gegen eine fideistische Gefühlstheologie verwahrte, welche sich auf eine unmittelbare Offenbarung, ein unmittelbares Wissen von Gott berief.(3)

---

1   Fr. Nietzsche, Die fröhliche Wissenschaft, 5. Buch / 344; Werke (Hrsg. K. Schlechta) Bd. 2, München 1973, 7. Aufl., 208

2   Vgl. Ph.d.R.II 2,225: "Die Aufklärung, diese Eitelkeit des Verstandes."

3   Vgl. Ph.d.R. I 1,48

Die Wahrheit dieses Zeugnisses herauszustellen, und im Geist-Begriff vollends einer vernünftigen Einsicht und Rechtfertigung zuzuführen, war Hegels Ziel. Seine intellektuelle Redlichkeit führte ihn dazu, nach einem Subjekt dieser Geist-Einheit, nach dem Ort der Identität von Philosophie und Theologie, Wissen Gottes vom Menschen und Wissen des Menschen von Gott zu suchen. Diesen Punkt der Versöhnung, wo Geist für den Geist ist, sieht Hegel in der philosophischen Gemeinde erreicht.(4)

Hier findet sich jedoch der ausgezeichnete Punkt des Übergehens wieder, der uns schon vom Ende der 'Phänomenologie des Geistes' und vor allem aus der 'Wissenschaft der Logik' bekannt ist. Hegel sieht sich am Ende seiner 'Vorlesungen über die Philosophie der Religion' der Frage ausgesetzt, ob die Geist-Gemeinde partiell auf einen philosophischen Priesterstand beschränkt bleibt, oder ob hier, "(da ein) ewiges Reich Gottes etabliert (worden ist) ... das Untergehen – ein Übergang zum Himmelreich – nur für die einzelnen Subjekte, nicht für die Gemeinde"(5) ist?

Wo liegt der Kern dieses Problems, welches Hegel so sehr bewegt, daß er sich auf das Evangelium beruft, wo "Christus (sagt): die Pforten der Hölle werden meine Lehre nicht überwältigen"?(6)

Mit Fug darf hier festgehalten werden, daß sich hier vielleicht die entscheidende Krisis der Hegelschen Philosophie zeigt: Das spekulative Programm der **Versöhnung** erweist sich als **erlösungsbedürftig**. In einem ganz anderen Zusammenhang hat dies Hegel so beschrieben: "Man kann sagen, wo ein Volk aus seinem konkreten Leben überhaupt heraus ist,... – erst dann wird philosophiert. Der Geist flüchtet in die Räume des Gedankens, und gegen die wirkliche Welt bildet er sich ein Reich des Gedankens. Die Philosophie ist dann die Versöhnung des Verderbens, das der Gedanke angefangen hat. Die Philosophie fängt an mit dem Untergange einer reellen Welt;... und es ist ihre Versöhnung eine Versöhnung nicht in der Wirklichkeit, sondern in der ideellen Welt."(7) Wenngleich Hegel diese Bemerkung wohl mehr im Hinblick auf die Philosophen Griechenlands macht, so bleibt sie am Ende

---

4   Vgl. Ph.d.R. II 2,231 f

5   Ph.d.R. II 2,231

6   Ph.d.R. II 2,231; Mt 16,18: Dort steht nicht 'Lehre' sondern meine 'Kirche'.

7   STW 18,71 f

unserer Überlegungen von ganz bezeichnender, konkreter Aktualität und dies in zweierlei Hinsicht:

Zum einen steht das philosophische Versöhnungsprogramm, wie wir es in der trinitarischen Komposition der Geist-Wirklichkeit gefunden haben, in seiner Voll-Endung stets wieder am Anfang – sei es seiner selbst oder seiner komplementären, gleichursprünglichen, koextensiven Wirklichkeitsdimensionen: An diesem Punkte des **Übergehens** übernimmt sich das Hegelsche System stets und konsequent und es schlägt auf Hegel gerade der Mangel zurück, den er von Schillers großem Weltenmeister übernimmt: stets neu aus "dem Kelch des ganzen Seelenreiches" sich "Spiegel seiner Seligkeit",(8) ein unendliches Geisterreich (9) schaffen zu müssen, um nicht der leblose Einsame zu sein.

Dies führt nun direkt zum berechtigten Vorwurf der christlichen Theologie, Hegel habe die Freiheit Gottes, eine Natur, eine Welt, den Menschen zu schaffen, aufgehoben zugunsten der Notwendigkeit, daß Gott nur als Schöpfer (sein) Sein und Wesen zu erhalten vermag.(10)

Zum anderen zeigt sich – am Punkt der systematischen Erweiterung zum trinitarischen System-Ganzen – an diesem **Übergehen**, daß Hegel hier etwas, ein Mehr, **übernimmt**, welches wir als 'verstehendes Vernehmen', 'ununterschiedenes Unterscheiden', 'Bedeuten' kennengelernt haben. Nun dürfte, nach allem Dargelegten, offensichtlich sein, daß hiermit keine neuerliche Voraussetzung gesetzt ist, an der sich die Hegelsche System-Schlange in den Schwanz beißt. Vielmehr zeigt sich hier Hegels innerste, seit seinen Jugendschriften mitschwingende, Überlegung, wie sich Freiheit und Liebe der Wirklichkeit des Geist-Ganzen mitteilen? Anders gewendet heißt die Frage, ob sich die 'logische' Region der Wirklichkeit am Ende nicht viel eher als Religion freier Anerkennung, als Reich personaler Freiheit entschlüsseln läßt? Gibt der Sinn der 'Logik', welche in ausgezeichneter Weise das Wesen des trinitarischen Ganzen an ihr selbst ausweist und ausdrücklich macht, den Blick frei auf eine Anweisung zum Leben in gegenseitiger, freier, liebender **Anerkennung**? Entbirgt sich damit nicht der

---

8   STW 18,96

9   Vgl. STW 3,591; GW 9,434

10   Vgl. W. Pannenberg, Gottesgedanke 103 f; L. Oeing-Hanhoff, Hegels Trinitätslehre. Zur Aufgabe ihrer Kritik und Rezeption, in: ThPh 52 (1977), 386

alles entscheidende Entschluß des Menschen zu sich selbst, zu seiner Freiheit?

Aus guten Gründen soll hier, am Punkt des Übergehens, die entscheidende Erweiterung, die Übernahme, die vernehmende Annahme des Menschen als Selbstbestimmung, Selbstbewußtsein und Selbstbesitz festgestellt werden. Diesen in Freiheit getanen Schritt des Begriffs, sich selbst als Selbst-Identität anzunehmen, nennt Hegel "die **reine Persönlichkeit**, die ... **alles in sich befaßt** und hält, weil sie sich zum Freisten macht, – zur Einfachheit, welche die erste Unmittelbarkeit und Allgemeinheit ist."(11) Deshalb muß – und kann nun – mit Entschiedenheit der Ansicht entgegengetreten werden, "Hegels Denken" habe sich dem "unvermittelbaren Anspruch personalen Geheimnisses in der Erfahrung von Leben und Liebe" nicht gestellt, weil es ihn "schon überstiegen hat".(12) Es sollte klar sein, daß Hegel hier, am Punkte des intensivsten Außersichgehens, der reinterpretierten Durchsichtigkeit des Anfanges von seinem Ende her, nicht ein eigentlich subjektloses Denk-Prinzip (wie etwa Kants transzendentales 'Ich denke') meint, sondern die sich selbst vollbringende Gestalt des **Ganzen als Person**.

Wenn die Sinnspitze der trinitarisch verfaßten Wirklichkeit den Begriff der Person freit, führt dies wiederum zur Frage nach der Realisation dieser frei sich zu erkennen gebenden und in Freiheit anerkannten Person! Hier ist also der Ort, die unendliche Bedeutung der Menschwerdung Gottes in Jesus Christus zu begreifen: "Erst in dem christlichen Prinzip ist wesentlich der individuelle persönliche Gott von unendlichem, absolutem Werte... In der christlichen Religion kam die Lehre auf, daß vor Gott alle Menschen frei, daß Christus die Menschen befreit hat, sie vor Gott gleich, zur christlichen Freiheit befreit sind."(13) Im Menschensohn offenbart sich auch das Wesen Gottes, der "nur so als **Geist** erkannt" wird, "indem er als der Dreieinige gewußt wird. Dieses neue Prinzip ist die Angel, um welche sich die Weltgeschichte dreht."(14)

---

11   STW 6,570; GW 12,251

12   J. Splett, Die Trinitätslehre G.W.F. Hegels, München 1965, Reprint 1978, 154

13   STW 18,68

14   STW 12,386

In Jesus Christus zeigt sich aber nicht bloß Gott als Dreieiner, sondern seine Oikonomia offenbart darüber hinaus den 'Ewigen Sohn' als 'Menschensohn', d.h. das unendliche und unüberbietbare Bild von Gleichnis des Menschen schlechthin: die **Person**, die in jedem Menschen das Mysterium der Trinität entbirgt. Allein in diesem Person-Begriff läßt sich die Nahtstelle von immanenter und ökonomischer Trinität finden und darin liegt auch der Grund, den Gedanken einer 'Ewigen Menschwerdung Gottes' – den ewigen Menschensohn sitzend zur Rechten des Vaters – in Erwägung zu ziehen.

Nun erst tritt deutlich hervor, was wir schon als Krisis des Hegelschen Versöhnungsprogrammes erkannt haben: Die Erweiterung, das Übergehen der jeweiligen Wirklichkeitsdimension zum trinitarischen Geist-Ganzen geschieht in der tiefsten, sinnvollsten Verwirklichung in der freien Persönlichkeit, wie sie in Jesus Christus sich in absoluter Weise manifestiert hat. Das Agens, der Antrieb zu diesem sich **vorbehaltlos hingebenden Übergehen** kann jetzt als **liebende Anerkennung** entziffert werden. Darin ereignet sich auf unverrechenbare Weise, was die Christen als ein Mysterium ihres Glaubens anerkennen: das Geschenk (die Gnade) frei gewährter Erlösung, an welcher sich jene vorgreifende philosophische Versöhnung ihr Ende eingestehen muß und alles philosophische Sagen notwendig versagt, um den Menschen mit Staunen über sein einmaliges, unwiederholbares Selbst erfüllen zu können.(15) Das Denken bis an diesen Punkt der notwendigen und unumgänglichen Anerkennung herangeführt und diesem Weg ein Maß und eine Methode in der Darstellung der trinitarischen Verfassung der Wirklichkeit gegeben zu haben ist Hegels unverlierbares Verdienst und gar nicht hoch genug zu schätzen.

Darüber hinaus erst wird in diesem anerkennenden, sich hingebenden **Tun der Liebe**, in diesem **selbstlosen Zulassen**, sichtbar, daß **der Mensch die Offenbarung des Wesens Gottes** ist,(16) weil der Mensch auf Erden die einzige von Gott um ihrer selbst gewollte Kreatur ist.(17)

---

15   Vgl. Papst Johannes Paul II, Enzyklika: Redemptor hominis 10: "Dieses tiefe Staunen über den Wert und die Würde des Menschen nennt sich Evangelium, Frohe Botschaft."

16   Vgl. K. Krenn, Maria und das wahre Menschsein. Präambeln zu einer Mariologie aus den Grundaussagen der Enzyklika 'Redemptor hominis'

17   Vgl. II. Vat.Konzil, Pastoralkonstitution, Gaudium et Spes, 24

So steht am Ende unserer Überlegungen, unseres Gedankenganges mit Hegel, der **'Einfache Mensch'**, der in seiner erlösten, schlichten Einfachheit zur maßgeblichen Wirklichkeit wird und so die Gegenwart des Ganzen im unendlichen Maß von Erlösung und Liebe ist.

An dieser Stelle sprengt der einfache Mensch alle philosophische Lösung, da er einen Erlöser gefunden hat. So überführt (in jedem Wortsinn) er jene des Irrtums, die glauben, sich der Wahrheit ohne Huldigung nähern zu können. Aber auch hier hat Hegel weit vorgedacht und seinem wohl anstrengendsten Werk ein Motto vorangestellt, welches letztlich und allein den Versuch der Darstellung einer 'Gotteslogik' rechtfertigen mag: Alles Denken geschieht ja "nicht um eines Nutzens, sondern um des Segens willen".(18)

---

18   STW 6,14; GW 11,6

LITERATURVERZEICHNIS

I. Werke G.W.F. Hegels

G.W.F. Hegel, Werke in zwanzig Bänden. Auf der Grundlage der Werke von 1832-1845 neu edierte Ausgabe. Redaktion E. Moldenhauer und K.M. Michel, Frankfurt/M 1971 (zit.: STW)

- Gesammelte Werke. In Verbindung mit der Deutschen Forschungsgemeinschaft herausgegeben von der Rheinisch-Westfälischen Akademie der Wissenschaften (zit.: GW)

Bd. 9: Phänomenologie des Geistes, hrsg. von W. Bonsiepen und R. Heede, Hamburg 1978

Bd. 11: Wissenschaft der Logik. Erster Band, Die objektive Logik (1812/13), hrsg. von Fr. Hogemann und W. Jaeschke, Hamburg 1978

Bd. 12: Wissenschaft der Logik. Zweiter Band, Die subjektive Logik (1916), hrsg. von Fr. Hogemann und W. Jaeschke, Hamburg 1981

- Vorlesungen über die Philosophie der Religion, hrsg. von G. Lasson, Hamburg 1974, Nachdruck der ersten Auflage von 1925 (zit.: Ph.d.R.)
Bd. I, Halbband 1: Begriff der Religion
       Halbband 2: Die Naturreligionen
Bd. II, Halbband 1: Die Religionen der geistigen Individualität
       Halbband 2: Die absolute Religion

- Vorlesungen über die Beweise vom Dasein Gottes, hrsg. von G. Lasson, Hamburg 1973, Nachdruck der ersten Auflage von 1930

Briefe von und an Hegel, 4 Bde.
Bd. 1-3 hrsg. von J. Hoffmeister, Hamburg 1969, 3. Aufl.
Bd. 4/1 hrsg. von F. Nicolin, Hamburg 1977, 3. Aufl.

II. Verzeichnis der übrigen Literatur

Adorno, Th.W., Drei Studien zu Hegel, Frankfurt/M 1974

- Negative Dialektik, Frankfurt/M 1982, 3. Aufl.

Albert, H., Das Elend der Theologie, Hamburg 1979

- Theologische Holzwege, Tübingen 1973

- Traktat über kritische Vernunft, Tübingen 1975, 3. Aufl.

- Traktat über rationale Praxis, Tübingen 1978

- Transzendentale Träumereien, Hamburg 1975

Anselm von Canterbury, Monologion. Lateinisch-deutsche Ausgabe, hrsg. und mit einer Einführung versehen von F.S. Schmitt, Stuttgart-Bad Cannstatt 1964

- Proslogion. Lateinisch-deutsche Ausgabe, hrsg. und mit einer Einführung versehen von F.S. Schmitt, Stuttgart - Bad Cannstatt 1962

- Cur deus homo. Lateinisch-deutsche Ausgabe, hrsg. von F.S. Schmitt, München 1970, 3. Aufl.

Bloch, E., Atheismus im Christentum. Zur Religion des Exodus und des Reiches. Frankfurt/M 1968

- Subjekt - Objekt. Erläuterungen zu Hegel. Frankfurt/M 1977

Boethius, A.M.S., Consolationis philosophiae libri quinque. Lateinisch-deutsch, hrsg. von E. Gegenschatz und O. Gigon, Zürich-Stuttgart 1969, 2. Aufl.

Bröcker, W., Formale, transzendentale und spekulative Logik, Frankfurt/M 1962

Brugger, W., Summe einer philosophischen Gotteslehre, München 1979

Brunner, A., Dreifaltigkeit. Personale Zugänge zum Geheimnis, Einsiedeln 1976

Cramer, K., Zur formalen Struktur einer Philosophie nach Hegel, die als Kritik soll auftreten können, in: R. Bubner, K.

Cramer, R. Wiehl (Hrsg.), Hermeneutik und Dialektik ll, Tübingen 1970, 147-179

Döring, H., Gotteserkenntnis oder Gotteserfahrung? In: ThGl 64 (1974), 89-114

Fellermeier, J., Der ontologische Gottesbeweis – Geschichte und Schicksal, in: ThGl 64 (1974), 249-286

Ferrara, V.J., Some Reflexions on the Being – Thought Relationship in Parmenides, Anselm and Hegel, in: Analecta Anselmiana Bd. III, Frankfurt/M 1972, 95-111

Fetscher, I., Hegels Lehre vom Menschen, Stuttgart-Bad Cannstatt 1970

Feuerbach, L., Werke in sechs Bänden, hrsg. von E. Thies, Frankfurt/M 1975 und 1976

Fink-Eitel, H., Hegels phänomenologische Erkenntnistheorie als Begründung dialektischer Logik, in: PhJ 85 (1978), 242-258

Flasch, K., Die Beurteilung des Anselmianischen Arguments bei Thomas von Aquin, in: Analecta Anselmiana Bd. IV/1, Frankfurt/M 1975, 111-125

Frege, G., Grundlagen der Arithmetik. Eine logisch-mathematische Untersuchung über den Begriff der Zahl, Hildesheim 1977, 2. Aufl.

Frey, Chr., Reflexion und Zeit. Ein Beitrag zum Selbstverständnis der Theologie in der Auseinandersetzung vor allem mit Hegel. Gütersloh 1973

Fulda, H.F./Horstmann, R.-P./Theunissen,M., Kritische Darstellung der Metaphysik. Eine Diskussion über Hegels 'Logik'. Frankfurt/M 1980

Fulda, H.F./Henrich, D. (Hrsg.), Materialien zu Hegels 'Phänomenologie des Geistes', Frankfurt/M 1974, 4. Aufl.

Gadamer, H.-G., Hegels Dialektik. Sechs hermeneutische Studien, Tübingen 1980, 2. Aufl.

Grabmann, M., Die Geschichte der scholastischen Methode Bd. 1, Berlin/Graz 1956

Greshake, G., Gottes Heil – Glück der Menschen. Theologische Perspektiven. Freiburg/Basel/Wien 1983

Günther, G., Grundzüge einer neuen Theorie des Denkens in Hegels Logik, Hamburg 1978, 2. Aufl.

Habermas, J., Erkenntnis und Interesse, Frankfurt/M 1975, 5. Aufl.

Heidegger, M., Hegels Begriff der Erfahrung, in: Holzwege, Frankfurt/M 1972, 5. Aufl.

–   Identität und Differenz, Pfullingen 1957, 4. Aufl.

–   Sein und Zeit, Tübingen 1972, 12. Aufl.

–   Was ist Metaphysik? Frankfurt/M 1975, 11. Aufl.

Henrich, D., Der ontologische Gottesbeweis, Tübingen 1967, 2. Aufl.

–   Fichtes ursprüngliche Einsicht, Frankfurt/M 1967

–   Formen der Negation in Hegels Logik, in: Horstmann, R.-P. (Hrsg.), Seminar: Dialektik in der Philosophie Hegels, Frankfurt/M 1978

–   Hegel im Kontext, Frankfurt/M 1975, 2. Aufl.

–   Selbstbewußtsein, in: Bubner, R./Cramer, K./Wiehl, R. (Hrsg.), Hermeneutik und Dialektik I, Tübingen 1970, 257–284

Jüngel, E., Gott als Geheimnis der Welt, Tübingen 1978, 3. Aufl.

Kant, I., Werkausgabe in 12 Bdn., hrsg. von W. Weischedel, Frankfurt/M 1977, 2. Aufl.

–   Kritik der reinen Vernunft, hrsg. von R. Schmidt, Hamburg 1956

Kasper, W., Der Gott Jesu Christi, Mainz 1982

Kern, W., Das Verhältnis von Erkenntnis und Liebe als philosophisches Grundproblem bei Hegel und Thomas von Aquin, in: Scholastik 34 (1959), 394–427

Kern, W., Dialektik und Trinität in der Religionsphilosophie Hegels. Ein Beitrag zur Diskussion mit L. Oeing-Hanhoff, in: ZKTh 102 (1980), 129-155

- Menschwerdung Gottes im Spannungsfeld der Interpretationen von Hegel und Kierkegaard, in: A. Ziegenaus (Hrsg.), Wegmarken der Christologie, Donauwörth 1980

- Philosophische Pneumatik. Zur theologischen Aktualität Hegels, in: W. Kasper (Hrsg.), Gegenwart des Geistes. Aspekte der Pneumatologie, Questiones disputatae 85, Freiburg/Basel/Wien 1979, 54-90

Kessler, A.S./A. Schöpf/Chr. Wild, Erfahrung, in: HPhG Bd. 2, München 1973

Koch, T., Differenz und Versöhnung. Eine Interpretation der Theologie G.W.F. Hegels nach seiner 'Wissenschaft der Logik', Gütersloh 1967

Kohlenberger, H., Die Anselmrezeption bei Hegel, in: Analecta Anselmiana Bd. IV/1, Frankfurt/M 1975, 255-260

Kolakowski, L., Der Mensch ohne Alternative. Von der Möglichkeit und Unmöglichkeit, Marxist zu sein. München 1976

Kopper, J., Kants Stellungnahme zum ontologischen Gottesbeweis in seinen Randbemerkungen zu Eberhards 'Vorbereitung zur natürlichen Theologie', in: Analecta Anselmiana Bd. IV/1, Frankfurt/M 1975, 249-253

Krenn, K., Die scholastische Methode als anthropologische Austragung der Wahrheit, in: ThGl Teil 1: Bd. 64 (1974), 411-429; Teil 2: Bd. 65 (1975), 99-123

- (Hrsg.), Die wirkliche Wirklichkeit Gottes, München/Paderborn/Wien 1974

- (Hrsg.), Der einfache Mensch in Kirche und Theologie, Linz 1974

- Maria und das wahre Menschsein. Präambeln zu einer Mariologie aus den Grundaussagen der Enzyklika 'Redemptor hominis', o.A.

- Vermittlung und Differenz? Vom Sinn des Seins in der Befindlichkeit der Partizipation beim hl. Thomas von Aquin,

Roma 1962

Krüger, G., Religiöse und profane Welterfahrung, Frankfurt/M 1973

– Die dialektische Erfahrung des natürlichen Bewußtseins bei Hegel, in: R. Bubner/K. Cramer/R. Wiehl (Hrsg.), Hermeneutik und Dialektik I, Tübingen 1970, 285-303

Lakebrink, B., Freiheit und Notwendigkeit in Hegels Philosophie, in: Hegel-Studien Beiheft 1 (1964), 181-192

– Kommentar zu Hegels 'Logik' in seiner 'Enzyklopädie' von 1930, Bd. 1: Sein und Wesen, Freiburg/München 1979

– Studien zur Metaphysik Hegels, Freiburg 1969

Löwith, K., Gott, Mensch und Welt in der Metaphysik von Descartes bis zu Nietzsche, Göttingen 1967

– Hegels Aufhebung der christlichen Religion, in: Hegel-Studien Beiheft 1 (1964), 193-236

– ˙ Heidegger. Denker in dürftiger Zeit, Göttingen 1960, 2.Aufl.

Marcuse, H., Hegels Ontologie und die Theorie der Geschichtlichkeit, Frankfurt/M 1975, 3. Aufl.

Marquard, O., Schwierigkeiten mit der Geschichtsphilosophie, Frankfurt/M 1973

Marx, W., Hegels Phänomenologie des Geistes. Die Bestimmung ihrer Idee in 'Vorrede' und 'Einleitung', Frankfurt/M 1981, 2. Aufl.

Maurer, R., Rezension zu: M. Theunissen, Hegels Lehre vom absoluten Geist als theologisch-politischer Traktat, Berlin 1970. Die Verwirklichung der Vernunft. Zur Theorie-Praxis-Diskussion im Anschluß an Hegel, PhR (1970) Beiheft 6, in: Hegel-Studien Bd. 8 (1973), 276-285

Moltmann, J., Theologie der Hoffnung, München 1968, 7. Aufl.

Mühlen, H., Der Heilige Geist als Person. In der Trinität, bei der Inkarnation und im Gnadenbund: Ich-Du-Wir, Münster 1966, 3. Aufl.

Nietzsche, Fr., Werke in 3 Bänden, hrsg. von K. Schlechta, München 1973, 7. Aufl.

Oeing-Hanhoff, L., Hegels Trinitätslehre. Zur Aufgabe ihrer Kritik und Rezeption, in: ThPh 52 (1977), 378-407

Pannenberg, W., Die Bedeutung der Kategorien 'Teil' und 'Ganzes' für die Wissenschaft der Theologie, in: ThPh 53 (1978), 481-497

- Gottesgedanke und menschliche Freiheit, Göttingen 1972

- Person und Subjekt. Zur Überwindung des Subjektivismus im Menschenbild und im Gottesverständnis, in: Zeitschrift für systematische Theologie und Religionsphilosophie (1976), 133-148

Parmenides, Vom Wesen des Seienden. Die Fragmente, griechisch-deutsch. Hrsg. und übersetzt und erläutert von Uvo Hölscher, Frankfurt/M 1969

Pieper, J., Scholastik, München 1978

- Über den Glauben. Ein philosophischer Traktat, München 1962, 2. Aufl.

Pöggeler, O. (Hrsg.), Hegel. Einführung in seine Philosophie, Freiburg/München 1977

Puntel, L.B., Darstellung, Methode und Struktur, in: Hegel-Studien Beiheft 11, Bonn 1981, 2. Aufl.

- Sinn und Aktualität von G.W.F. Hegels 'Wissenschaft der Logik', in: ThPh 47 (1972), 481-507

Rahner, K., Der dreifaltige Gott als transzendenter Urgrund der Heilsgeschichte, in: Mysterium Salutis. Grundriß heilgeschichtlicher Dogmatik Bd. II, hrsg. von J. Feiner und M. Löhrer, Einsiedeln/Zürich/Köln 1975, 317-401

Riedel, M., Theorie und Praxis im Denken Hegels. Interpretationen zu den Grundstellungen der neuzeitlichen Subjektivität. Frankfurt/M/Berlin/Wien, Neuauflage 1976

Riedl, R., Biologie der Erkenntnis, Berlin/Hamburg 1980

Ringleben, J., Hegels Theorie der Sünde. Die subjektivitätslogische Konstruktion eines theologischen Begriffs. Berlin/New York 1976

Ritter, J., Metaphysik und Politik. Studien zu Aristoteles und Hegel, Frankfurt/M 1977

Röd, W., Dialektische Philosophie der Neuzeit 1, München 1974

Rosenkranz, K., G.W.F. Hegels Leben, Darmstatt (Nachdruck) 1977

Sartre, J.-P., Die Wörter, Reinbek bei Hamburg 1968

Schlette, H.R. (Hrsg.), Der moderne Agnostizismus, Düsseldorf 1979

Schmitt, F.S., Der ontologische Gottesbeweis und Anselm, in: Analecta Anselmiana Bd. III, Frankfurt/M 1972, 81-94

Schulz, W., Vernunft und Freiheit, Stuttgart 1981

Sinclair, I., Wahrheit und Gewißheit, 3 Bde., Frankfurt/M 1811

Spinoza, B., Ethica Ordine Geometrico demonstrata. Lateinisch-deutsch, revidierte Übersetzung von J. Stern, Stuttgart 1980

Splett, J., Die Trinitätslehre G.W.F. Hegels, München 1965, Reprint 1978

Theunissen, M., Begriff und Realität. Hegels Aufhebung des metaphysischen Wahrheitsbegriffs, in: R.-P. Horstmann (Hrsg.), Seminar: Dialektik in der Philosophie Hegels, Frankfurt/M 1978, 324-359

–   Hegels Lehre vom absoluten Geist als theologisch-politischer Traktat, Berlin 1970

–   Sein und Schein. Die kritische Funktion der Hegelschen Logik, Frankfurt/M 1978

Thomas Aquinas, Opera omnia. Editio Leonina, Romae 1882 ff

Wagner, F., Der Gedanke der Persönlichkeit Gottes bei Fichte und Hegel, Gütersloh 1971

Weischedel, W., Der Gott der Philosophen. Grundlegung einer Philosophischen Theologie im Zeitalter des Nihilismus, 2 Bde., München 1979

Wittgenstein, L., Schriften 1-5, Frankfurt/M 1967 ff

-   Über Gewißheit, Frankfurt/M 1979

-   Vermischte Bemerkungen, Frankfurt/M 1978

Wohlfahrt, G., Über Zeit und Ewigkeit in der Philosophie Hegels, in: Wiener Jahrbuch für Philosophie Bd. XIII 1980, 141-165

Wojtyla, K.,/Papst Johannes Paul II, Primat des Geistes, Stuttgart/Degerloch 1980

REGENSBURGER STUDIEN ZUR THEOLOGIE

Band 22 Hubert Schnackers: Kirche als Sakrament und Mutter. Zur Ekklesiologie von Henri de Lubac. 1979.

Band 23 Karl Pichler: Streit um das Christentum. Der Angriff des Kelsos und die Antwort des Origenes. 1980.

Band 24 Hubert Windisch: Handeln in Geschichte. Ein katholischer Beitrag zum Problem des sittlichen Kompromisses. 1981.

Band 25 Jung-Hi Kim: "Caritas" bei Thomas von Aquin im Blick auf den konfuzianischen Zentralbegriff "Jen". 1981.

Band 26 Karl-Heinz Tillmann: Die Lehre vom Bösen in gesamt-systematischen Entwürfen deutscher katholischer Theologen im 19. Jahrhundert. Johann Baptist Hirscher, Franz Anton Staudenmaier, Anton Berlage. 1982.

Band 27 Charles MacDonald: Church and World in the Plan of God. Aspects of History and Eschatology in the Thought of Père Yves Congar o.p. With a Preface by Yves Congar. 1982.

Band 28 Stefan Hirschlehner: Modi der Parusie des Absoluten. Bestimmungen einer Hermeneutik der Theologie G.W.F. Hegels. 1983.

Band 29 Klaus Müller: Thomas von Aquins Theorie und Praxis der Analogie. Der Streit um das rechte Vorurteil und die Analyse einer aufschlußreichen Diskrepanz in der "Summa theologiae". 1983.

Band 30 Hugo S. Eymann, Eutropius Presbyter und sein Traktat. „De similitudine carnis peccati". 1985.

Band 31 Jacob Adai: Der Heilige Geist als Gegenwart Gottes in den einzelnen Christen, in der Kirche und in der Welt. Studien zur Pneumatologie des Epheserbriefes. 1985.

Band 32 Heinrich Zweck: Osterlobpreis und Taufe. Studien zu Struktur und Theologie des Exsultet und anderer Osterpraeconien unter besonderer Berücksichtigung der Taufmotive. 1986.

Band 33 Elisabeth Fink-Dendorfer: CONVERSIO. Motive und Motivierung zur Bekehrung in der Alten Kirche. 1986.

Band 34 Paul Bemile. The Magnificat within the Context and Framework of Lukan Theology. 1986.

Band 35 Josef Zöhrer: Der Glaube an die Freiheit und der historische Jesus. Eine Untersuchung der Philosophie Karl Jaspers' unter christologischem Aspekt. 1986.

Band 36 Manfred Holzleitner: Gotteslogik — Logik Gottes? Zur Gottesfrage bei G.W.F. Hegel. 1987.